农业经济学

杨丽莎 袁 绕 主编

中国财经出版传媒集团
中国财政经济出版社
·北京·

图书在版编目（CIP）数据

农业经济学 / 杨丽莎，袁绕主编. -- 北京：中国财政经济出版社，2025. 5. -- ISBN 978 - 7 - 5223 - 3914 - 6

Ⅰ. F30

中国国家版本馆 CIP 数据核字第 2025HQ4027 号

责任编辑：彭　波　　　　责任校对：胡永立

责任印制：史大鹏

农业经济学

NONGYE JINGJIXUE

中国财政经济出版社 出版

URL：http：//www. cfeph. cn

E - mail：cfeph@ cfeph. cn

社址：北京市海淀区阜成路甲 28 号　邮政编码：100142

营销中心电话：010 - 88191522

天猫网店：中国财政经济出版社旗舰店

网址：https：//zgczjjcbs. tmall. com

涿州汇美亿浓印刷有限公司印刷　各地新华书店经销

成品尺寸：185mm × 260mm　16 开　17. 75 印张　315 000 字

2025 年 5 月第 1 版　2025 年 5 月河北第 1 次印刷

定价：68. 00 元

ISBN 978 - 7 - 5223 - 3914 - 6

（图书出现印装问题，本社负责调换，电话：010 - 88190548）

本社图书质量投诉电话：010 - 88190744

打击盗版举报热线：010 - 88191661　QQ：2242791300

前言

QIANYAN

农业经济学是经济学重要分支学科，主要研究农业领域中的资源配置、生产组织、分配机制、消费行为及相关政策，旨在提高农业生产效率，推动农业和农村发展。作为农林经济管理专业的核心课程之一，农业经济学不仅奠定了专业学习的理论基础，也为农业经济管理实践提供了系统性的指导。

随着全球经济的快速变革和农业农村改革的深入推进，农业经济学的研究范畴和理论体系不断演进。为了更好地适应时代背景，培养符合现代农业经济需求的人才，本教材在农业经济理论框架的基础上，紧密结合中国农业政策和改革动向及“三农”发展现实，融入本领域最新研究成果，增强了教材的实用性和本土化特色。本教材既可以作为农林经济管理专业学生的必修教材，也可以作为农业经济管理领域相关从业人员的参考书。本书共分为五个部分，涵盖19章内容。

第一部分为总论，包括2个章节内容。该部分概述农业经济学的基本理论框架，阐释农业的内涵、特征及其在国民经济发展中的基础地位和重要作用，明确农业经济学的研究对象、内容与方法。作为全书的理论基础，这一部分帮助读者掌握农业经济学的核心概念、发展脉络及研究方法，为后续章节的深入学习提供必要的背景知识和分析工具。

第二部分为农业生产要素，包括5个章节内容。农业生产要素是农业经济体系运行的基础，其合理配置与高效利用直接关系到农业生产的可持续发展和现代化进程。本部分系统梳理农业生产的核心要素，包括自然资源、农业劳动力、农业资金、农业技术和农业信息，剖析其理论内涵、特点及其在农业生产中的作用，并探究其优化配置的路径。

第三部分为农业生产组织，包括5个章节内容。该部分从制度经济学视角切入，结合中国土地制度的历史演进，为读者提供理解农业生产组织模式的理论和制度背景。在此基础上，重点分析四种主要的农业生产组织模式：农业家庭经营、农业合作经济、农业社会化服务以及农业产业化经营。这些组织模式各具特点，适应不同的生产条件和发展阶段，共同构建了现代农业的经营体系。

第四部分为农产品市场，包括3个章节内容。该部分从微观经济学的视角出发，解析农产品市场运行机制，探究农产品需求与供给规律、价格波动的成因及市场调控手段。此外，结合全球化背景，分析农产品国际贸易的基本理论与规则，并探究中国在全球农产品贸易中的战略选择。

第五部分为农业保护与发展，主要包括4个章节内容。该部分围绕农业支持与保护政策、农业产业结构、现代农业与农业现代化及农业可持续发展等内容展开深入探讨。首先，从政策角度解析农业支持保护政策的内涵和实施依据。其次，从产业结构视角，梳理农业结构调整的内在规律及中国农业结构的调整路径。随后，在现代农业与农业现代化章节中，解析了中国式农业现代化的独特内涵与实施路径。最后，深入讨论农业可持续发展的理论体系和中国实践，旨在为读者提供一个全面理解农业转型发展的分析框架。

本书第一章至第十二章（约12万字）由杨丽莎编写，第十三章至第十九章（约10万字）由袁绕编写，全书由杨丽莎统稿。为提升学习效果，我们在各章节前设置了学习目标，对教学内容的重点和难点进行了提纲挈领的概述，以帮助读者更高效地掌握知识要点。

在编写过程中，我们广泛借鉴并引用了诸多权威教材和研究文献，在此向前辈们致以最诚挚的感谢！

本书的编写得到了贵州大学省级教学成果奖培育项目、贵州大学农林经济管理国家一流专业建设项目资助。同时，在出版过程中，中国财政经济出版社的编辑老师们不辞辛劳，反复校对与精心编辑，并给予我们宝贵的出版机会，在此谨致以由衷的谢意！

在编写过程中，编者团队倾注了大量心血，力求内容严谨、体系完备，然而，受限于水平，书中可能存在疏漏和不足之处。敬请各位同行专家和读者朋友批评指正！

作者

2025年4月

目录

MULU

第一篇　总　　论

第二篇　农业生产要素

第一篇

总　论

第一章　农业和农业经济学

学习目标

1. 掌握农业的内涵、特征、地位与作用
2. 理解农业经济学的研究对象、内容与方法

第一节　农业的相关概念及其地位作用

一、农业的概念

农业是人类通过劳动介入生物体利用自然资源进行生长和转化的过程，对生物生长进行管理和调控，从而获得满足人类生活和生产需求的物质资源的社会物质生产部门。狭义的农业包括粮食作物、经济作物和园艺作物等种植业。广义的农业则包括农业（即种植业）、林业、畜牧业、渔业和副业五个产业部门。农业的本质是人们利用生物有机体的生长发育规律，来获取满足人类社会生产生活所需要的生物产品的一种生产经济活动①。

二、农业的分类

农业是通过培育动植物生命体来生产动植物产品及为工业生产提供物质基础的产业，农业的范围和类型，因不同历史时期国民经济部门的划分差异而不完全相同。

① 李秉龙．农业经济学［M］．北京：中国农业大学出版社，2009.

传统农业可分为种植业和畜牧业。种植业就是植物栽培，包括农作物栽培、林业等将绿色植物转化为植物性产品的农业；畜牧业即动物饲养业，是指人们利用动物的消化合成功能，以植物性产品为基本饲料，培育动物性产品的过程。

随着现代农业的发展，越来越多的农业生产方式和形态开始出现。按照现代农业的生产方式和特点可将农业划分为绿色农业、有机农业、立体农业、观光农业、特色农业和订单农业。绿色农业是指依赖于自然生态规律，对自然生态系统、人类生产生活条件、食品安全卫生和自然社会环境有利的一类农业生产，它是有机、绿色、无公害农产品的总称；有机农业是指在生产过程中按照有机农业生产标准禁止使用农药化肥，且生产过程不使用转基因技术，而是通过一套可持续的农业技术来调节种养平衡，保持农业生产系统持续稳定的农业；立体农业是根据自然界中各动植物、微生物生长发育的特性，在某一单位面积的陆地或水域空间内，兴利弊害，多层次、多级利用生长空间和物质能量，最大限度地实行集立体种养、立体种植或立体种植于一体的农业；观光农业是指通过合理规划，广泛利用农业自然人文资源等条件和城市郊区的空间，创建一个具有集农业生产、生活、生态于一体的农业区域，观光农业在一定程度上是农业与旅游业融合的产物；特色农业，就是将区域内独特的农业资源，开发成一种在其他地方无法复制的特色产品的现代农业；订单农业是农民与企业之间在进行生产前签署的一种具有法律效力的产销合同，双方根据合同约定定量生产农产品的一种新型农业经营形式。

为更好地服务于现代农业发展，加快推进农业农村现代化，国家把为农业提供生产资料的部门和相关农产品加工部门也纳入了农业的范畴，农业逐渐变成一个包括多样产品、具有综合功能的部门。2020 年，国家统计局对农业及相关产业的范围进行了科学界定。这一界定涵盖了农林牧渔业，以及那些直接利用农林牧渔业产品、为农林牧渔业服务或基于农林牧渔业资源发展的第二、第三产业。其具体范围细分为十大类，包括农林牧渔业本身、农林牧渔业及其相关产品的流通服务、农林牧渔业休闲观光与农业农村管理服务、农林牧渔业科研和技术服务、农林牧渔业产品加工与制造、食用农林牧渔业产品的加工与制造、非食用农林牧渔业教育培训与人力资源服务、农林牧渔业生产资料的制造和农田水利设施建设、农林牧渔业生态保护和环境治理，以及其他支持服务①。

① 《农业及相关产业统计分类（2020）》，国务院部门文件，见中国政府网。

三、农业的特征

（一）农业的本质特征

自然再生产与经济再生产相交织是农业的本质特征。

1. 农业生产是一种自然再生产的过程。农业生产首先是一种自然再生产过程，涉及生物在自然环境中依赖自身机能进行的生长与发育过程。以种植业和林业为例，植物从环境中吸收二氧化碳、水和矿物质等无机物通过光合作用转化为有机物，支持自身生长。同样，如家禽和猛兽等动物以植物或其他动物为食，通过消化作用，将动植物转化为能量和养分。而动植物的产物（如残体与排泄物等）通过土壤和水中的微生物作用和分解，又形成植物养料，重新融入自然再生产的循环中。这种再生产是生物体固有的自然规律，遵循着自然界的生命运动规律。农业生产涵盖动植物与微生物等生命体，其生长依赖生物体与环境的相互作用，生命体的生长受到自然规律的制约，然而人类通过劳动可以有效调控这一过程，从而获得生产所需的资源。

2. 农业生产也是一种经济再生产。其是指在特定的生产方式下，人们有意识地利用和改造动植物机能与自然环境条件，以实现社会再生产的循环过程。农业生产者通过劳动和工具的使用，对劳动对象开展一系列生产活动最终获得农产品，这些产品既满足生产者自身的需求，又可以作为生产资料继续投入后续的生产，或通过交换获得其他物质。交换后的产品会进入市场或流向其他产业，通过这种方式，确保农业生产的持续性和推动经济再生产的进步。

3. 农业是自然再生产与经济再生产紧密相交织的过程。农业生产的本质是两者的有机结合。自然再生产主要是生态循环的过程，若没有人的劳动参与，它仅仅是自然界的生命活动，而非真正意义上的农业生产；而经济再生产体现了人类如何调控自然再生产，通过劳动来干预动植物的生长过程，从而获取所需的动植物资源与产品。两个过程的有机结合既遵循生物生长的自然规律，又符合社会经济再生产的要求。

（二）农业的一般特征

1. 土地是农业生产中最基本且不可替代的特殊生产资料。农业生产活动都是在广阔土地上进行的，土地是人类劳作的劳动场所，是动植物生长发育繁殖的基地，农业对土地有完全的依赖性。

2. 农业生产具有周期性和季节性。生物有机体都有一定的生命周期，其生长时间的长短主要由其在自然进化中形成的特性决定，与此同时，季节、气候等自然因素也会对农业产生影响。因此，农业生产具有生长周期性和强烈季节性的特点。

3. 农业生产在空间上的分散性和地域性。由于土地位置是固定且分散的，人们在进行农业生产时只能在分散的土地上进行，这体现了农业生产分散性的特点；此外，一切生物都有其特有的生命机制，生物的生长需要有特定的自然环境和养分物质，而不同地域的自然条件和环境又千差万别，生物根据其对自然条件的选择性，使得不同地域的农业呈现出不同的生长和生产特点，因此农业生产具有地域性。

4. 农业生产时间和劳动时间不一致。农业生产时间是指农业自然生长全过程所需要的时间。农业劳动时间是农民实际投入的劳动时间，包括耕种、管理、收获等所有与生产相关的活动时间。各动植物生长繁衍的特性不同，生长机制和生长周期各异，且它们从幼态到成熟体的生长过程都是持续不断的，农业生产时间可能跨越整个季节，而农业劳动时间却是有限和间断的，集中在播种、施肥、收获等劳动密集时段。动植物连续的生长周期特性和劳动时间的间断性和有限性使得农业所需要的实际劳动时间和劳动投入时间都是间歇性和季节性的，导致农业生产时间和劳动时间不一致。

5. 农业生产面临自然与市场双重风险。农业所处的自然环境极易受到气候、季节等因素和人为因素的干扰，这种不可控性增加了农业生产的自然风险。同时，由于农业生产周期长且农产品供给弹性较小，农业生产者难以根据市场变化迅速做出调整，改变其生产结构和规模，从而增大了农业生产的市场风险。这两重风险相互交织，使得农业生产面临较大的不确定性。

四、农业的地位和作用

（一）农业的地位

1. 农业是人类生存和发展的基础。农业是人类生存的基础，为人类提供衣食等基本物资，是社会物质资料的重要生产部门。人类依赖于从动植物有机体中获取碳水化合物、脂肪、蛋白质等营养物质而生存，而这些人类生存必需的植物和动物性食物资料的生产，都由农业部门的植物种植业和动物饲养业来完成，是其他生产部门不能替代的。可见，没有农业部门产出人类不可或缺的动植物食品，人类就无法生存，社会也难以发展。

2. 农业发展是社会分工细化和国民经济中其他部门独立的基础。人类社会历经从原始社会采集、狩猎的初始阶段，逐渐演化为以种植业与畜牧业为主的阶段。而后随着社会进步，农业、畜牧业与工商业等行业逐渐分离，形成了各自独立的领域。社会的持续发展与进步使得社会分工日益精细，各国民经济部门逐渐构建成为一个既相互独立又紧密相连的整体。而人类社会分工的每一次细化，都是农业生产力和农业劳动生产率提高的结果。农业生产水平达到一定高度后，农业部门开始出现剩余产品和剩余劳动力。农业中的剩余产品和剩余劳动力将转移到非农部门参与其他生产活动，使得工业、商业等经济部门逐步发展起来并成为相互独立的国民经济部门。随着这些非农部门的发展，相继出现第一、第二、第三产业部门。可见，没有农业的发展就没有社会分工。

3. 农业发展是推动国民经济其他部门进一步发展的基础。社会分工以后，非农部门的生产者需要从农业中获得其生存的必需品，其他经济部门的发展壮大需要来自农业的物质生产资料，以农产品为原料的加工业依赖于农业而生存发展。在社会再生产中，农业生产力的大小和农业劳动率的高低决定了农业剩余产出的多少，继而决定农业能为其他生产部门提供生产资料的程度，从而制约和控制着国民经济其他部门的发展。

综上所述，农业是国民经济的基础。农业在国民经济中具有重要地位，起着基础的作用，这是不以人的意志为转移的客观经济规律，不管对经济相对落后的国家还是经济发达的国家都是适用的。例如，农业发展速度相对较慢的中国，农业首先是解决人民温饱问题、保障粮食安全的基础，当工业成长为国家经济增长的主要动力时，农业发展速度仍然会对工业发展产生制约，农业的基础作用依然凸显。在农业发展较好的发达国家，如美国，农业发展速度虽已不与工业发展速度挂钩，但其农业仍然在全球农业贸易、国内食品供应和相关产业链中扮演着关键角色，关乎着其国内经济稳定。总之，无论科学技术怎么变革，农业生产利用自然力的特殊性以及为人类提供基本物质资料的不可替代性都表明了“农业是国民经济的基础”是长期起作用且普遍适用的规律。

（二）农业的作用

1. 农业对经济发展有四大贡献：产品、要素、市场和外汇。

（1）产品贡献。农业为社会经济的发展提供基本的物质保障，包括粮食、农副食品等基本生活资料。在科学技术日益革新，科学水平相对较高的当今世界，人们每日的吃食口粮仍然不能脱离农业所生产出的植物和动物性食品，农业部门解决了人们的温饱问题。中国是人口众多的国家，长期以来人民的温饱问题一直是重要议题。但我国凭借仅占全球9%耕地面积的土地，养活了全球20%的人口，这反映了我国大力发展农业，农业对国民的食品贡献。另外，作为国民经济中的基础生产部门，在国民生产总值增加的过程中，农业部门所提供的商品供应提供了重要推力。农业部门出现农业剩余以后，还为国家工业化所需的资本原始积累作了极大贡献。同时，农业生产出来的农产品还可以作为工业生产的原料，在以加工农产品为主的工业发展早期，其发展的原料大部分来自农业。现代化的工业发展虽受农业的限制逐渐减弱，如化工产品（人造皮革、纤维、橡胶等）逐渐代替了一些农业原料，但农业依然为工业生产和发展提供很大比重且不可替代的原材料。农业对国家工业发展作出了重要的原料贡献。虽然随着非农产业的快速发展，农业在国民生产总值中的比重逐渐下降，但农业对国民经济增长的贡献率是持续存在的。并且其影响力可通过农业增长速度与农业在国民经济中的份额与整体经济增长速度的比值来衡量。

（2）要素贡献。农业的劳动力、资本、土地等生产要素逐渐流动到第二、第三产业，有效推动了非农产业部门的发展。随着农业劳动生产率的快速提高，越来越多的劳动力被释放出来从事非农劳动，为非农产业部门的兴起和发展提供了最基本的劳动力要素。从农业部门分离出来的这些富余劳动力，大量向国民经济其他部门转移，为非农产业，特别是工业、服务业等提供了大量廉价劳动力，降低了企业成本，推动劳动密集型产业的发展，为国民经济其他部门资本的原始积累和经济起飞奠定了基础。

我国是农业大国，与工业大国相比，我国工业化道路的崛起是在农业为国家提供的资金积累中发展起来的。在新中国成立初期，国民生产总值的90%来自农业和轻工业，农业积累了大量资金，使重工业优先发展起来，当时，农业是国内储蓄和投资的唯一来源。此外，大多数情况下，农业新增资本的资本产出比率相较于非农产业是偏低的。这意味着，在追求更高收益的过程中，资金往往更倾向于流向那些资本产出比率更高的非农业部门。更为重要的是，在现行国家对农业实行保护阶段，对非农部门的投资会反作用于农民和农业，如科技的进步会助推农业产业发展，交通状况的改进、水电供给等基础设施的完善会带给农民生活的便利，非农就业会带来的收入增加等。基于以上的各种原因，农业部门的资金会向非农业部门流动，表现为农业对国民经济的资金贡献。

（3）市场贡献。农民身兼买者和卖者的双重身份决定了农业的市场贡献。一方面，农民以买家身份为国内工业品提供市场驱动力，体现在农民对工业市场的耐用消费品、日用工业品等生活产品的需求和对农业生产工具的购买。农民对这些工业品的消费使工业品的市场从城市延伸到了农村地区。在工业刚刚兴起阶段，新兴工业部门中就业人员的人均收入可能较高，他们的消费能力和购买力可能高于农民，但农业部门作为经济发展的主要部门，其规模决定了它必将成为工业品的主要市场。此外，农业现代化的推进也使农业对农用工业品的支出持续增加。另一方面，农民以卖者身份出现在市场上，将其生产的农产品拿到市场上售卖。农民的这种销售行为，既满足了非农产业对农产品的需求，同时也提高了自身的市场化程度。

（4）外汇贡献。在一个国家工业的起步阶段，工业产品由于基础薄弱、技术落后等原因而难以出口到国际市场，难以为其自身加速发展提供外汇。此时，具有比较优势的农业部门的外汇贡献就尤为重要。农业通过在国际市场上进行农副产品贸易赚取大量外汇，进而引进国外先进技术和设备推动国内工业快速发展。从我国的具体情况看，在 20 世纪 50 年代初期，我国总出口额的 80% 以上都来自农副产品及加工品的出口额，国家外汇的主要来源是农业创汇。随着经济的持续增长，工业的日益壮大使得工业品在出口创汇方面的能力显著提升，进而导致了农业在外汇贡献中的相对份额有所减少。然而，这种相对份额的下降并不等同于农业外汇贡献的绝对量在下降，实际上，农业对国民经济发展的外汇贡献依然存在。正因为如此，农业在国民经济发展中的外汇贡献是至关重要的，否则，众多发展中国家在工业发展初期阶段难以实现快速的经济增长。总之，农业对于国民经济发展的外汇贡献具有不可替代的重要性。

2. 农业的多功能性。自 20 世纪 80 年代起，农业的多功能性逐渐受到人们的重视。多功能性意味着农业不仅具备提供食物等商品的基本功能，还涵盖了众多非商品产出功能。其具体包括环境功能、社会功能、粮食安全功能、经济功能和文化功能等其他方面。

（1）环境功能。该功能表现在农业生产在生态平衡的改善上能带来利益，例如，在涵养水土、保护生物多样性、防治土地荒漠化、稳定地下水、降低水污染、缓解气候变化、保护野生动物及其栖息地、建设农业景观等方面，农业都发挥着重要作用。

（2）社会功能。农业的社会功能体现在提供就业机会、生活保障、文化传承和休闲、社会稳定等方面。农村居民能在广阔的农业土地上进行劳作和生产，通过产出农产品为他们提供了生活保障，农业生产和经营为他们提供了谋生的手段和就业机会。同时，农业就业有效避免了农村人口大量盲目地向城市流动，减少和避免了因城市对农村人口的吸纳能力不足而导致的社会动荡问题，有利于形成稳定的农村生活模式，具有维持社会稳定的功能。

（3）粮食安全功能。1974 年联合国粮农组织对粮食安全的定义做出了明确定义，在《世界粮食安全国际条约》中指出食物安全是每个人的基本权利，应该确保人类在任何时候都能以经济可承受的方式获得足够卫生安全且富有营养的食品，满足其对健康生活的需求。这一定义包含粮食的充足供给、粮食的可获得性、粮食供给的稳定性、粮食的质量和能满足个人偏好以及食物的卫生安全等多个要素①。中国作为一个历史上多次遭受饥荒的人口大国，对粮食的需求量极大。对于我国而言，维护粮食安全，确保粮食供应的稳定性和安全性显得尤为重要。我国依靠自给自足、结合进口等途径正在逐渐实现我国粮食安全。从改革开放以来，我国就保持粮食生产总体上在波动中上升的趋势，全国粮食产量从 1978 年的 30477 万吨到了 2023 年粮食产量保持在 1.3 万亿斤以上。我国人口基数庞大，对粮食的需求量也大，在国际冲突不断、国家间政治冲突频发的时代背景下，14 多亿人的粮食需求完全依赖于进口根本行不通，农业部门保障了我国的粮食安全，具有重要的粮食安全功能。

（4）经济功能。农业不仅发挥着提供农产品和创造就业机会等功能，还承载着诸多其他经济方面的作用。首先，农业种养殖、农业技术培训、农村集市、农业旅游等农业活动为劳动生产、社会活动、技术交流和文化交融提供了丰富的活动场所。多样化的活动场景下农村劳动力获得了更多的就业机会，有助于保障劳动力的稳定就业。同时，农业所创造的多种生产、生活和文化活动空间也是知识、技能和社会经验的积累，助力农村居民整体素质的提升。此外，农业在促进社会公平、维护国土空间平衡发展以及文化和历史传承等方面也发挥着不可或缺的作用，这功能可能并非直接促进国民经济的提升，它与一般经济活动中可通过市场机制实现的经济功能不同，但它在促进国家经济向前向好的过程中发挥了减缓经济阻碍和助推经济加速等重要作用。

（5）文化功能。农业生产活动与农民的生活自古以来就紧密结合在一起，许多传统节日在几千年的农业生产活动中催生和传承，一些文化和传统在历史形成过程中已融入农村生活，形成了众多富有乡土气息和地方特色的农村文化和传统。农业因此也具有了形成和传承农村乡土文化和历史的功能。

---

① 李秉龙，薛兴利．农业经济学［M］．北京：中国农业大学出版社，2015.

（三）农业份额下降与农业的经济地位

1. 农业在国民经济中的占比下降是一个客观经济趋势。随着国家工业化和经济现代化的进程，产业结构不断调整和优化升级。这种调整使得资源在不同产业间重新分配，通常表现为资源向效率更高的产业流动。在这个过程中，农业的相对比重自然会下降，而工业和服务业的比重则上升，其中农业产值在国内生产总值中的占比下降、对国内生产总值增长贡献率的降低，以及在全社会就业比重中的减少，都是其比重下降的重要体现。这种变化是经济发展规律的自然体现，也是社会生产力进步的必然结果。

2. 农业份额下降不等于农业重要性下降。相反，农业始终是国民经济的基础，为工业和服务业提供原材料和市场需求。尤其是在中国这样的人口大国，农业的稳定和发展对于保障粮食安全、维护社会稳定、促进农村经济发展具有重要意义。尽管农业在 GDP 中的份额下降，但它依然能够满足经济和社会发展对更多高质量农产品的需求。因此，农业的地位并没有减弱，反而变得更加重要。事实上，我们不能仅仅通过农业在国民经济中的份额来衡量其基础地位的重要性，例如，农业在生态方面的贡献就是无法简单计算的。

此外，农业比重下降也反映了农业生产率的提高和农业结构的优化。随着农业生产技术的进步和农业经营方式的创新，农业生产效率不断提高，单位面积的产量和产值都在增加。同时，农业结构也逐渐向高效、绿色、可持续的方向发展，使得农业在国民经济中的贡献方式发生了变化。

第二节　农业经济学的研究对象、内容及方法

一、农业经济学的研究对象

农业经济学是经济学的一个分支，是一门研究农业各类经济问题的学科。其中，不同的学者对农业经济学研究对象的认识存在差异。

美国学者约翰·W. 戈德温在其著作《农业经济学》中，将农业经济学界定为研究有限资源在农牧业产品生产、加工与消费等环节分配问题的社会科学①。

① 约翰·W. 戈德温. 农业经济学［M］. 银川：宁夏人民出版社，1986.

美国学者盖尔·克拉默认为，农业经济学是一门应用社会科学，其研究的是人类如何运用技术知识和稀缺资源在特定时期内生产食物，以满足社会成员的消费需求。与此同时，与经济学的研究相似，农业经济学也致力于发现和揭示这些经济活动中的因果关系，通过运用经济理论和方法，积极探索解决农业和农业企业所面临的各种问题的有效途径①。

朱道华在其主编的《农业经济学》中明确指出，农业经济学作为一门独立的科学，既属于经济学范畴，也独立于农业科学体系之中。农业经济学从经济角度深入探索农业，其核心研究对象是农业生产方式的运动规律，涵盖了农业生产力的运动规律、农业生产关系的运动规律，以及这两者之间的相互作用规律。从更宽泛的角度看，它还涉及农业生产方式的变迁和不同历史时期的特点。然而，农业经济学通常更关注当前的农业生产方式。因此，存在专门研究资本主义农业生产方式的农业经济学，同时也有以社会主义农业生产方式为研究焦点的农业经济学②。

综合以上观点，农业经济学研究对象的变化表现出以下特征：

1. 农业经济学的分化与细化趋势日益显著，不同分支学科间的相互交叉与渗透也在持续深化，进一步推动了农业经济学的综合化程度不断增强。自阿瑟·扬发表《农业经济学》创立该学科，至第一次世界大战结束，农业经济学主要作为单一学科发展。然而，进入 20 世纪 20 年代，农业经济学开始分化，土地经济学和农业生产经济学等分支学科逐渐从一般农业经济学中分离出来。第二次世界大战后，农产品运销学、农业政策学等新分支学科迅速崛起。进入 70 年代，又涌现出农业资源经济学、农业生态经济学等新分支。这些分支学科的出现既是农业经济学分化的结果，也是农业经济学与其他新兴学科交叉渗透的综合化体现。

2. 农业经济学日益重视从多层面、多视角进行深入分析和研究，强化定性与定量实证、宏观与微观、规范的结合，持续深化各类比较研究工作。20 世纪 50 年代初，美国学者海地出版了《农业生产经济学与资源利用》一书，该著作在探讨农业经济问题时，大量运用了数量分析方法。自此，越来越多的学者将数学分析方法用于分析农业经济问题，例如，分析农产品的供求及其价格波动水平、农业资源的最优甚至用于政府的农业政策制定等各方面。第二次世界大战以后，实证研究在这个时期得到了长足发展，即将经济理论、统计学、数学等方法结合起来，首先，依据经济学理论；其次选定经济变量，构建方程式、方程组；最后，应用统计和数学

① 盖尔·克拉默等. 农业经济学和农业企业［M］. 北京：中国社会科学出版社，1994.
② 朱道华. 农业经济学［M］. 北京：中国农业出版社，2000.

方法估计参数，检验经济理论的正确性，修订后的参数值可用于未来预测或政策规划，从而将实证研究与规范研究进行了很好的结合。

3. 农业经济学在研究领域上不断取得突破，超越了传统农业经济的范畴，采用更系统、全面的视角来探讨农业经济问题。第二次世界大战前，农业经济学主要关注农业生产经济，农产品的价格、市场、流通和消费等方面只是作为辅助手段进行研究。第二次世界大战后，随着经济的快速发展，国内国际市场、农业产前产后服务体系及各产业部门逐渐形成紧密联系，彼此依赖性更加增强。在此情况下，农业经济学不断分化与综合化，关于农业与其他产业间的关联、农业经济管理体制与政策的探讨、私人与公共决策的比较、国内农业与国际农产品贸易的互动，以及农场和家庭的生产消费决策等议题日益受到重视。同时，市场经济下的农产品价格形成机制，以及农产品的加工、贮藏、运输、流通和消费等经济活动和经济现象也逐步成为农业经济研究的重要内容。

二、农业经济学的研究内容

随着社会经济的发展，农业经济学的研究内容日益广泛且复杂，本教材中农业经济学的研究内容主要包括以下几个方面。

（一）农业生产要素

农业生产要素市场，相较于农产品市场，其发育程度相对滞后，这使其成为农业经济学研究的关键领域。农业经济学在探讨农业生产要素时，主要聚焦于市场机制与政府的宏观调控，而非生产要素的具体配置问题。尽管市场是农业生产要素配置的基本机制，但由于农业及其生产要素的特殊性，政府在要素配置中的干预作用不可忽视。农业生产要素市场的一个显著特征是供需的不对称性，这种不对称性经常导致买卖双方形成垄断，这也是政府需要对市场进行管理的重要原因。鉴于土地、技术、劳动力和资本等生产要素各有其特性，政府在管理这些市场时采用的策略和方法也有所区别。

（二）农业经济组织

农业产业的独特性决定了其农业经济组织与工商业存在显著的不同。在工商业领域中，随着工商业规模的壮大，家庭经营形式逐渐淡化，然而，在农业领域中，家庭经营因易于管理，具有最大化的利益共享机制等原因构成了最常见的农业经营模式和经济组织形式，成为农业微观经济组织的基础。农业的特点与家庭的社会经济特性，使家庭经营具有更旺盛的生命力。但家庭经营也存在缺陷，当面对大市场时，农户只有通过合同制、合作社等产业组织联合起来，才能更有利于家庭经营的发展。但这些经济组织不是对农业家庭经营的否定，而是建立在家庭经营的基础之上。

（三）农产品市场

随着农业科技的不断进步和市场机制的持续完善，许多国家已摆脱了农产品短缺，并出现了农产品过剩的状况。因此，农业经济的关注点从单纯的生产增长转向了更为复杂的市场问题。目前，农产品的供需平衡、农产品价格形成机制以及期货与现货市场的运作等，已成为农业经济学亟待解决的首要任务。

（四）农业保护与发展

农业资源配置与市场紧密相连，但市场在某些农业领域会出现“失灵”现象。因此，农业经济学需要深入探究市场在农业中“失灵”的方面及其原因。这种“市场失灵”为政府实施农业保护政策提供了理论依据。例如，农业产业结构的调整、农产品质量安全的管理以及农业现代化的推进等议题，均成为农业发展的重要关注点。

三、农业经济学的研究方法

在经济学研究中，研究方法是指为达到一项既定目标所采用的具体技术、工具或程序。

（一）归纳和演绎分析方法

归纳和演绎方法涉及个别与一般的关系，是经济学中广泛运用的属于事物和概念之间的外部关系的逻辑思维方法。归纳是从许多个别事实中概况出一般性的规律和结论的思维方法。例如，新增长理论就是通过对大量经验事实的观察研究，发现技术进步是经济增长的关键因素，且经济增长不是外生力量，而是内生技术变化作用的结果，所以从大量事实进行归纳认识，得出技术进步是促进经济增长的内部力量的新增长理论；演绎则是从有一般性的前提开始，通过推导，去认识个别的、特殊的现象的逻辑思维过程。在经济学研究中，消费者行为理论就是运用演绎方法，该理论从“经济人”假设出发，引出效用的命题，通过对效用的分析形成无差异曲线，然后导出向下倾斜的需求曲线，最后推断出“需求定律”。

归纳和演绎两种方法既互相区别又互相联系，它们互为条件，相互渗透。其中，归纳是演绎的基础，而演绎则是归纳的起点，在实证研究中，常常通过对现象的演绎来归纳并总结结论。一个典型的例子就是菲利普斯曲线，新西兰经济学家威廉·菲利普斯为了找到通货膨胀的理论基础，对跨世纪时间段内工资变化与失业率的数据进行了统计和估计。接着，他通过演绎法提出了工资推动的通货膨胀是由低失业率引起的假设，并最终建立了体现通货膨胀和失业之间替代关系的菲利普斯曲线。总之，两种方法在一定条件下可互相转化。

（二）系统分析方法

系统是由许多相互联系、相互作用的要素组成的有机整体。系统分析方法是指把研究对象看作一个由多要素或部分组成的系统进行综合分析，以得出解决问题的方案的方法。系统将世界看作系统与系统的集合，对世界任何问题的研究都是对纷繁复杂的系统要素的研究，即是研究系统与环境的关系，那么对经济学、农业、农业经济学问题的研究也不例外，都反映了现代科学整体化的发展趋势，把对三者的全面思考、探究过程以及对未来的影响等一系列问题看作一个整体系统进行研究，来解决现代社会中政治、经济、科学、文化等各种复杂问题。

（三）比较分析方法

比较分析方法是将事物相关联的指标数据，按照一定的标准体系进行两两比较，如从数量上研判研究对象在规模、水平、发展速度和其他关系之间的共性与差异，比较其中的经济现象，分析经济现象背后的本质、特征和规律的方法。比较分析方法通常分为横向比较和纵向比较。横向比较是对同时期的两种及以上事物的经济现象进行异同比较，揭示事物经济规律的方法；纵向比较是分析某一经济现象发展变化的轨迹的方法，其是对不同时期同一经济现象进行比较。

可比性问题是运用比较分析方法时必须遵循的基本原则，否则比较得出的最后结论就会失真。可比性原则是指那些对能真正体现经济现象之间差异的指标进行对比，如比较指标在内涵和外延可比、总体性质可比、时间范围可比、作用机制可比等。另外，经济学研究中还应该注重对比标准的选择，如“同比”“环比”和“定基比”等时间标准；本区域与相似条件的区域进行比较、发展中国家与发达国家比较、本区域水平与全国水平进行比较等空间标准；计划数、目标数、定额数等进行对比的计划标准；产品合格率、恩格尔系数等局部数值占总体数值的比重的结构相对数比较标准，人均 GDP、人口密度、人口出生率死亡率等分析现象的强度、密度的强度相对数比较标准，性别比例、消费与积累比例等比例相对数比较标准，以及采用绝对数对经济现象进行直观对比的绝对数比较标准。选择合适的对比标准，就能得出客观正确的比较结论。

（四）抽象分析方法

抽象分析方法就是将研究对象的本质抽取出来对其进行重点研究分析的方法。抽象分析方法中最著名的抽象就是经济学中的“经济人”假设，“经济人”假设起源于亚当·斯密，他把人的自利性这一人性的一般规定作为经济活动的原始动力，人们参与社会分工和商品生产完全是出于自己的需要和利益，而并非出于本意地促进社会的公共利益。“经济人”是对经济生活中的一般人的抽象，假定人们是理性的，都会依据利益最大化进行行动和决策。农业经济研究中也遵循该方法，假定从事农产品生产和交换的人都是理性的，人们从自己的需要和利益出发进行农业生产后，与社会进行商品交换，在价值规律指导下，与社会经济产生广泛联系，以此来分析农业生产、加工、贸易、物流、研发、技术推广、投融资、营销等环节，了解各种农业资源要素、科学技术和资本的组织利用，了解农业市场和农产品流通与供需等农业经济问题。简单来说，就是把一个非常复杂的非理性的农业世界简化成一个简单的理性分析框架用来解决农业中的经济问题。

目前，在经济学研究中普遍使用的经济数学模型分析就是抽象分析方法的具体应用，它以函数关系为基本形式，把现实中复杂具体的经济问题抽象转化为直观的数学模型来分析，通过数量变化关系与数学模型来直观反映经济活动的运动规律，例如，投入产出模型是经济学中最常用的一种经济数学模型，生产函数就是根据投入与产出之间的依存关系进行了数学抽象，建立了用于分析产品、部门或地区投入产出之间的经济数量关系，对生产的边际递减规律、替代规律、均衡条件等进行分析和说明，继而揭示国民经济再生产各环节、各部门在产出与消耗、生产与分配之间的内在联系与均衡关系，并据此进行经济分析、预测和政府决策。

本章小结

本章起导论的作用，首先，开篇介绍了农业的概念、农业的分类以及农业的本质特征和一般特征。其次，分析了农业在国民经济中的基础性地位和重要作用，并探讨了其在环境、社会、粮食安全、经济和文化等方面的多重功能。最后，在分析农业经济学的研究对象在综合化程度、多视角研究深度和多领域研究广度方面发生变化的基础上，阐述了农业经济学的研究内容和研究方法，介绍了本书的主要内容。

本章参考文献

[1] 李秉龙. 农业经济学 [M]. 北京：中国农业大学出版社，2009.

[2] 李秉龙，薛兴利. 农业经济学 [M]. 北京：中国农业大学出版社，2015.

[3] 约翰·W. 戈德温. 农业经济学 [M]. 银川：宁夏人民出版社，1986.

[4] 盖尔·克拉默等. 农业经济学和农业企业 [M]. 北京：中国社会科学出版社，1994.

[5] 朱道华. 农业经济学 [M]. 北京：中国农业出版社，2000.

第二章　农业经济学的产生和发展

学习目标

1. 了解西方经济学科的产生与发展
2. 掌握中国农业经济学说的形成与发展

第一节　中国农业经济学说的形成和发展

一、农业经济思想的萌芽

中国农业经济思想的萌芽，可以追溯到中国古代的先秦时期，尤其是在春秋战国时期，农业经济思想逐渐开始形成并展现出早期的特点。先秦时期儒家围绕“农桑”研究衣食的来源；法家废井田、创阡陌，推行土地私有；名家主张民众自由经营农业；农家主张君民共耕，官民平等的劳动思想等等都是中国农业经济思想萌芽的早期体现①。

战国时期进一步推动了农业经济思想的形成，该时期的农业经济思想主要是对农业生产、土地管理、农民生活等方面的关注。在战国时期，人们重视农时、强调深耕，孟子认为在农田中的及时行动胜于利器良具，荀子说如果在春耕、夏锄、秋收、冬贮时不误农时，就会五谷丰登等农作原则是当时农业中的重要部分。此外，《吕氏春秋》中的《任地》《辨土》和《审时》三篇很好地概括了战国时期的农业生产。《任地》开篇就提出了十个问题：“子能以窐为突乎？子能藏其恶而揖之以

① 秦含章．中国农业经济问题［M］．上海：新世纪书局，1931．

阴乎？子能使吾土靖而甽浴土乎？子能使保湿安地而处乎？子能使雚夷毋淫乎？子能使子之野尽为冷风乎？子能使藁数节而茎坚乎？子能使穗大而坚均乎？子能使粟圜而薄糠乎？子能使米多沃而食之强乎？"[①] 揭示了当时农民对土地整治、田间作业、庄稼种植到水源供给的关注。其中，《辨土》与《任地》相互补充，在土地的治理方面进行了大量讨论。《审时》全篇都在讨论适时耕作的重要性。由此可见，战国时期已经在向初级水平上的精耕细作发展[②]。此后，在历史的演进中，诸如西汉时期董仲舒的"限田"主张、北魏的"均田制"、明代的"配丁田法"以及清代王源的"有田者必自耕"政策等，都体现了不同时期对于农业生产的不同认识和处理方式[③]。这些政策和观念对后来的农业经济思想的形成和完善产生了重要影响。

二、20 世纪 20 ~ 40 年代的农业经济研究

20 世纪 20 ~ 40 年代是中国农业经济研究的重要时期，这一时期学者们对农村经济结构、土地利用、农业生产方式、农村社会组织等主题的研究广泛而深入。许多学者致力于深入了解中国农村经济的现状和问题，并提出相应的政策建议和发展方向。

其中，贝克（John Lossing Buck）的《农业与中国的将来》、泰勒（Robert Forrest Taylor）的《中国农村经济研究》以及约翰·洛辛·卜凯（John Lossing Buck）等人的一系列著作，对中国农村经济进行了深入的分析和探讨。这些研究不仅能帮助了解当时中国农业经济的现状，也为农业的发展提供了重要的理论支持。1933 年中国在上海成立"中国农村经济研究会"，是中国早期农业经济研究的重要机构之一。聚集了一批如陈翰笙、薛暮桥、孙冶方、孙晓村、钱俊瑞等优秀的农业经济学者，他们致力于研究中国农村经济的各个方面，通过实地调查、数据分析和理论研究等方式，为解决中国农村经济问题作出重要贡献，助推中国的农业经济研究向前一大步。中国农村经济研究会为中国农村经济研究提供了平台和组织。美国的农业经济学家约翰·洛辛·卜凯（John Lossing Buck）在 20 世纪 30 ~ 40 年代相继出版了一系列关于中国农村经济的著作，包括《中国农场经济》《中国农家经济》《中国土地利用》以及《中国农业经济：对 7 个省 17 个地方 2866 个农庄的研究》等。这些

---

① 尹仲容. 吕氏春秋校释：161.

② 许倬云，程农. 汉代农业：早期中国农业经济的形成［M］. 张鸣，译. 江苏：江苏人民出版社，2019.

③ 张忠根. 农业经济学［M］. 北京：科学出版社. 2019.

著作通过对中国不同地区农村经济的详细调查和研究，系统地描绘了中国农村经济的面貌和特点，为中国农村经济问题的解决提供了理论和实践依据。

20 世纪 20 ~ 40 年代，这些农经学者和研究机构的工作为中国农村经济的发展和改革提供了理论依据和政策建议，为后来中国农村经济学科的建立和发展奠定了基础。他们的研究成果不仅对当时的政策制定有重要影响，也为后来中国农村经济学的研究奠定了基础。

三、20 世纪 30 年代的农业经济教育

20 世纪 30 年代是中国农业经济教育发展的重要时期，一系列举措和机构的建立推动了这一领域的发展。值得注意的是金陵大学农业经济系所编著的《豫鄂皖赣四省农村经济调查报告》。这份调查报告系统地调查了豫、鄂、皖、赣四省的农村经济状况，为当时农村经济问题的认识提供了重要的数据和分析，也为农业经济教育的发展提供了实践基础。1927 年国立第三中山大学（即浙江大学前身）设立了“农村社会学系”，1936 年，该系更名为“农业经济学系”，这一变化反映了对农业经济学研究的重视和强调。随后，1942 年农业经济研究所的成立进一步推动了中国农业经济教育的发展。这所研究所不仅开展了农业经济研究，也是国内最早开始招收农业经济硕士研究生的机构之一，为培养农业经济学专业人才奠定了基础。

在这一时期，许璇作为中国近代第一个开设农业经济学课程的学者，对于推动中国农业经济教育的发展起到了关键作用。他的教学和研究为培养了一代代农业经济学人才，为中国农业经济学的教育和研究水平的提高作出了贡献。20 世纪 30 年代是中国农业经济教育发展的关键时期，一系列举措和机构的建立为中国农业经济学的培养和研究奠定了基础，为解决中国农村经济问题提供了重要的理论和人才支持。

四、新中国成立至改革开放前的农业经济学科

在 20 世纪 50 年代初期，中国引进了苏联的社会主义农业经济学理论，这一理论认为集体化、国家指导和计划经济是农业发展的有效途径。然而，由于当时“左”的政治倾向，这些理论在中国的应用受到了限制，并未能真正促进农业经济学科的健康发展。在这一时期，大规模的农村集体化运动导致农业生产受到了严格

的计划和控制，限制了农业经济学科研究的广度和深度。直到改革开放前，农业经济学的教学和研究仍主要集中在对党和国家政策的诠释和解读上，缺乏独立的学术思考。当时的社会背景导致农业经济学科未能形成较为独立和完善的理论体系，而是更多地为政策的制定和执行提供依据。在这一时期，由于制度约束和理论受限，农业经济学科未能留下足够的一般理论、分析范式和工具，限制了对农业经济问题的深入研究和解决方案的制定。

五、改革开放以来我国农业经济学科的发展

自改革开放以来，我国农业经济学科经历了持续而显著的发展，成为中国经济学领域的重要分支之一。在这一时期，农业经济学在理论探索、研究方法、学科体系和实践应用等方面取得了长足进步，为我国农业现代化和农村振兴提供了坚实的理论基础和政策支持。

学术界对新时期我国农业经济问题进行了全面、系统、深入的研究，不断探索适合中国国情的农业经济理论。在理论创新方面，不仅吸收借鉴了西方农业经济学科的成果，还结合中国的实际情况进行了深入分析和探讨，提出了一系列符合中国国情的农业经济理论框架和研究方法。

改革开放以来，我国农业经济学在研究方法上取得了持续进步，接轨西方农业经济学科，实现了我国农业经济学的不断创新与突破。经济学的一般理论和定量分析方法在农业经济问题的研究中得到了广泛应用，包括数理统计、计量经济学、农业生产函数等方法在内，为深入理解和解决农业发展中的诸多问题提供了重要支撑。同时，随着信息技术的发展和数据采集手段的提升，农业经济学的研究方法也日趋多样化和精细化。

我国农业经济学的学科体系也日益完善。在学科建设方面，我国建立了一批农业经济学研究机构和高水平的农业经济学教育机构，培养了大量专业人才，形成了以农业生产、农村经济、农村社会等多个领域为基础的研究体系。完善的学科体系为我国农业现代化和乡村振兴提供了理论指导和政策支持，为我国农业经济发展提供了坚实的基础。我国农业经济学在实践应用中发挥着越来越重要的作用。农业经济学研究成果被广泛应用于政府决策、农业规划、农村改革等领域，为推动农业结构调整、提升农业效益、促进农村经济发展发挥着积极作用。同时，农业经济学界将理论研究与农业企业、农民合作社、农业社会化服务组织等实践单位的实践经验相结合，加速农业经济学理论成果的转化，推动了农业经济学的实践创新。

第二节　西方农业经济思想的演变历程

一、西方农业经济思想理论准备时期

古希腊、罗马的农业经济思想伴随着农业生产的发展和奴隶制生产关系的形成、发展而出现，但当时并没有明确的农业思想体系，而是夹杂在其他论述政治、经济、哲学问题和农业生产技术知识的著作中，如色诺芬（Xenophon）十分重视农业对经济增长的重要性，在《家政论》中强调劳动分工是农业技术发展的必要因素，农业作为其他技术的基础，服务于其他技术的发展。

在17~19世纪，古典政治经济学中对农业经济的发展有了许多探讨，“土地是财富之母，劳动是财富之父”，是对农业经济思想最先决、最基本的概括。法国阿布吉尔贝尔批判重商主义，指出财富的源泉是农业生产，把经济研究和分析转入了农业生产中。同时以弗朗索瓦·魁奈（Francois Quesnay）为代表的重农主义学派将研究重心聚焦到了生产领域并进行了分析，对生产系统做出了开创性的解释。

18世纪中期，英国经济学家阿瑟·杨（Arthur Young）在欧洲大陆和美国各地进行实地农业考察，于1770年发表著作《农业经济学》，标志着农业经济学科的正式诞生。作为农业经济的先驱学者，阿瑟·杨在其著作中详细论述了农业生产要素的合理配置并提出了农业技术的改进能有效提高生产效率的论点，同时，他还主张建立大型的资本主义农场，通过雇佣农业工人的方式实现经营利润的最大化。阿瑟·杨的研究和著作不仅为当时的农业发展提供了针对性的政策改进指导，而且也为随后农业经济学的研究奠定了基础。到了19世纪，威廉·马歇尔（Willianm Marshall）认为农业是国民经济的重要组成部分，对经济发展和社会稳定具有强大的推动力。他主张通过改进农业生产经营方式和土地管理等手段提升农业生产效率，在他的著作《农业经济学原理》中，详细论述了与农业生产、分配、交换和消费等相关的经济活动及其经济关系。德国农业经济思想在该时期同样得到快速发展，德国的思想家们批判了旧有农业制度存在的缺陷，主张借鉴英国农业技术革新制度，对德国农业进行变革。阿尔布雷希特·丹尼尔·泰尔（Albrecht Daniel Thaer）主张农业经营的目的是追求最大利润，他认为农业经营应当是机械的、有技巧的、具备科学性和合理性的，因此，应当通过培养有能力的经营主体、投入必要的资金和农地等方式来提高农业经营利润。从农业经济学产生一直到19世纪中期，众多学者通过记录农业对经济影响的实际情况，累积了与农业技术和经济相关的科学资料，为后续的农业理论概括阶段奠定了坚实基础。

二、西方农业经济思想理论概括时期

随着资本主义体系的演进以及农业生产商品化的发展，农业经济学逐渐形成了较为系统的理论。19世纪中叶，德国农业经济学界对农村土地利用、农业生产经营以及农作物耕种等问题进行了深入研究。德国经济学家冯·屠能（Johann Heinrich von Thünen）出版著作《孤立国与农业和国民经济的关系》，他假定了一个孤立国，首次将边际分析方法引入经济学分析并使用，建立了农业集约理论和农业圈境说两个农业经济学的基本理论。在屠能分析方法的基础上，布林克曼（Theoder Brinkmann）重点聚焦“农业制度”和“农业集约性”两个方面，推动农业经营经济学形成一个较为全面的理论体系。他出版的著作《农业经营经济学》不仅从微观层面描述了农业集约度和农业制度的理论和方法，还从宏观层面探讨了两者的演变趋势和发展规律。同为农业经营学者的艾瑞保（Friedrich Aereboe）在其代表作《农业经营学概论》中，详细阐述了农业经营的本质，各个经营部门之间的有机联系，要素配合比例、生产费用和经营收益的关系。他们用经济学的视角分析农业经营理论，不仅为现代农业经济学奠定了基础，也对农业经济学科的分化具有重要意义。

20世纪20年代，美国的农业经济研究取得领先地位，布莱克（John D. Black）、泰勒（Henry O. Taglot）、诺尔斯（Edwin G. Noyes）、伊利（Richard T. Ely）、莫尔豪斯（E. Walter Morehouse）、卡佛（T. N. Carver）等人助推美国农业经济快速发展①。1926年，美国经济学家布莱克（J. D. Black）出版了以农业生产经济学命名的第一部著作《生产经济学导论》，结合农场生产数据进行数量分析，对农业的投入与产出关系进行了系统分析研究，同时对边际报酬递减规律作了论证。亨利·泰勒（Henry Charles Taylor）早期在农业经济教学、科研和管理等农业经济相关工作中取得显著成就。在美国农业经济学创始阶段，他发表专著《农业经济学绪论》，说明了获取最大利润为组织和管理农场的核心原则，必须重点研究农业生产要素的作用及其经济特征。随后，他在《农业经济学概论》中进一步分析了美国农业的发展进程，并创建农业生产函数分析农业生产的经济意义。

---

① 李周，杜志雄，朱钢. 农业经济学［M］. 北京：中国社会科学出版社 . 2017.

此外，在近代资本主义后期，西方农业经济思想和理论在一般经济学中大量体现出来，以庞巴维克（Eugen Bohm Bawerk）、马歇尔（Alfred Marshall）、卡拉克（Carl Menger）为代表的资产阶级经济学派对农产品的价值用效用价值理论来解释，对基于地租理论上的农业赋税理论进行了重新说明等等作为，对农业经济思想发展有着重要的影响。弗里德里希·李斯特（Friedrich List）指出纯农业国存在较多弊端，如资源利用程度低、贸易不发达等，主张建立和发展工业，工业发展的同时，使农业得以进一步发展，李斯特的主张也极大地丰富了农业经济学的内容。

三、西方农业经济思想理论深化时期

20世纪50年代以后，西方经济学者运用经济学理论和研究方法分析农业问题，促使农业经济学形成一个比较完整的学科体系。美国农业经济学者西奥多·舒尔茨（Theodore W. Schultz）代表作《不稳定经济中的农业》中，将农业作为国民经济的一部分进行论述，采用经济理论系统地分析农业中存在的挑战。后来，舒尔茨又将注意力转向人力资本上，他提出对农民进行文化教育和技术培训等人力资本投资，有助于生产效率的提升。

进入21世纪后，农业经济学的研究范围不断拓宽，越来越注重多层面、多视角的研究，分支学科迅速成长，出现了农业经营经济学、农业生产经济学、农业资源经济学和农业生态经济学等新兴农业经济分支学科①。第二次世界大战后，处于经济蓬勃发展时期的美国，对农业经济学的研究也逐步拓展至农业政策、商业农业、土地经济、生产经济学等领域。农业经济学研究范围从基础研究拓展到应用数学方法和模型进行定量分析，逐渐出现对多层次农业和大范围农业的研究趋向。同时，农业经济思想在发展经济学当中也有丰富的体现。刘易斯（W. Arthur Lewis）提出二元经济发展模型，指出发展中国家经济结构存在两种部门，即以手工制造生产为主的传统农业部门以及以资本集约型为主进行生产的现代工业，他认为农业部门可通过将农业剩余劳动力转移到工业部门来实现现代化②。费景汉（John C. H. Fei）和G. 拉尼斯（Gustav Ranis）在《劳动力剩余经济的发展》中对刘易斯提出的二元经济模型作出进一步推论，他们认为不能只将经济增长归结于农业剩余劳动力向现代

---

① 尚杰. 农业经济学［M］. 北京：科学出版社，2015.

② 李秉龙. 农业经济学［M］. 北京：中国农业大学出版社，2009.

工业部门的转移，还要充分考虑农业生产率提高与劳动力流向工业部门之间存在的相互关系。乔根森（D. W. Jorgenson）将刘易斯的二元经济模型进行进一步修正和拓展，运用新古典经济理论改造了“农业剩余”理论模型，在其著作《剩余农业劳动和二元经济发展》中强调农业的发展是经济发展中不可或缺的条件。到了20世纪70年代以后，发展经济学更加注重农业科技进步、人力资源开发利用、多部门和各产业的协调发展、对外开放以及可持续发展等方面的研究，这些都极大地推动了农业发展研究。现代西方农业经济学以美国为代表，包含着农场经营的理论与实务、农产品产销、土地经济、农场经济等内容①，西方现代农业经济思想理论日渐丰富起来。总体来说，现代农业经济学研究已发展成为一个涉及农业经济系统各方面研究的有基础理论和科学方法的比较完整的学科体系②。

本章小结

本章主要回顾了西方和中国农业经济学的形成和发展。首先分析了西方农业经济思想的演变历程，将其划分为三个阶段：理论准备时期、理论概括时期和理论深化时期，其中涌现出了一批具有深远影响的学者和理论，如屠能的农业集约理论、舒尔茨的人力资本投资等。然后分析了中国农业经济学说的形成和发展，将其发展历程分为了五个阶段：农业经济思想的形成、20世纪20～40年代的农业经济研究、20世纪30年代开始的农业经济教育、新中国成立至改革开放前的农业经济学教学研究以及改革开放以来我国农业经济学的飞速发展，本章为我们深入理解农业经济学的历史演变和学科发展提供了重要背景。

本章参考文献

[1] 尚杰．农业经济学［M］．北京：科学出版社，2015.

[2] 李秉龙．农业经济学［M］．北京：中国农业大学出版社，2009.

[3] 张忠根．农业经济学［M］．北京：科学出版社，2019.

[4] 杜为公，李艳芳，杜康．西方农业经济学理论与方法的新进展［M］．北京：中国人民大学出版社，2016.

---

① 杜为公，李艳芳，杜康．西方农业经济学理论与方法的新进展［M］．北京：中国人民大学出版社，2016.

② 孔祥智，马九杰，朱信凯．农业经济学［M］．北京：中国人民大学出版社，2013.

［5］孔祥智，马九杰，朱信凯．农业经济学［M］．北京：中国人民大学出版社，2013.

［6］秦含章．中国农业经济问题［M］．上海：新世纪书局，1931.

［7］尹仲容．吕氏春秋校释：161.

［8］许倬云，程农．汉代农业：早期中国农业经济的形成［M］．张鸣，译．江苏：江苏人民出版社，2019.

［9］李周，杜志雄，朱钢．农业经济学［M］．北京：中国社会科学出版社，2017.

第二篇

农业生产要素

2

第三章　自然资源

学习目标

1. 掌握土地的特性、功能与作用
2. 学习水资源的经济属性，了解其合理配置与利用
3. 学习农业气候资源的利用方式和特点，了解其合理配置和使用
4. 了解气候资源、生物生态资源以及其他未来资源在农业中的应用

第一节　土地资源

一、土地的定义和分类

（一）土地的定义

土地指的是地球上的陆地、水域，以及与之相连的土壤、气候、地貌、岩石、水文、植被等所有的自然条件①。基于不同研究视角或研究主体，对土地的定义存在一定差异。基于经济学视角，土地是人类社会生产活动中不可或缺的自然资源和生产要素，被赋予自然和社会经济的双重性质，即土地自身固有的自然特性和可用于人类发展和生产的社会经济属性。因此，从经济学视角看，土地是由多种要素构成，包括土壤、岩石、水、气等，是由人类活动所形成的自然与经济的综合体。

① 李秉龙，薛兴利．农业经济学［M］．北京：中国农业大学出版社，2015.

（二）土地的分类

根据不同的划分标准，可以把土地划分为诸多类型。按其地貌特征，可划分为多山地、高原、丘陵、盆地和平原；按照土壤结构特征，可分为黏土、壤土、沙土；按照所有权的不同，可以分为国有、集体所有和私有。

二、土地的特性

土地和其他自然资源有很大区别。土地不仅具有自然属性，还具有经济属性。土地的自然属性与人的生产活动没有直接联系；土地的经济属性则是人类对土地的使用而产生的性质，即人类通过劳动来利用土地资源，从而产生社会财富的过程。

（一）土地的自然特征

1. 土地是由自然所创造的，其面积是有限的。与其他可以通过人工创造的生产资料不同，土地是一种天然的、不可再生的物质。人类能够改变现有土地的形状、结构和用途，能够将荒芜的土地、沼泽等转变为肥沃的耕地，但却不可能增加土地的面积和数量。“有限的土地面积”不仅指地球、一个国家或特定区域的土地面积是有限的，还表示在特定的社会经济环境、特定的时期和特定的地理区域中，农、林、牧、渔业的各类土地利用都受到一定的限制。因此，土地被视为一种非常宝贵且数量有限的生产资源，它定义了人类活动的地理范围。在农业生产中，要充分发挥一切可以利用的土地资源，提高单位面积土地资源的产出。

2. 土地的位置是固定的，无法移动。与其他能够根据实际需求改变位置的生产资料不同，土地往往与其所处的自然、社会和经济条件密切相关。土地的不可移动属性既决定农业生产的区域划分，又对农业生产的合理布局提出要求，在很大程度上决定了农业生产的发展方向。不仅需要根据实际需求和可能性对土地进行合理的改造，还需要根据各地的具体情况，充分利用土地资源，发挥其长处，规避短板。另外，因为土地的位置是固定的，所以为改造和利用土地而进行的农业基建投入就无法轻易地与土地分离。因此，在农业基础设施投资的决策过程中，决不能轻率行事，要注重长期规划和长远效益。

3. 土地是可持续使用且可持续改良的。随着生产能力的增长和科技的不断进步，其他的生产资料，如机械和设备，要么被高品质、低成本的新型产品所取代，要么在生产中逐渐损耗，直至报废。然而，只要合理利用土地，其肥力不但不会枯竭，还会不断增加，成为一种可持续利用的生产资源。土壤肥力包括由各种成土因素影响形成的自然肥力和通过人为因素形成的人工肥力。土地的内在肥力包括人工肥力与自然肥力。随着农业技术不断发展与大范围运用，内在肥力将会逐步提高，并将其转变成可供作物直接使用的经济价值。土地的这一特性，有助于解决日益增加的农业生产需要和有限的土地资源的矛盾。

4. 不同区域的土地生产力存在差别。在自然界中，水分、养分和矿物元素在空间上的分布不均，导致在类似地块上进行相同劳动力所得产量也不同。造成这种差异的原因主要源于两个方面：一是不同地域的土壤肥力存在差异；二是受人为因素的作用，土地实际生产力存在波动。土地的经济价值、使用策略和管理方法都受到生产力差异的直接影响。在农业生产中，必须重视土地的自然属性。但也绝不能因此而过分夸大土地或自然条件在发展农业生产中的作用，避免陷入“自然条件决定论”的悲观态度。必须认识到，土地和自然条件本身并不是决定农业生产发展的决定性因素。

（二）土地的经济属性

1. 土地供给的稀缺性。土地资源极为珍贵，其总量相对稳定。然而，随着人口持续增长以及社会经济的飞速发展，土地需求也在不断攀升，导致土地供需矛盾愈发尖锐。为了保证经济社会发展的可持续性，要合理利用土地资源并采取集约化的土地管理方式，以提升土地资源的使用效益。

2. 土地利用的区位性。由于土地位置和质量的不同，其用途和生产力也会有所不同。因此，在利用土地的过程中，人们需要考虑周围资源的情况，如水源、交通便利程度等，并结合自身实际条件，如资金、农业技能等，才能创造出更多的价值，实现利益最大化的目标。

3. 土地利用方向变更的困难性。土地本身通常具备多种用途。当某个生产项目落实并启动运行后，再改变其用途会面临诸多困难，且可能造成重大经济损失。从农业用地角度分析，土地用途难以改变的原因包括：一是农产品生产具有季节性，土地的使用安排必须与适宜的季节相匹配，一旦错过关键节点，调整用途将面临诸多不便；二是不同的农作物对土地质量有特定要求，短时间内调整适合特定农产品生产的土地面积极具挑战性；三是农产品的生长周期比较长，也是土地利用方向变更困难的重要原因之一。这意味着在决定土地的使用目的时，需要深入的思考，并进行全面且长期的规划，避免不必要的资源浪费和对生态环境的破坏。

4. 土地报酬递减的可能性。在既定的科技发展水平条件下，对某块土地持续追加其他生产要素的投入，在达到某个临界点之前，产出会随着人力投入的增多而不断攀升。然而，一旦要素投入越过这个临界点，每新增一个单位所能激发的新增产量将逐渐缩减，直至趋于零，甚至可能转变为负值。在经济学范畴内，这种遵循特定模式的变化被命名为土地报酬（收益）递减法则。从社会长远发展的宏观视角来看，科学与技术始终在持续演进，这使得土地报酬递减法则在理论上并不存在。但在特定的历史时期或技术阶段内，技术水平往往保持相对稳定或仅有微小变化。因此，基于这一法则及其衍生的边际分析手段，在指导集约化经营方向和评估追加投资的合理性方面仍具有不可忽视的实用价值。

5. 土地利用后果的社会性。生产部门对土地使用的影响不仅局限于其经济收益，还可能对整个国家、社会的生态环境和经济利益产生影响。在农业生产过程中，如果土地的不当使用破坏了土地所依赖的生态循环和生态平衡，那么土壤中的有机物含量将会减少，土壤的结构将会被破坏，土壤的肥力也会下降，最终可能导致依赖土壤肥力的耕作层被完全流失，造成不堪设想的严重后果。

土地因其独有的自然经济特性，使得其使用不只是一个技术层面的议题，还具有深远的社会经济效应。因此，国家有责任对土地实施必要的宏观调控。制定和执行科学合理的土地利用规划，以确保土地资源的可持续利用；通过法律和政策手段，严格保护耕地，防止过度开发和非法占用耕地，保障国家粮食安全和生态安全；同时，应优化土地资源配置，引导并支持土地向高效、集约利用方向发展。

三、土地在农业生产中的重要作用

土地是人类进行生产活动的必要物质条件和自然基础。作为一种资源，土地具有使用价值和经济价值。作为生产过程中不可或缺的组成要素，人类的劳动必须与土地的自然条件相融合，才能创造出财富。一旦失去土地，人类将无法维持基本生计和开展生产活动。在农业生产活动中，土地的作用显得尤为独特和重要。

1. 农业部门主要依靠植物和动物的生命活力，以及太阳能来进行其生产活动。农作物生长需要大量的养分，而这些物质都来自土地之中。在良好的土壤条件下，农作物才能茁壮成长。所以土地质量的优劣对于农业有着至关重要的作用，会显著影响农产品的产量和质量。在农业生产活动中，植物种植是首要环节，对土地有特殊的依赖性，需要在广阔的土地上进行大规模的种植。

2. 在非采掘业的生产领域中，土地主要作为基础和活动场所存在，并不直接介入劳动过程。然而，在农业领域，土地的角色远不止于此。它凭借独特的物理、化学、生物特征以及气候条件，直接参与到农业生产之中，对农产品的产量和质量产生重要影响。

第二节 水资源

一、水资源的定义

水资源通常是指对某个国家或地区具有经济价值并且能够持续更新的淡水资源，包括地表水、土壤水以及地下水等①。大气中的降雨为水资源的修复和再生提供了主要途径。尽管水资源是可再生的，但它并不是无穷无尽的，而是一种有限、不可替代、极易受到污染的珍贵资源。没有水，生物就无法生存，人类的生产和社会活动也将无从谈起。随着经济的快速增长和人口的持续增长，人们对水资源的需求也在不断上升。在干旱地区，由于缺乏淡水资源，许多地方都出现严重的缺水状况，从而影响到人们正常生产生活及国民经济发展。因此，水资源短缺的问题已经引起了全球各国的广泛关注，并被认为是与粮食和能源并列的一个紧迫的社会经济问题。

水资源在农业中的关键作用不言而喻，水是农业的生命线。水不仅是构成农业生物生理的关键物质，而且在农业生产中起到了物质和能量转换的核心作用。例如，小麦是全球广泛种植的粮食作物，在其生长过程中，尤其是在抽穗和灌浆阶段，充足的水分对于提高产量至关重要。如果缺水，小麦的穗部发育会受到影响，导致籽粒不饱满，产量下降。此外，水还对自然地理环境，如地形、植被和土壤的形成起到了决定性作用，进而制约农业的布局、生产结构和未来的发展方向②。因此，对水资源问题进行深入的研究和解决，对农业发展具有至关重要的意义。

二、水资源的属性

1. 总量波动性。水资源的总量并不是固定不变的，而是会随时间波动。这种波动主要受到降雨、蒸发、人类活动等多种因素的影响。在降雨充沛的季节或地

① 付钟堂. 西部欠发达地区农业经济研究［M］. 甘肃：甘肃文化出版社，2018.
② 邵东国，顾文权，林忠兵. 农业水资源规划与管理［M］. 北京：中国水利水电出版社，2020.

区，水资源总量相对丰富；而在干旱少雨的季节或地区，水资源总量则可能减少。此外，人类活动如过度开采、污染等也会对地区水资源总量产生影响。

2. 自然循环性。水资源在自然界中通过蒸发、凝结、降水等过程形成一个庞大的循环体系。水从海洋、湖泊、河流等水体蒸发为水蒸气，进入大气层后，随着气流运动被输送到其他地区，再以降水的形式返回地表或水体。这个循环过程不断持续，使得水资源在全球范围内得以循环利用。

3. 可再生性。水资源是一种可再生资源，这意味着在适当的条件下，水资源可以通过自然过程得到恢复和更新。例如，通过降雨、降雪等自然现象，水资源可以得到自然的补给。只要保持水文、地质和气候条件的基本稳定，水资源就可以在时间轴上不断再生，供人类持续利用。尽管水资源具有可再生性，但其可持续利用性却受到多种因素的制约。为了实现水资源的可持续利用，需要采取一系列措施来保护和管理水资源。例如，通过节水灌溉、污水处理再利用等技术手段提高水资源利用效率；并制定科学合理的水资源管理制度和政策来规范人类活动对水资源的影响。

4. 经济价值的长期延展性。水资源具有巨大的经济价值，这种价值不仅体现在其直接用途上（如农业灌溉、工业用水、生活用水等），还体现在其间接用途上（如维持生态平衡、促进经济发展等）。由于水资源具有可再生性和自然循环性，其经济价值可以在时间轴上无限扩展。只要人类能够合理利用和保护水资源，就可以确保水资源的长期可持续利用和经济价值的不断增长。

5. 水资源的刚性需求。水资源的供给无弹性，但市场需求则是刚性的。水资源的天然供给与市场的需求和价格没有直接关系，也不会因人们的主观选择而有所改变。尽管如此，水对于人类的生活是不可或缺的，所有的动植物都是依靠水来维持生命的。

三、我国水资源现状以及农业用水面临的挑战

（一）我国水资源现状

由于季风环境的作用，我国水资源年际变化显著。2023 年，全国水资源总量为 25782.5 亿 m^3，比多年平均值偏少 6.6%。其中，地表水资源量为 24633.5 亿 m^3，地下水资源量为 7807.1 亿 m^3，地下水与地表水资源不重复量为 1149.0 亿 $m^3$①。虽然我

① 数据来源：中华人民共和国水利部《我国水资源公报》2023。

国水资源总量居世界第6位，但人均水资源量仅为世界平均水平的35%，全国有近三分之二的城市不同程度缺水①。

我国的水资源分布呈现出明显的非均衡性。从时间分布的角度来观察，我国的大部分地区在夏秋两季的降雨量较多，而在春冬季节则相对较少。夏秋期间，年降水量可达全年降水量的1/3～1/2，且不同年份间的降水量也有明显差异。从空间分布上来看，受季风气候的影响，东南沿海一带的年降水量可超过1600毫米，而西北内陆地区的年降水量则少于400毫米，有的地区年降水量甚至低于200毫米。另外，水资源与土地以及耕地的分布也很不协调。南方地区水资源总量占据了全国的81%，但其土地面积仅为全国的36.4%，可耕种的土地面积为35.9%；北方地区占据了全国土地面积的28.2%和耕地面积的58.3%，但水资源的比例仅为14.4%。这样的不协调状态对工农业的发展都产生了负面影响。

（二）我国农业用水面临的挑战

1. 水资源短缺，农业用水缺口大。农业是地球上主要的淡水资源消费者。在全球范围内，农业用水约占全球总用水量的70%。近年来，我国农业用水量约占社会总用水量的60%②。依据国家统计局公布的《中华人民共和国2021年国民经济和社会发展统计公报》，截至2021年底，我国的城市化率已经上升至64.72%③。可以预见，未来城镇生活和工业用水等非农业用水还将大幅增加，而1999～2020年，我国的农业用水已从3900亿立方米减少到3612.4亿立方米。但未来可用于农业的水资源只会零增长甚至减少，这将进一步加剧农业水资源的供需不平衡问题④。

2. 农业生产与用水的地域分布不均衡。由于季风气候和地形因素的作用，我国的水资源在时间和空间上的分布存在很大的不均衡。另外，农业生产和用水之间的区域不平衡也是我国农业用水中面临的突出问题。1949～1990年，北方地区的人均粮食占有量普遍低于南方地区⑤；自1990年起，我国的粮食生产中心已从南方逐步向北方转移。北方各省区都把发展农业作为解决粮食问题的重要途径之一，并取得了一定成效，使得北方粮食产量增长迅速。1990～2008年，从北方地区向南方地

---

① 数据来源：中国政府网，https：//www. gov. cn/xinwen/jdzc/202403/content_6942239. htm.

② 鲍玉海，贺秀斌，尹飞虎，等. 西南地区农业水资源利用及雨水资源高效调控技术路径研究［J］. 中国工程科学，2024，26（06）：169－180.

③ 中华人民共和国2021年国民经济和社会发展统计公报，国家统计局网站，2022－02－28.

④ 根据历年《中国水资源公报》统计数据整理。

⑤ 王建生，徐子恺，姚建文，单位水量粮食生产能力分析，水科学进展，1999（10）.

区转移的粮食年均产量为2689万吨，约占我国北方历年粮食总产量的12%。基于北方地区多年的平均粮食生产水分利用效率为1.15千克/立方米的数据，1990~2008年，我国北方每年平均有大约233.8亿立方米的水“随粮南运”，这个数字大约是黄河年均流量（580亿立方米）的40%，这与“南水北调”东线和中线调水的总量（278立方米）相当接近[①]。由于北方气候干燥、降水少、气温低等自然因素影响，导致北方部分耕地长期干旱少雨或常年无雨，大量农田出现缺水现象。因此，我国北方缺水问题已成为影响粮食产量的主要因素之一。为了“南水北调”项目，国家投入巨额的资金和人力资源，但“随粮南运”却进一步加剧了北方地区的缺水问题。这种南北之间的粮食生产与水资源的结构性失衡，从长期角度看是难以维持的。应探索可持续的农业模式，减少对水资源的依赖，确保未来的可持续发展。这种不仅是农业的问题，更是关乎整个社会对于自然资源的管理问题。

3. 水生态环境恶化，农业用水的短缺问题变得更为严重。农业和自然环境之间存在一种相互依赖和相互竞争的关系。尽管我国的农业取得了全球瞩目的成果，但也必须认识到，由于粗放的发展模式导致的农业面源污染等问题，我国的江河湖泊普遍遭受污染。其主要原因是农田中化肥和农药的过度使用，导致氨、磷等有机物质通过农田径流入水体。同时，畜禽养殖产生的废物和废水，以及农村生活污水的无序排放，也加剧了水体的富营养化，地下水源的硝酸盐含量严重超出标准。基于我国《地表水环境质量标准》（GB3838－2002），可将地表水分为三大类别：Ⅰ－Ⅲ类河流的水质状况较好，适用于饮用水、渔业和游泳等用途；Ⅳ－Ⅴ类河流的水质受到一定程度的污染，但仍可用于某些特定用途；而劣Ⅴ类河流则属于严重污染的水体，需要采取有效的治理措施来改善水质。2018年，水利部对我国26.2万平方公里的河流进行了水质评估，结果表明，Ⅰ－Ⅲ类的河流长度占了81.6%，而劣Ⅴ类的河流长度则占了5.5%；对124个湖泊，总面积为3.3万平方公里的水域进行了水质评估。全年，Ⅰ－Ⅲ类、Ⅳ－Ⅴ类和劣Ⅴ类湖泊的总水质分别占到了评估湖泊的25.0%、58.9%和16.1%[②]。根据《第二次全国污染源普查公报》的数据，2017年我国农业源排放的化学需氧量（COD）为1067.13万吨，氨氮为21.62万吨，总氮为141.49万吨，总磷为21.20万吨，这对水生态环境构成了巨大的污染和风险[③]。水体污染进一步加剧了农业水资源的短缺，对农业生产和农产品安全造成了严重威胁，同时也直接影响了农村饮用水的安全和人民的健康状况。

---

① 吴普特，赵西宁，操信春等，我国“农业北水南调虚拟工程”现状及思考、农业工程学报，2010（6）.

② 2018年《中国水资源公报》，中国水利部政府网站，2019－07－11.

③ 第二次全国污染源普查公报，中华人民共和国生态环境部网站，2020－06－16.

四、水资源的合理分配与利用

水不仅是宝贵的自然财富，同时也是重要的经济资源。在当前的环境下，有效管理和分配水资源至关重要。水资源的分配和使用不只是农业可持续发展的关键，也涉及国家经济和民众生活的多个层面。因此，解决用水问题仅依靠单一的措施不足以全面解决水资源配置和利用问题，必须采用综合治理的方法，建立多种运行机制解决问题。例如，通过完善水资源产权制度、推动水权交易、建立水资源交易平台等措施，建立有效的市场机制；通过实施水资源有偿使用制度、建立节水激励机制、实施水资源生态补偿机制等措施，建立合理的利益调节机制。此外，政府应该加强水资源管理，推动科技创新，提高水资源利用效率。同时，提高公民节约用水和积极参与水资源保护的意识。确保水资源的可持续利用，促进国家经济的健康发展，提高人民生活水平①。

第三节 气候资源

一、农业气候与农业气候资源

气候构成了自然环境的一个重要部分，称为气候环境。在农业领域，气候环境被视为农业生态环境的重要组成部分，也被称作农业气候生态环境。农业气候生态环境分主要由两部分组成：农业气候条件和农业气候资源。农业气候条件是指与生态环境直接相关的气候要素，如温度、湿度和天气现象等，这些要素虽对农业生产有影响，但不直接参与生产过程；农业气候资源是指一个地区气候为农业生产所能提供的自然物质和能量，它能直接影响农业生产的各个环节和最终结果。

农业气候作为农业的生态环境，既有可能带来益处，也有可能带来负面影响。其益处在于，适宜的气候条件能够促进农作物的健康生长，提高产量和质量。例如，充足的阳光、适宜的温度和适量的降水是农作物生长的基本条件，当这些条件

① 张宝忠，雷波，杜丽娟，彭致功．区域农业耗水管理研究与应用［M］．北京：中国水利水电出版社，2021.

得到满足时，农作物能够充分进行光合作用，积累养分，从而实现优质且高产。然而，当气候条件变得极端或不适宜时，会对农业生产造成严重的冲击。又如，干旱、洪涝、低温、霜冻等极端气候事件会导致农作物减产甚至绝收。

二、农业气候资源的特点

（一）无穷尽性

农业气候资源通常被视为可更新性资源或再生性资源，这是因为在农业气候资源中，水和气体的循环是无止境的，并且具有可持续利用的特性。例如，绿色植物通过光合作用吸收二氧化碳并释放氧气，这导致了空气中氧气的增多和二氧化碳的减少；有机物质的燃烧和分解，以及动植物的呼吸过程，都会吸取氧气并释放二氧化碳，这导致了空气中氧气的减少和二氧化碳的增加。这样的循环机制确保了空气中的氧气和二氧化碳维持在一个比较稳定的水平。光资源与水、气资源有所不同，光资源源于太阳。从人类的纪元开始至今，尽管太阳的辐射能量发生了一些变化，但它始终是持续的。光资源被视为一种相对稳定且永远不会耗尽的资源。

（二）变化性

在农业气候资源中，变化性被视为最显著的特征之一。农业气候资源的变化不仅受到不同区域的影响，而且在同一区域内还会随着时间的推移而发生变化，如年度温度的高低、四季的温度变化、降水量的多少、日照时间的长短、太阳辐射的强度，以及氧和二氧化碳的密度变化等。我国的许多地方都受到大陆性季风气候的影响，这种气候特性导致了农业气候资源在不同地区的差异更为显著，并且这种差异会随着时间的推移而发生更大的变化。

（三）适度性

农业气候资源的质量可以通过其自身的量值大小和随时间的变化来表示，但是量值越大并不意味着质量越好。自然条件下的水和热资源，尽管是农作物生长不可或缺的要素，却经常因为其量值超出农作物的适宜范围而对农业生产构成威胁。例如，过量的降水可能导致农田积水，影响土壤透气性和根系呼吸，进而引发作物根部病害，严重时甚至造成作物溺亡。而持续的高温则可能加速土壤水分蒸发，导致作物干旱胁迫，影响光合作用和养分吸收，降低产量和品质。反之，水分和热量的不足同样会对农业生产造成不利影响，如干旱和低温胁迫，会限制作物的正常生长发育，减少产量。因此，合理调控和利用农业气候资源，使其保持在农作物生长的适宜范围内，是保障农业生产稳定和提高农作物产量的关键。

（四）资源密度低

尽管农业气候资源的总量相对较大，但它们的密度都相对较低，且不易自然地聚集在一起。以太阳能为例，如果按照年平均太阳总辐射能量6000WJ/立方米来计算，我国陆地上的太阳总辐射能量达到1830TW（太瓦），而我国的水能资源仅为0.676TW，这意味着太阳能的储量是水能的2700倍之多。尽管太阳的辐射能量总量相当大，但其能量密度，也就是单位面积的能量，实际上是相当低的，全国的年均能量仅为190瓦/立方米。在平原地带，接近底部的空气中氧气的密度大约是280克/立方米，而二氧化碳在海平面上的密度仅为0.6克/立方米。虽然在单位面积上，年均水能量相对较低，全国的平均水能量仅为0.7瓦/立方米，但由于水能的自然聚集，某些地区的能量密度却相当高。鉴于农业气候资源具有低密度、难以自然聚集且在农业生产中利用率较低的特点，使得人们在利用气候资源时，必须采取长期且大规模的策略。只有这样，才能有效地提升农作物产量，实现更大的经济效益。

（五）有价无值

农业气候资源是融合多种物质与能量的综合体，极具开发潜力。然而，其高度的流动性和无边界特性，导致其难以被大规模地人为控制，也缺乏明确的产权归属。因此，农业气候资源具有公共产品的特性，也就是说，它很难被归类，也不能转化为商品或市场价值。尽管其价值难以直接量化，但农业气候资源却是农业生产不可或缺的基础，深刻影响着农作物的生长温度、水分供给以及疾病虫害的发生，直接关系着粮食产量与安全。因此，制定合理利用农业气候资源的对策，不仅是农业稳步发展的需要，也是整个社会经济稳定的基础之一。

三、农业气候资源的合理配置和使用

1. 挖掘气候条件的生产潜能，提升农作物的单位产量。相较于当前的产量水平，我国各地的主要农作物在光照和温度方面的生产潜力是现有生产潜力4~5倍，同时也是气候生产潜力的2～3倍，因此还有很大的空间来进一步提高产量。通过分析造成差距的各种因素，尤其是解决瓶颈问题的方法，就能识别影响生产潜力深度开发的关键问题。在此基础上，需要进一步制定具体的生产解决方案，并采取有力的措施加以实施，包括改进农业生产流程、优化资源配置、提高农业技术水平等。只有不断地解决潜在困难，才能释放农业生产潜力，推动农业经济总量的稳步提升。

2. 依据气候的变化规律安排农业生产，达到减少灾害和提高产量的目的。一个地区的农业结构和种植制度应根据其气候分区和气候资源分布的特性来确定。如果使用复种指数过高或生育周期过长的品种，尝试对热量进行过量使用，结果往往会与预期相悖，可能会导致冷害或霜冻面减产。在农作物种植过程中，通常会根据80%的气候资源保证率以及农耗时间的计算来规划播种、移栽和收获的各个阶段。

3. 开发利用山区的立体气候。山区气候的一个显著特征是其多维性，不同的海拔和位置会有不同的气温、降雨、光线、湿度和风速，因此，根据地理条件进行开发和利用具有巨大的可能性。应当最大化地利用山区气候的多维特性，并根据山区农业气候资源的独特性，对农业的结构、作物和品种进行合理的规划和布局。这种做法不仅有助于实现生态环境的有效管理，还能提升农业生产的经济效益。这为众多贫穷的山区提供了一个摆脱贫困并走向富裕的路径。

4. 依据气候相似性的原则引进优良品种。所有的优良品种都是与特定的生态和气候环境相匹配的，它们的生长需求仅在特定的气候区域内才能被认为是优良品种，而在其他地方由于气候不适应，它们可能会被视为劣种。如果想要成功地进行引种，就必须遵循气候相似性的原则，至少需要在作物的生长周期内使其相似，或者在农业设施内稍作调整后使其相似，这样才能取得成功。

第四节 生物生态资源

一、生物生态资源的定义与特征

乡村生态资源包括乡村中的山水林田湖草沙以及其他动植物等自然资源，这些资源具有多样性、生态功能，且其经济价值尚未完全显现。生态资源具有其独特的价值，这些价值体现在乡村的地理范围内，凝结于生态山水、农业田园、风俗民俗、村落民居及其附属生态产品等自然生态和社会文化资源之中且未完全显化为经济价值的使用价值，还具有“三生”（即生产、生活和生态）一体化的多重功能特性①。

生物生态资源的特征，包括稀缺性、非竞争性和非排他性。稀缺性意味着生物生态资源在自然界中的分布和利用具有一定的限制和规律，应更加珍惜和合理利用资源。非竞争性和非排他性则意味着生物生态资源的利用并不受到个体之间的竞争和排他的限制，具有公共物品的属性。因此，应该以合作与共享的方式来维护和管理生物生态资源。

二、生物生态资源与农业的关系

农业与生物生态资源之间存在着紧密的联系。生物生态资源是农业可持续发展的基石。如果没有生物生态资源的支撑，农业的进步将举步维艰。只有采用科学的耕作方法并提升土地和水资源的使用效率，农业的可持续发展才能得到有效保障。因此，要鼓励发展循环农业和生态农业模式，以减少对环境的影响。

循环农业的发展有助于节约农业资源，提升土地利用率。此外，循环农业还能促进生态平衡，减少碳排放。生态农业也是保护生态环境的有效途径，它能够减少化肥农药的使用，降低农业对环境的污染。生态农业不仅仅是一种经济模式，更是一种生态文明建设。通过推动生态农业的发展，可以改善农村人居环境，提高农产品品质，增加农产品的附加价值，促使农民增收致富。落实农业可持续发展模式，将会给农业发展带来更多机遇，实现农村经济的繁荣与生态的健康共存，促进农业与生态环境之间的良性互动。

在推动农业与生态环境良性互动的过程中，政府应该加大对生态农业的支持力度，制定相关政策和法规，引导农民转变观念，采用更环保的种植和养殖方式；建立健全的生态补偿机制，激励农民更多地参与生态保护和恢复工作；同时，加强农业科技研发，推广高效节水灌溉、有机肥料等先进技术，提升农业生产力水平，推动农业生产方式的革新②。

---

① 郎宇，王桂霞，生态资源价值化助推乡村振兴的逻辑机理与突破路径［J］. 自然资源学报，2024，39（1）：29－31.

② 周炜坚. 乡村振兴战略下丽水生态农业科技创新研究［M］. 河北：河北科学技术出版社，2019.

第五节 未来资源

农业的未来资源是指现如今未开发利用但可用于农业生产的各类资源。其包括广泛而多样的领域，包括但不限于以下几点：

1. 生物技术资源。以基因工程、细胞培养和组织培养等技术为主。通过基因编辑，创造出具有特定优良性状的新品种，如具有更高的产量、更强的抗病性、更好的环境适应性的农作物种类。细胞培养和组织培养技术则可以用于生产无病毒、无污染的作物苗和动物幼体，从而保障农业生产的健康和安全。

2. 新型肥料和农药资源。推广新型有机肥料与生物农药的应用，降低化学肥料和农药的使用量，以减轻环境污染并减少资源浪费。

3. 海洋资源。海洋是一个巨大的资源库，包括海洋生物资源、海水资源等。通过养殖海洋藻类，获取海洋生物肥料。同时，发展海水淡化技术，开发沿海地区可用于农业生产的荒滩或盐碱地等区域。

4. 信息技术资源。运用大数据、物联网、人工智能等现代信息技术，实现农业数字化。通过精确监测和智能分析，优化农业生产过程，提高生产效率和质量。

这些未来资源的开发利用，将极大地推动农业生产的可持续发展，提高农业的经济效益和社会效益。然而，我们也需要注意到，这些资源的开发利用也可能带来一些新的问题和挑战，如生物安全、环境影响等。因此，在开发利用这些资源的过程中，我们需要遵循科学、合理、可持续的原则，确保农业生产的健康、安全和稳定。

本章小结

本章首先介绍了农业的生产要素，包括土地资源、水资源、气候资源、生物生态资源以及未来可开发的农业资源等。土地是农业生产必不可少的重要资源，是人类进行生产活动所必需的物质条件和自然基础，为此，我们要深刻认识到土地由自然所造的自然特征和可为人类利用的经济特性以及其在农业生产中的重要作用。其次，阐述了水资源的定义和经济属性，同时我国农业用水面临的挑战也不容忽视，水资源的有效管理和合理分配至关重要。再次，在阐述气候资源的定义、利用方式及特点的基础上，着重分析了农业气候资源的合理配置和使用。最后，分析了生物生态资源和未来可能利用的农业资源情况。

本章参考文献

［1］李秉龙，薛兴利．农业经济学［M］．北京：中国农业大学出版社，2015.

［2］付钟堂．西部欠发达地区农业经济研究［M］．甘肃：甘肃文化出版社，2018.

［3］邵东国，顾文权，林忠兵．农业水资源规划与管理［M］．北京：中国水利水电出版社，2020.

［4］张宝忠，雷波，杜丽娟，彭致功．区域农业耗水管理研究与应用［M］．北京：中国水利水电出版社，2021.

［5］周炜坚．乡村振兴战略下丽水生态农业科技创新研究［M］．河北：河北科学技术出版社，2019.

第四章　农业劳动力

学习目标

1. 理解农业劳动力资源的内涵与特点
2. 掌握农业劳动力的供给与需求，了解我国农业劳动力供求的特点
3. 学习农业劳动力转移和农业劳动生产率，了解农业劳动力资源的合理配置

第一节　农业劳动力资源的内涵及特点

一、农业劳动力的定义

农业劳动力通常指的是有能力且有意愿参与农业劳动的劳动者的数量与质量。农业劳动者的数量指农村中达到劳动年龄且具备劳动能力，同时未达到或已经超出劳动年龄，但实际参与农业劳作的人数。农业劳动者的质量指农业劳动力的体力、技能熟练度以及他们在科学和文化方面的水平①。由于自然、经济和文化等多重因素的作用，农业劳动者的数量和素质都在持续地发生变化。

二、农业劳动的特殊性

农业劳动者主要参与农业生产活动，由于农业生产具有与其他生产领域不同的独特性质，这就导致了农业劳动力在使用上的特殊性——也就是农业劳动的特殊

① 孔祥智，马九杰．农业经济学［M］．北京：中国人民大学出版社，2023.

性。与工业生产相比，农业劳动的特殊性主要体现在下面几个方面：

1. 在时间维度上，农业劳动表现出明显的季节性特点。人们需要根据生产对象自身的自然生长规律，在各个生长阶段适时地投入劳动。春季是播种和育苗的关键时期，农民需要进行土地翻耕、播种和施肥等工作；夏季则是作物生长的旺盛期，需要进行除草、灌溉和病虫害防治；秋季是收获的季节，农民需要进行收割、脱粒和储存；冬季则是农田休耕和准备来年生产的时期，农民进行土地整理和农具维护。这种季节性的劳动安排不仅确保农作物的健康生长和高产，还能有效利用劳动力资源。

2. 在地理空间上，农业劳动呈现出明显的分散和地域性特点。由于农业生产的自然基础是土地，而土地的分布是广泛的，因此农业劳动往往分散在广阔的地域范围内。不同地区的自然条件，如气候、土壤、水源等，决定了适宜种植的作物种类和农业生产方式。例如，在温带地区，适合种植小麦、玉米等粮食作物；在热带地区，则更适合种植香蕉、橡胶等经济作物。此外，农业劳动还受到当地社会经济条件的影响，如劳动力资源、市场需求和交通条件等，这些因素共同决定了农业生产的规模和布局。因此，农业劳动不仅在空间分布上呈现分散性，还在不同地域展现出独特的地域性特征。

3. 农业工作内容的多样性。农业劳动涉及的工作内容非常广泛，从种植到养殖，从生产到管理，每个环节都包含多种任务。此外，从季节变换的角度来看，农业生产与自然环境紧密相连，因此农业劳动者的工作内容会随着季节的更迭而发生变化。农业工作内容的多样性要求农业劳动者具备丰富的经验和知识技能，以适应不同任务与季节变换的生产需求。

4. 农业劳动成果具有最后决定性和不稳定性，且农业生产周期相对较长，每一个生产阶段都包含大量的不连续劳动环节。各种劳动活动通常不会直接转化为最终产品，只有在整个生产周期结束时，农业劳动的最终成果才能完全显现。农业的每个劳动环节紧密相连，前一个环节的质量会对后续环节产生深远影响，进而影响最终的生产效果。因此，农业劳动生产率的提高取决于每个劳动环节是否达到了最优效果。另外，由于农业生产高度依赖于外部的自然环境，这导致了农业劳动的最后产出或收益存在不稳定性。

随着农业科技的不断发展和农业生产社会化水平的持续提升，农业劳动的特性也会相应地发生改变。为了最大限度地利用农业劳动力资源，必须考虑农业劳动的特殊性，这样才能制定正确的路径，实施适当的策略，持续提升农业劳动力的使用效率和劳动生产效率，从而促进农业生产的发展。

第二节 农业劳动力资源的利用

一、农业劳动力的供给

农业劳动力供给是指在一定时期内，可用于农业生产的劳动力数量与质量。研究影响农业劳动力供给的关键因素，对于把握农业劳动力市场动态、优化资源配置、提升农业生产效率以及推动农村经济发展具有重要意义。

1. 农业劳动力供给的规模和构成受农村人口规模及构成的直接影响。农村经济发展水平、产业结构以及农村教育事业等因素都会影响到农村劳动力的数量。农村人口规模是农业劳动力供给的基础。随着农村经济的发展，产业结构不断调整，非农产业的比重逐渐增加，导致农业劳动力向非农产业转移，农业劳动力数量相对减少。此外，农村教育事业的发展水平也对农业劳动力的素质和数量产生影响。教育水平的提高可以提升劳动力的技能和知识，使其更适应现代农业生产的需求，但同时也可能导致更多劳动力流向城市和非农产业。

2. 农业部门的经济效益水平直接影响农业劳动力的实际供给量。基于收益的考量，人们在选择工作时更倾向于选择报酬较高的行业，而不是选择报酬较低的行业。因此，农业部门从劳动中获得的经济收益的多少，将直接影响到农业劳动力的供给量。

3. 农业劳动力的供给质量决定农业劳动力的有效供给数量。根据社会经济的发展经验，人是最根本、最关键的社会生产力，而劳动力资源则是最根本、最关键的社会经济资源，特别是那些掌握了文化和科技知识的劳动力。随着农业科技和农业生产工具的不断更新升级，农业生产需要更高质量的劳动力资源。与城市相比，农村在经济、文化、营养和教育方面的水平明显较低。因此，农业劳动力所提供的资源质量相对较低，这使得它们难以满足农业市场经济的发展需求。在农业的现代化进程中，高素质的农业劳动者会向非农产业转移，那些身体和文化水平相对较低的农村合适年龄的人口，逐渐成为农业劳动者的主要来源，导致农业劳动力的有效供给不足问题愈发凸显。

4. 农业劳动力供给数量的关键在于农业劳动时间的多少。农业劳动时间主要包括两个方面：一方面，是从事农业劳动的劳动者每日工作时长与全年农业劳动时长的总和；另一方面，是非农业劳动者在农忙季节或其他特定时期参与农业劳动的时间。农业劳动者的每日工作时长和全年工作天数，都会受到农业的气候条件、劳动的目标群体、所采用的劳动方法、农业劳动力的供给规模以及国家的法律规定等多种因素的制约。未达到农业劳动年龄的农村居民在农业领域的劳动是经济和文化发展滞后的标志，这与人权的伦理和法律要求是相冲突的。然而，在经济较为落后的农村地区，这也是一种基本的生活需求，这需要在农村经济的发展中逐步解决。那些主要从事非农产业工作的农村居民，在农业高峰期参与农业劳动，这是城市化、工业化和农业现代化进程中的一种常见经济行为，但随着社会经济的进步，特别是社会化服务水平的提升，这种参与会逐步减少。

二、农业劳动力的需求

农业劳动力需求涉及数量和质量两个方面。数量需求是指农业部门为维持再生产所需的劳动力规模；质量需求则指在再生产过程中，对劳动力的文化水平、技能和健康状况等方面的要求。

1. 农业劳动力的潜在需求是由农业自然资源的当前状况共同决定的。当社会对农产品的总体需求保持相对稳定，以及农业劳动力的素质和生产力变动不大时，农业的自然资源质量与农业所需的劳动力数量呈负相关关系。农业所需的自然资源质量越高，如丰饶的土地、宜人的气候和适宜的降雨量，对农业劳动者的需求就越低；相对地说，如果农业的自然资源质量较差，如土地不育或经常遭遇灾害性天气，那么对农业劳动者的需求也会相应增加。农业自然资源最突出和关键的特点是其数量的有限性，这意味着有限的农业资源对农业劳动者的吸引力也是受限的。因此，受到客观自然法则的作用，农业自然资源的数量和质量状态，无论社会对农产品的需求如何，都是决定农业劳动力需求数量和质量的关键因素。

2. 农业劳动力的宏观需求是由社会人口和经济状况所决定的。人口因素是其核心影响要素。人口规模的持续扩大，导致对农产品需求的增加，进而推动了对农业劳动力需求的增长。同时，经济结构的演变和非农产业的发展，也会对农业劳动力的需求产生重要影响。因此，农业劳动力的宏观需求变化在很大程度上受到总体人口增速的影响。人们的饮食习惯对农业劳动者的总体需求也产生了显著的作用。在现代畜牧业中，种植业产品通常被视为主要的能量转换渠道。鉴于畜牧业的生产过程比种植业多需要一次生产转换，并且其能量转换效率仅约为10%，因此生产畜牧业产品所需的农业劳动力远大于种植业产品所需的劳动力。当人们主要依赖动物制品作为食物来源时，他们对农业劳动者的宏观需求会相应增加。

社会经济状况是决定农业劳动力宏观需求的根本因素。首先，社会产业结构的不同，导致农业劳动者在社会中的需求存在差异。在非农产业中，部分部门以农产品为生产基础原料，而另一些部门则无须使用农产品作为原材料。因此，非农产业的组成情况对农业劳动者的宏观需求产生了显著的影响。如果非农产业主要由纺织、食品和造纸工业构成，并且这些工业部门必须使用农产品作为原材料，那么这些工业部门的发展将不可避免地刺激农产品需求量的增加，从而也会增加对农业劳动力的宏观需求。相反，如果汽车、钢铁和电子信息产业占据主导地位，这些产业并不使用农产品作为原材料，那么农业劳动者的总体需求将会减少。其次，社会经济的发展水平在很大程度上决定了农业劳动力的宏观需求。当经济发展水平较高时，科学、教育和非农产业会得到充分发展，劳动力素质提升，工业生产效率也会提高，从而减少对农业劳动力的宏观需求；反之，需求会增加。

3. 农业劳动力的需求状况在很大程度上也受到政府政策的影响。一是政府在人口政策上对农业劳动者的需求产生了影响。在国家的人口增长速度相对缓慢的情况下，政府可能会采取促进人口增长的政策，导致农产品的需求相应增加，从而提高社会对农业劳动力的需求。二是政府的教育政策对农业劳动力的需求产生了显著影响。如果政府加大对教育的重视，那么整个社会的科学和文化水平都会提高，劳动力资源的质量也会相对较好，从而导致人口增长速度保持在一个健康的水平。这样，社会对农业劳动力的需求也会在一个合适的环境中进行调整。如果政府对教育领域视而不见，那么整个社会的科学和文化水平都会受到影响。为了弥补教育质量的不足，社会需要增加劳动力，这可能导致许多家庭盲目地选择生育，从而增加社会对农业劳动力的需求。

三、我国农业劳动力的供求特点

（一）农业劳动力数量众多，但素质相对较低

截至 2023 年底，全国的人口总数达到了 140967 万。其中，城市的常住居民数量为 93267 万人，而农村的常住居民为 47700 万人，农村的人口数目依旧相当庞大①。自新中国成立之日起，伴随着农村教育的进步和扫盲活动的开展，农民的文化水平得到了显著的提升，但从总体上仍然较低。传统的农民缺乏知识储备和新技术应用能力，其农业生产也大多采用高投入、低产出的传统生产方式，这严

① 数据来源于国家统计局官网：ttps：//www. stats. gov. cn/xxgk/sjfb/tjgb2020/202402/t20240229_1947923. html.

重制约了我国农业现代化的步伐。发挥农村地区的生产潜力，需要政府和社会各界的支持与投入。实施培训计划、科技示范、市场导向等扶农政策，不断提高农村信息技术型人力资本积累，有助于提升农民的素质和技能，推动我国农业向现代化迈进①。

（二）农业的劳动力供求矛盾十分突出

从劳动力在耕地面积上的合理负担来看，我国农业实际所需劳动力约为 1.7 亿人②。但在 2023 年，我国农业劳动力数量已达 29753 万人，比上年增加 191 万人③。在未来的一段相对较长的时间里，由于农业劳动效率的持续增长和土地资源的有限性，再加上农村人口的持续增长，农业劳动力仍会存在剩余。

（三）不同地区农业劳动力的供求情况存在较大差异

如果某一时期在一个地区的人口过于集中，人口密度过高，导致每个农业劳动者可以利用的土地资源不足，那么农业劳动力的供给就会过剩，需求也会不足；反之，如果某一时期在某一地区的人口集中度不足，人口密度偏低，导致每名农业劳动者能够利用的土地和其他自然资源过多，那么这将导致农业劳动力的供给短缺，从而无法充分发挥土地和其他自然资源的潜力。由于我国不同地区的人口密度存在较大差异，农业劳动力的供需状况也不同。在我国的东南区域，人口密度较高，劳动力平均承担两到三亩的耕地，使得农村劳动力供给超过需求的问题变得尤为突出；在人口稀疏的西北地区，农村的劳动力资源相对匮乏，则限制了自然资源得到充分和合理的利用。

第三节　农业劳动力资源的合理配置

农业劳动力资源的合理配置对农业生产要素合理配置和农业经济发展具有重要意义。为了优化农业劳动力资源的分配和利用效率，一方面需要推动农村剩余劳动力的合理和高效转移，另一方面也需要提高农业的劳动生产效率。

---

① 任燕妮．信息技术型人力资本与农业教育管理［M］．陕西：西北农林科技大学出版社，2019.

② 数据来源：河南省农业科学院。

③ 数据来源：国家统计局，2023 年农民工监测调查报告。

一、农业劳动力的转移

（一）农业劳动力转移的含义及规律

农业劳动力转移是指农业劳动力从农业向非农产业或城市的流动①。农业劳动力的转移主要有两种模式：一是从农业部门向非农产业部门的流动，也被称为部门转移；二是空间转移，即农业劳动力由农村向城市的流动。以下是农业劳动力转移的普遍规律。

1. 随着我国经济的持续增长，农业劳动者将逐渐流向非农产业或城市，导致农业劳动者在整个社会劳动力的占比逐渐减少。

2. 农业劳动者向非农产业的迁移速度是由农业与非农产业之间的劳动生产率差异所决定的。当劳动生产率差异增大时，转移所需的拉力会增强，转移的速率也会加快；相对地说，如果两者之间的劳动生产率差异减小，那么转移所需的拉力将会降低，从而导致转移的速度减缓。

3. 农业劳动者向非农产业或城市的迁移经历了两个明显的阶段：第一阶段是农业劳动者的绝对数量上升，而其在社会总劳动力中的相对比例则有所减少；第二个阶段是农业劳动者的总数和其相对比例都呈现下滑趋势。

（二）我国农业剩余劳动力的转移

农业剩余劳动力指的是，在某一特定生产力水平下，农业劳动力的供应量超出了农业生产经营的合理需求，并且这部分劳动力在农业生产经营中的边际产量是零或负数。农业剩余劳动力转移后农业的产量仍然不会下降，也不会妨碍农业的进步。由于我国目前农村经济发展还处于初级阶段，因此，在相当长的一段时间内，农村富余劳动力将大量存在。这一现象的形成是由多种因素共同导致的。首先，20世纪50年代开始至70年代期间的人口生育政策未能有效遏制人口增长，导致了农业人口和劳动力数量的快速增长，规模扩大。其次，随着农业劳动效率的增长和耕地面积的缩减，对农业劳动力的需求也随之下降。最后，农村的第二和第三产业尚未充分发展，无法提供足够多的就业岗位，吸收的劳动力相对较少。

为了加速农业现代化强国的建设进程，有必要提升农业劳动力利用效率以及农业剩余劳动力的转移效率。为此，应注意以下几个方面。

---

① 王跃梅. 我国农村劳动力转移与粮食安全问题研究［M］. 浙江：浙江大学出版社，2018.

1. 提高对农业产业的扶持力度，推进农业资源综合开发。一方面借助农业综合开发，改造大量中低产田、兴修与完善农田水利设施等；另一方面加强对农民的培训和指导，推广科学种植、养殖技术，提高农业劳动力的利用率，为农村经济注入新的活力。

2. 兼顾农业产业的管理和创新协同发展。通过引导农民采用现代化管理模式，并利用大数据、物联网、区块链等技术，提升农业生产的智能化水平。并加强农业科研力量，实施农业科技创新，研发并推广适应性强、抗灾害能力强的新品种，提高作物品质和产量。

3. 持续支持和指导乡村企业的成长，提高其就业容量。对于乡镇企业，国家应在财政、税务和信贷等领域提供优惠政策。这不仅能够激发乡村企业的活力，还能够增强农村地区的经济实力。随着企业规模的扩大和产业结构的优化，乡镇居民的就业问题将逐步得到解决。同时，这也为农村劳动力提供了更多的就业选择，有助于实现城乡经济的良性互动，推动国家经济持续健康发展。

4. 鼓励并加速农业的剩余劳动力向城市的迁移。政策上放宽城市落户政策，并加强对待转移和已转移农民的职业技术培训，减少农民进城落户的阻力。农民落户城市之后，城市也因此得到了更广泛的劳动力资源和消费群体。这不仅有助于缓解农村人口过剩的压力，也为城市的经济发展创造更为有利的条件，实现城乡互利共赢的局面。

二、农业劳动生产率

（一）农业劳动生产率的概念与计算

农业劳动生产率是指在单位劳动时间内，农业劳动者生产的农产品数量，或者生产单位农产品所消耗的劳动时间。根据这一概念，可以推导出以下理论公式：

农业劳动生产率＝农业产品数量/农业劳动时间

其中，“产品数量”实际上是指劳动成果，它可以具体表现为总产量、商品产量等实物量，也可以体现为总产值、利润等价值量，还可以是作业量等其他量化指标。“劳动时间”是指生产单位产品所耗费的物化劳动时间和活劳动时间的总和。

（二）提高农业劳动生产率的意义

农业劳动生产率持续上升是历史进程中的必然趋势。一个社会的发展或滞后，最后都会反映在劳动生产效率的高低上。由于资源的局限性和社会经济的持续进步，有必要不断地提升农业的劳动生产效率。

1. 增加农民收入。通过提高农业劳动生产率，在单位时间和范围内产出更多农产品，降低每单位农产品的生产成本，从而增加农民的经济收益。此外，较高的农业劳动生产率意味着土地、劳动力和资本等资源的合理利用，农业资源的利用效率提升，农民的收入水平也进一步增加。

2. 保障国家粮食安全。随着人口的增加，对粮食的需求也不断上升。农业劳动生产率的提升可以增加单位面积的粮食产量。通过提高农业生产效率，可以更好地应对人口增长带来的粮食压力，确保国家粮食安全和社会稳定。同时，高水平的农业劳动生产率还能增强农业的抗风险能力，确保在面对自然灾害等不利因素时，依然能够稳定粮食产量。

3. 促进农业现代化。提高农业劳动生产率需要引入先进的农业技术和设备，能够促进农业生产方式和管理模式的现代化进程。例如，精准施肥和农药喷洒技术能够根据土壤质量、作物需求、气象条件等因素，控制施肥量和喷洒量，提高资源利用效率。无人驾驶农机设备通过安装传感器和北斗定位系统，能够在农田中自主规划作业路径，提高工作效率，减少人工成本。这不仅有助于增强农业应对市场波动的能力，而且利于提高我国农业在国际市场上的优势地位，更好地应对国际市场的竞争。

4. 优化农村产业结构。农业劳动生产率的提高能够释放出更多的剩余劳动力。当这些劳动力转移到农村的第二、第三产业时，农村的产业结构会逐渐优化和升级。农村产业结构的优化又会促进农村经济活力的提升，进一步推动农村经济总量的扩大。

5. 促进城乡一体化发展。提高农业劳动生产率有利于农民收入水平的增加，农村地区的经济活力也得到增强。在推动城乡经济协同发展的背景下，这是进一步缩小城乡之间经济差距的可行对策。

（三）提高农业劳动生产率的方法

1. 实施恰当的政策手段，激发农民的劳动积极性。在我国这样一个人口大国，要实现经济发展和社会稳定和谐，就需要不断提高农业生产力水平，而农业生产力的提高离不开广大农民群众的参与。农民作为农业生产的主力军，其劳动积极性的激发是提升农业劳动生产率的关键所在。

2. 持续性地对农业劳动者的物资和技术设备进行优化。在农业领域，引入现代化的机械、设备以及如化肥、农药、薄膜等先进的生产资源，提升农业劳动者的技术装备水平，特别是尽快实现农业机械化①。此外，随着科技的不断进步，智能化农业将成为推动农业现代化发展的重要引擎。通过引进智能化农机设备和先进的农业信息管理系统，实现农业生产全流程的数字化监控与管理。这不仅可以精准控制作物生长环境，提高产量品质，还能够有效减少资源浪费和环境污染，在极大地节省劳动力的同时有效地增加土地的生产效率。

3. 合理利用和逐步改善自然条件，并做好农业规划与引导②。充分且合理地利用各种自然条件，努力推动科技与自然的融合。在基础设施建设中，要注重生态友好型技术的应用，提高资源利用效率。同时，深入研究气候、土壤特性，制定更科学的耕作方式。在充分利用自然环境的前提下，注重对农业发展的合理规划与政策引导，实现农业生产与自然和谐共存，构筑可持续繁荣的生态农业体系。

4. 持续提升农业劳动者的科技知识和工作技能水平。随着时间的推移，科技在提升农业劳动效率方面的影响变得越来越显著。我国农民的教育水平相对较低，总体素质也不是很高。因此，为满足现代农业发展需求，有必要对农民开展科技教育与培训，帮助他们掌握新的科学知识和生产技术。

5. 提高农业的组织化程度。我国现行的家庭联产承包责任制度确实对提升农民生产积极性和农业劳动生产率有益，但以家庭为单位的农业生产规模较小，会导致某些生产要素不足，反而会限制农业劳动生产率的进一步提升。在当前农业发展进程中，农业产业集群、农民专业合作社、农业产业化联合体等各类农业产业化经营组织应运而生，成为新时代背景下涌现的新型组织形式。这些新型农业组织通过公司与农户合作、合作社与农户结合等多种方式，有效增强农业的社会服务水平，弥补生产要素的不足，充分利用闲置的生产要素③。

本章小结

劳动力是社会生存中极其关键且唯一的能动要素，对农业生产经营至关重要。首先，要明确农业劳动力的概念并把握其特殊性。其次，农业劳动力的供需各有特点，且受多重因素影响，了解和把握这些对平衡供需至关重要。最后，本章探讨了

① 张朝华. 农业技术进步与效率、影响因素及其作用机制——来自广东的证据［M］. 厦门：厦门大学出版社，2018.

② 黄勇. 规划引导与农业发展研究［M］. 北京：中国人民大学出版社，2016.

③ 刘婷. 新型农业产业化经营组织发展模式研究［M］. 北京：新华出版社，2022.

农业劳动力资源的合理配置问题。一方面在农业劳动力转移上，需要掌握其理论并深刻理解农业剩余劳动力的含义、类型及成因，重点分析农业劳动力转移的规律及其在我国的具体表现；另一方面强调了提高农业劳动生产率的重要性，需要明确其定义，知晓增长的阶段及特点，了解具体的提升路径。

本章参考文献

［1］孔祥智，马九杰. 农业经济学［M］. 北京：中国人民大学出版社，2023.

［2］任燕妮. 信息技术型人力资本与农业教育管理［M］. 陕西：西北农林科技大学出版社，2019

［3］王跃梅. 我国农村劳动力转移与粮食安全问题研究［M］. 浙江：浙江大学出版社，2018.

［4］张朝华. 农业技术进步与效率、影响因素及其作用机制——来自广东的证据［M］. 厦门：厦门大学出版社，2018.

［5］黄勇. 规划引导与农业发展研究［M］. 北京：中国人民大学出版社，2016.

［6］刘婷. 新型农业产业化经营组织发展模式研究［M］. 北京：新华出版社，2022.

第五章　农业资金

学习目标

1. 掌握农业资金的含义及分类
2. 理解农业财政资金、农业信贷资金和农户资金的含义与作用
3. 了解农户的农业投资行为

第一节　农业资金的含义及分类

一、农业资金的含义

农业资金的含义有广义和狭义之分。广义的农业资金是指国家、农户或社会其他部门投入农业领域的各种货币资金、实物资本和无形资产，以及在农业生产经营过程中形成的各种流动资产、固定资产和其他资产的总和。而农业资金在狭义上的定义则是指社会各投资主体投入农业的各种货币资金①。

二、农业资金的分类

1. 从农业资金呈现的存在形态来看，农业资金可划分为货币形态与实物形态这两大类别。货币形态的农业资金，主要涵盖现金以及银行存款等。此类资金的流动性相当高，能够随时用于采购生产资料、支付劳务报酬，或是偿还债务等方

① 施孝忠．农业经济管理与可持续发展研究［M］．北京：科学技术文献出版社，2019．

面。而实物形态的农业资金，指的是诸如土地、农业机械设备、牲畜，以及农产品库存等具体的物质资产。实物形态的农业资金通常具有较高的专用性和较低的流动性，但它们是农业生产不可或缺的物质基础。货币形态和实物形态的农业资金能够在农业生产中相互补充、相互转化。例如，农民可以通过出售农产品将实物形态的资金转化为货币形态，用于购买新的生产资料或偿还贷款；也可以通过贷款或储蓄将货币形态的资金转化为实物形态，用于购置农机具或扩大生产规模。

2. 按农业资金的来源（或投资主体）划分，农业资金可分为农户资金、农业财政资金和农业信贷资金。其中，农户资金指的是农户通过自身积累所得，专门投入农业生产以及家庭经营活动中的资金。农业财政资金是由国家财政拨款形成的资金，主要用于农业补贴、农业基本建设以及农业科研与技术推广等方面。农业财政资金包括中央财政资金和地方财政资金。中央财政资金由中央政府统筹安排，主要用于全国性的农业发展项目和重大农业政策的落实；地方财政资金则由地方政府安排，用于支持本地农业发展和农村建设。农业信贷资金是指金融机构提供的且用于农业生产和发展的贷款类资金。

3. 按农业资金投入领域的性质分类，农业资金可分为私人投入资金和公共投入资金。农业私人投入资金多用于直接产生经济收益的农业私人生产活动，如种子、化肥、农药、农机购置等。农业私人产品的受益方多为农户本身，这类资金也多由农户资金和农业信贷资金构成。农业公共投入资金主要用于具有公共属性的农业项目和农业产品，如生态保护、良种培育、农村基础设施建设等。农业公共产品具有非排他性和（或）非竞争性的特点，具有较高的外部性，因此，这部分资金多由政府出资，以财政补贴的形式构成。

4. 按农业资金的价值转移方式，可分为固定资金和流动资金。固定资金是指用于购置能够长期使用的生产资料和固定资产的资金，如农业机械设备、厂房等。这些资产在使用过程中，其价值会逐渐转移到农产品中，通过折旧的方式在多个生产周期内逐步回收。流动资金则是用于购买短期消耗的生产资料和支付劳务费用的资金，如种子、化肥、农药、雇佣工资等。这类资金在生产过程中一次性投入，并在较短的时间内（通常是一个生产周期内）通过农产品的销售回收其价值。固定资金的投入有助于提高农业生产的效率和稳定性，而流动资金则利于生产活动的连续性。

第二节 农业财政资金

一、农业财政资金的含义与投资的理论依据

（一）农业财政资金的含义

农业财政资金指的是国家财政预算中分配给农业的各项支出。农业财政资金包括中央财政预算的农业资金和地方财政预算的农业资金①。从内容角度看，农业财政资金不仅包括国家在农业项目上的投资，还包括为农业提供的各类补助、事业费用等支出。

（二）农业财政投资的理论依据

1. 农业公共产品的供给。农业公共产品具有非排他性和非竞争性，如乡村道路、排灌设施等基础设施，以及农技培训、气象预报等公共服务。在市场条件下，由于农业生产者的“搭便车”行为，这些公共产品的供给往往低效甚至无效率。因此，政府作为公共利益的代表，通过财政投资来提供这些公共产品，以确保其有效供给。

2. 农业生产具有正的外部性。农业是一个国家平稳发展的基础和保障，农业的高效率生产对国家粮食安全意义重大；并且，大规模农业种植也有助于局部气候的改善和当地经济的发展。农业的外部性特点使得农业生产的边际社会收益大于边际私人收益，导致农业生产者仅按照私人边际成本和收益进行生产决策，从而造成实际的农业生产量低于社会最优水平。政府应通过财政补贴等方式，校正这种“市场失灵”，促使农业生产量达到合理的区间。

3. 农业的弱质性和持续发展需求。农业具有周转期长、周转速度慢、季节性强、收益不稳定等特点，在现代经济中相对弱势。在工业化过程中，农业资本常被转移到其他行业，导致农业发展资金不足。政府应通过财政投资，转移经济利益，为农业的长期发展提供保障；并通过大规模农业投资或补贴，保护农业免受国际竞争压力，促进农业的可持续发展。

4. 农业资金的替代作用。农业资金的投入可以替代部分土地和劳动力资源。

---

① 李秉龙，薛兴利．农业经济学［M］．北京：中国农业大学出版社，2015.

农业投资中的流动资金（如良种、化肥、农药等）可以提高土地生产率，缓解土地资源的稀缺性。农业投资中的固定资金（如机械、设备等）可以节约劳动时间，从而在一定程度上减轻土地资源短缺带来的压力。因此，政府通过财政投资，可以优化农业资源配置，提高农业生产的整体效率，促进农业现代化进程。

二、农业财政资金投入的原则

农业财政资金投入的原则是确保资金合理分配和高效使用的重要指导方针，农业财政资金在使用过程中应遵循以下原则。

1. 效率原则。农业财政资金使用的效率原则是指在农业财政资金的分配和使用过程中，注重资源的优化配置，以实现最大的经济、社会和生态效益。农业财政资金数量大且细分类别较多，其使用存在监督成本高和低效的风险。遵守效率原则需要确保资金能够被分配到最需要、最有效的领域，以提高资金的经济性和改善农业外部环境，提升农业的整体运行效率。这要求财政部门对资金的使用进行科学规划和合理配置，避免资源的浪费和低效使用。同时，利用财政资金的投入，带动更多的社会资本进入农业领域，形成合力，共同推动农业发展。

2. 公平原则。农业财政资金投入要兼顾发达与欠发达地区的利益，提高发达地区农业生产效率，改善欠发达地区农业生产条件；并通过反馈机制获得农村居民的需求，避免公共产品分配不公的现象。公平原则不是平均分配，而是通过财政资金调整市场、人口和经济的不平衡，实现各地区农业发展的相对公平。

3. 稳定原则。政府对农业的适度干预是实现稳定原则的重要手段，农业财政资金则是农业发展的稳定器。政府在制定财政政策时，要充分考虑农业发展的需要，合理安排农业财政资金的投入规模；并确保农业财政资金投入的增长率保持相对稳定，不能出现大幅度的波动，使农业财政资金能够持续、稳定地支持农业发展。

4. 持续原则。持续原则要求农业财政资金投入不仅要注重短期经济效益，更要兼顾社会和生态影响，保证农业的可持续发展。此外，持续的农业财政支出也要求财政资金既要促进农业发展，也要培养税源，确保财政收入的增加，以维持财政收支平衡。

5. 绩效导向原则。建立农业项目实施和资金管理的绩效评价制度是实现农业财政资金合理利用的关键。农业财政资金在前期投入阶段的监管难度大，易造成资金的随意使用和浪费，但实行以结果为导向的资金分配管理机制则相对容易。以绩效作为最终考核评价，可以及时发现和解决资金使用过程中的问题，提高资金使用效率，确保资金的使用达到预期目标。

6. 符合国际规则原则。在世界贸易组织的框架下，农业财政资金的使用需要遵循 WTO 农业协议和国际惯例，确保在国际协议和规范内合理、合规的运作。这要求农业财政支出政策不仅要考虑国内农业发展的需要，还必须兼顾国际贸易的公平性和透明度。可以适当地调整农业财政支出政策，减少对农产品价格的直接干预，增加对农业基础设施、科研和技术推广等领域的投入。这样不仅有助于提高农业的长期竞争力，同时也符合 WTO 的规则，减少贸易摩擦和争端。

第三节　农业信贷资金

一、农业信贷资金的含义与分类

（一）农业信贷资金的含义

农业信贷资金分有广义和狭义之分，广义层面的农业信贷资金，指的是各类金融机构以及个体信贷提供者，投向农业生产、流通等各个环节的所有信贷资金。其中所提及的各类金融机构，不仅包含像银行等具有合法规范运营资质的正规金融实体，还将那些在民间活跃的非正规金融组织，以及独立开展信贷业务的个体信贷提供者囊括在内。这里的农业是一个宽泛的定义，它不仅涵盖了农业生产的各个环节，还包括为农业提供服务的各个行业和相关部门。广义的信贷资金，其范畴不仅涵盖了商业性质的农业贷款，即由商业银行等金融机构基于商业盈利目的发放给农业领域的贷款；同时也包含政策性信贷，这是政府为实现特定农业政策目标，通过政策性金融机构提供的具有政策导向性的信贷支持；另外，还包括民间借贷，也就是民间个人或组织之间发生的借贷行为。而狭义的农业信贷资金，专指各类金融机构以及个体信贷供给者投放至农业生产这一特定领域内的信贷资金。

（二）农业信贷资金的分类

1. 商业性农业信贷资金。所谓商业性农业信贷资金，是指那些由商业农业信贷机构所提供的农业贷款资金。这类金融中介机构不仅负责吸纳存款，还提供贷款服务，其贷款利率高于存款利率，目的是获取贷款和存款之间的利差。对于这种金融机构来说，追求盈利是其核心目标。因此，商业性金融机构首先会对申请贷款的农业项目进行详细的评估，包括项目的经济效益、市场前景、借款人的信用状况等；经过评估后，符合条件的项目将进入贷款审批流程，包括合规性审查、资料完整性审查等；贷款审批通过后，金融机构会根据合同约定和项目实施进度发放贷款。商业性农业信贷资金适用于盈利性较强的农业项目。

2. 合作性农业信贷资金。随着农业现代化的推进，农业经营主体对资金的需求不断增加，合作性农业信贷资金的市场需求也相应增长。合作性农业信贷资金是由农业合作信贷组织提供的农业信贷资金。这些组织一般是由众多农业经营者依据合作制的原则，共同拿出资金组建而成，旨在为成员提供信贷服务，共同解决资金需求问题；同时，也追求一定的盈利，以维持组织的可持续发展。合作性农业信贷组织的成员相互支持，资金主要在内部成员之间融通，不仅提高资金的使用效率，还能减少外部市场的交易成本。基于互助机制，组织成员共同承担信贷风险，有助于个体农户生产经营风险的降低。现今，合作性农业信贷组织积极探索创新模式并与政府、银行、担保机构等多方开展合作，构建“政府搭桥、银保担协作、农户受益”的联动机制，撬动更多金融资源向农业、农村倾斜。

3. 政策性农业信贷资金。政策性农业信贷资金是指由政府的农业政策性信贷机构提供的农业信贷资金。政策性农业信贷资金的主要来源是政府财政拨款，还可以从其他金融机构借入资金，以扩充资金实力。政策性农业信贷资金以支持本国农业发展为目标，而非追求盈利，其贷款利率通常低于市场利率，以减轻农业经营主体的负担。常用于长期的农业项目，如基础设施建设、农业科技研发等。这类项目贷款期限长、风险高，融资能力较差，但会影响农业的稳定和持续发展，需要政策性农业信贷资金的支持。

4. 民间农业信贷资金。民间农业信贷资金是指由民间个人农业信贷供给者利用其自有资金提供的农业信贷资金。这种资金来源广泛，包括个人储蓄、家族资金等。民间农业信贷具有盈利性与互助性并存的特点。部分民间信贷是基于亲情、友情或邻里关系的互助性借贷，通常不收取利息。另一部分则以盈利为目的，通过收取利息获取收益，这种借贷实际上是一种风险投资，借贷者通过承担风险获取资金的风险报酬。民间信贷资金的使用相对灵活，能够快速响应农业生产和农村经济的需求，尤其是在银行等正规金融机构难以覆盖的领域。但由于缺乏专业风险评估和管理机制，民间农业信贷资金的风险较高，且借贷双方常基于个人信誉和关系进行交易，缺乏法律保障。

二、农业信贷资金对农业发展的作用

由于我国农村金融供给严重不足，再加上大多数农户都没有足够的资本进行规模化农业投资，因此需要政府对农业信贷领域进行扶持。除了国家在公共产品方面的财政支持外，大量的资金注入也主要依赖于信贷市场所进行的融资活动。农业外部资金即信贷资金对农业增长与农民增收具有显著促进作用，我国现代农业发展离不开金融信贷资金的支持①。

（一）农业信贷资金和农业技术进步

传统农业向现代农业的转型中，最显著的标志是农业技术的持续发展以及农业生产过程中广泛采纳农业新技术。农业信贷与农业技术进步的联系在于农业信贷资金为农业技术的进步提供资金支持，有效改善农业生产资料的质量，减少劳动成本，提高农业劳动生产率。②

农业信贷资金是农业技术进步的重要推动力。农业技术进步通常需要大量的资本投入，尤其是那些不可分割的现代农业技术，如机械设备、温室大棚以及水利灌溉设施等。这些技术的投资规模较大，超出了普通农户的自我资本积累能力。通过农业信贷资金，农业生产者可以在较短时间内完成资本积累，进行大规模投资以获取现代农业技术。此外，农业技术进步往往伴随着较高的风险，尤其是在新技术的研发和应用阶段。农业信贷资金能够帮助农业生产者和农业企业分散风险，增强其对新技术的采用意愿。

总体上看，农业信贷资金与农业技术进步之间存在协同效应。一方面，农业信贷资金为农业技术进步提供了资金支持；另一方面，农业技术进步提高了农业生产效率，增加农户收入，从而增强了农业生产主体的还款能力和再投资能力。这种协同效应有助于形成农业信贷资金与农业技术进步的良性循环，促进农业规模化和智能化发展。

（二）农业信贷资金与农业公共投资

农业信贷资金能够有效补充农业公共投资的资金缺口。由于农业公共产品（如

---

① 郭佳琳. 金融借贷资金支持现代农业发展研究［M］. 重庆：重庆大学出版社，2018.

② 郭亚楠. 河南省农业信贷对农业产出的影响研究［D］. 河南大学，2021.

农田水利设施、农村道路、农业技术推广等）具有外部性和非排他性，单纯依靠政府财政投入往往难以满足实际需求。农业信贷资金通过提供额外的资金支持，可以弥补财政资金的不足，提高农业公共投资的规模和效率。农业信贷资金还可以有效降低农业公共投资的风险。农业信贷担保体系可以为农业公共投资项目提供担保，分散投资风险，鼓励更多社会资本流入农业领域。这种风险分担机制有助于提高农业公共投资的可持续性和农业投资的吸引力。

（三）农业信贷资金与农业大规模私人投资

现代农业生产的专业化、规模化、市场化特征要求农业生产者进行大规模的农业种植并提高生产效率。大规模农业生产需要支付土地经营、机械设备和雇佣劳动力等费用，而这些都离不开农业资金的支持。我国农业生产以家庭为单位，农业资本相对较少。农户在进行大规模农业投资时，往往超出了其自有资金的积累能力，而农业信贷资金能够提供必要的资金支持，满足其大规模投资的需求。

第四节　农户资金

一、农户资金的定义、来源与投资范围

（一）农户资金的定义

农户资金是指农户农业生产所得或其他收入中可以用于农业投资的现金、银行存款等资金。农户对资金需求具有较强的弹性，其在进行农业投资时，除了考虑投入生产过程中所产生的经济效益外，还需要考虑投资后的净收益。农户的资金投入方向将直接影响到农业生产的结构调整以及农业的长远发展方向。

（二）农户资金的来源

1. 农业生产和经营活动中获得的收益。农户的主要资金来源是农业的生产和经营活动。然而，受农业市场化水平、政府介入或其他因素的制约，部分农户从农业生产和经营活动中获得的收入无法转化为货币形式，也无法有效地用于农业投资。

2. 非农生产和经营的收益。农户中存在大量的兼业行为，而农户从非农生产和经营活动中获得的收入，也成为他们资金的主要来源之一。农户从非农生产和经营活动中获得的收益，主要涵盖了他们在商业、交通和餐饮等服务行业的收益。随着农村的非农化、城市化进程，农户从非农活动中获得的收入在其总收入中所占的比例会逐渐增加。

3. 通过劳务获得的收益。随着农村劳动力外出务工规模的不断扩大，劳务输出即外出务工已成为农村居民增收的重要途径。农户的部分资金也来源于农业劳动者外出务工所获得的劳务收益。

4. 财产性收入。财产性收入指的是农户在购买股票、债券或其他投资活动中所获得的股息、利息和红利所得。尽管财产性收入目前所占的份额相对较小，但随着经济水平的不断提升，农户从财产性收入中获得的收益将逐渐增加。

5. 转移性收入。转移性收入包括农户从政府获得的补助、来自家庭和社会的捐赠等多种形式的收益。尽管转移性收入在总收入中所占的份额相对较小，但它为农户提供了直接的财务支持，在提高农户生活水平、促进农业生产等方面发挥了积极作用。

（三）农户资金的投资范围

农户在农业领域的资金投入主要集中于农业的私人投资领域，主要包括与农业生产和经营有关的各类费用开支，以及长期的投资支出。（1）农业生产费用支出。这包含购置的种子、农药等农业生产所需的费用，以及在农业生产中所需支付的电力、运输、灌溉的开销，还有种植、耕作和收获的机械成本等；（2）农产品的储存和销售的费用开支，包括购买用于农产品储存的存储设备，以及支付农产品销售相关的运输成本等；（3）购买农业生产工具和机械设备的费用，包括为农业生产采购各类工具和机械设备的开销；（4）农业设施建造支出，包括农田的改建费用、非公共的农业灌溉设备等农业相关设施的投资。

二、农户的农业投资行为

（一）农户是市场中的理性主体

舒尔茨的理性小农理论认为，农民生存在相对脆弱的村落环境中，会通过对评估自身拥有的生计资本状态来组合支配生计资本，他们的农业投资行为在很大程度上取决于农业的盈利能力和交易成本，以实现通过不同的投资策略来实现自身利益的最大化①。

农业投资的收益主要取决于农业生产要素的边际产出弹性。农户在农业的不同领域内的投资决策，是基于这些行业的盈利状况、生产环境、技术实力以及农户进入这些领域所需的最低投资水平。在一定时期内，不同的农业行业对不同种类的农产品有不同的需求弹性，因此，农户在农业行业之间的投资具有差异性。农户在同一农业领域内对不同品种的投资决策，是基于市场定价、投资回报率、农业的技术进步和相关农业政策来决定的。简言之，农户始终在市场上寻找最合适的投资时机，以确保他们的资金在可能的情况下获得最大的回报。

（二）农户资金在生活和生产上的分配

农户的购买行为是为了在有限的预算范围内实现最大的效用。农户会将一部分资金用于维持家庭的日常开支。除此之外，农户在生产活动中也起到了生产者的作用，他们在整个生产流程中都展现出了高度的经济理性，他们的主要生产目的就是实现最大的生产收益。农户在进行生产行为决策时，需要考虑到自身利益和社会公共利益等因素，而这些因素往往又取决于资金的来源及投入比例。农户在生活消费和生产投资之间，总是会尽力寻找一个平衡或最优的资金分配策略。

（三）农户资金在农业和非农业之间的分配

农户选择将资金投向农业或非农业领域是基于相应的收益比较来决定的。在各个经济发展的时期，农业内部的各个部门之间存在显著的差异，再加上非农资本进入产生的竞争效应，使农业投资和非农业投资会出现一定程度上的替代关系。如果农户不进行合理的选择，则可能导致对农业投资不足或者过度投入。在技术和其他相关条件允许的情况下，一个理性的农户应该努力寻找其在农业和非农业领域的最大投资回报组合。在综合考虑自身条件和发展趋势的前提下，灵活调整投资结构，实现最优配置，以达到经济效益最大化。

本章小结

随着农业现代化的推进，农业资本构成不断提升，市场化程度的加深使得农业

① 西奥多·W. 舒尔茨著，梁小民译. 改造传统农业［M］. 北京：商务印书馆，1987.

生产要素的投入越来越依赖资金，资金已成为市场经济条件下现代农业增长的核心要素。本章系统梳理了农业资金的内涵、分类及作用机制。资金的来源多样，其功能与目标也各不相同。农业财政资金作为国家宏观调控的核心工具，其投入需要遵循效率、公平、稳定、可持续等原则，通过支持公共产品供给、校正农业外部性、弥补弱质产业短板，推动农业可持续发展。农业信贷资金按性质分为商业性、合作性、政策性与民间借贷四类，在促进技术进步、补充公共投资缺口及支撑大规模私人投资中发挥关键作用。农户投资于农业或非农业旨在追求利润最大化，其行为遵循理性决策逻辑，因此，在拓宽农业资金来源的同时，需要注重提高农业资金的利用效率。本章揭示了农业资金体系的复杂联动性，强调财政引导、信贷支撑与农户理性决策的协同效应，为构建现代农业投融资体系提供理论支撑。

本章参考文献

[1] 施孝忠．农业经济管理与可持续发展研究［M］．北京：科学技术文献出版社，2019．

[2] 李秉龙，薛兴利．农业经济学［M］．北京：中国农业大学出版社，2015.

[3] 郭佳琳．金融借贷资金支持现代农业发展研究［M］．重庆：重庆大学出版社，2018.

[4] 郭亚楠．河南省农业信贷对农业产出的影响研究［D］．河南大学，2021.

[5] 西奥多·W. 舒尔茨著，梁小民译．改造传统农业［M］．北京：商务印书馆，1987.

第六章　农业技术进步

学习目标

1. 掌握农业技术进步的含义、特点及作用
2. 理解农业技术进步的动力机制
3. 了解国内外农业技术进步的道路选择

第一节　农业技术进步的特点及作用

一、农业技术进步的含义

农业技术进步是指在农业发展领域中，人们通过不断创造和运用生产效率更高的先进科学技术，来改进或代替原有效率低的落后农业技术，以实现农业高效率、高品质、高产量、低成本综合发展的过程。

按农业技术进步的涵盖范围不同，可以分为狭义和广义。狭义上，它专指提升农业生产技术水平的自然科学技术的进步，也称为硬技术进步，涵盖物理、化学、生物及机械技术等领域的发展；广义上，农业技术进步则不仅包含生产技术层面的进步，还涵盖了农业经济管理水平的提升，即社会科学技术的进步。农业经济管理水平的进步主要通过推行新的方针政策、管理制度等，以促进农业生产者的积极性、创造性以及改善资源的利用情况等方面的进步。农业经济管理水平的进步也被称为软技术进步①。

① 李秉龙，薛兴利．农业经济学［M］．北京：中国农业大学出版社，2015.

相关数据显示，截至2022年，我国农业科技进步贡献率已达62.4%，不断赶超国际先进水平。全国农作物耕种收综合机械化率已超过73%，正常条件下采用联合收割机平均损失仅有1%左右①。科学技术在农业领域的不断延伸，大力推动我国农业机械化、智能化、信息化的发展。近年来，国家对农业技术发展给予高度的重视和关注，重点强调强化科学技术在农业中的核心动力作用，加快先进的农业机械装备的研发和推广，提高科研人员和农民的科学文化素养，以全面推动农业现代化的高质量发展。

二、农业技术进步的特点

1. 公共性。由于农业技术的使用者以农民为主，必须以较为实惠的方式让农民群体能够广泛应用到农业科技成果。此外，农业科技的进步既能带来促进农产品产量、提升农产业品质等经济效益，又能在节约资源、减少环境污染等社会效益和生态效益方面发挥重要的作用。因此，农业技术的研发具有很强的公共性。如果仅依靠市场调节机制推动农业技术发展，那么农业技术创新将会面临入不敷出的困境。这就要求在农业科技发展上，政府要充分发挥主导作用，加强农业技术推广，实施财政扶持政策。

2. 渐进性。在科学技术原来不变的基础上，农业科技进步是由许多大小不等的改良使得技术本身不断完善、农业经济效益不断提高的过程。农业技术研发的取决于生物有机体的生长周期。在自然条件下，生物体的生长发育遵循一定的自然规律，因此，人们在科学实践中，难以跨越自然界限，必须经过持续不断的实验，研究出基于农业科学实验的创新成果。农业技术逐步演进形成的微小成果是提升农业经济效益、促进农业技术进步的重要推动力，因此不仅要重视技术的重大变革，还要关注技术的渐进性进步。

3. 综合性。农业技术是在一个综合性领域中进行研发的，既要关注动植物如何高效生长繁殖，又要注重在发展的过程中与自然环境和社会环境因素相协调。农业研发的过程需要综合多个学科领域知识资源，如遗传学、昆虫学、经济学、机械学等。相关领域资源的推广和渗透，可以使农业逐渐形成新的技术体系，因此，在农业技术研发的过程中，要重视各个学科专业人才的引进，结合多个学科的专业见解，共同处理农业发展过程中出现的问题，推动农业技术全方位综合性进步。

---

① 数据来源：农业农村部。

4. 区域适应性。动植物对所生长的自然环境具有选择性，而不同的区域往往表现出不同的自然环境条件，这就要求农业技术必须在适当的环境条件下进行使用和推广。因此，农业创新技术的应用需要从实际需求出发，对区域气候、土壤、地形等多个方面进行多次适应性实验，实验结果理想的地区才可以大面积推广该农业技术，避免因盲目追求高精尖技术而带来利益损失。

5. 不确定性。应用先进的农业技术创新成果，并不能保证会带来同样理想的经济效益。一方面，农业技术的使用受到自然环境不可控因素的影响，自然灾害的发生往往会导致农业技术不能发挥出原有的生产效益；另一方面，农业技术的广泛应用可能带来一定的市场风险。某一农业技术的普及可能会使得该农产品产量过剩，导致市场供给大于需求，农产品价格下降，最终影响农业生产者的收益，导致农户排斥对新技术的使用。因此，农业新技术在推广的过程中既要注重技术使用的可行性和科学性，又要加强监控和保护，减少技术使用的风险，以达到预期的经济效益①。

三、农业技术进步的作用

随着科学技术的不断发展，农业技术已经深入地渗透进农业生产的各个环节，我国在农业科技领域取得了举世瞩目的成绩。发展农业科技是焕发农业经济活力的重要推动力和关键因素，农业技术进步的作用主要体现在以下几个方面②。

1. 提高农产品的产量。在农业的初步生产中，主要通过利用农业科技提高动植物的生产性能，从而促进单位土地面积和单位养殖的产量提升。最为典型的是生物技术在农业领域的广泛应用。在杂交育种领域，全球相继研发出了杂交玉米、杂交高粱、杂交大麦和杂交水稻等。其中，杂交水稻作为我国的农业技术发展的关键技术，平均亩产量超过500公斤，比普通水稻产量提高20%。杂交品种的培育使得粮食产量成倍增长，对解决不断增长的人口温饱问题具有重要意义。育种技术的进步还体现在抗病虫害、杂草等研究中，在叶菜类、瓜果类、豆类等各类农作物领域，我国自主研发了多个品质优良并具备抗病虫、抗除草剂等特征的转基因新品种，如转基因玉米、转基因大豆、转基因抗虫棉、转基因番茄等，有效规避了外界因素对农作物的侵害，大大提高作物产量。此外，农业与化学、营养学、生物、生

① 张忠根．农业经济学［M］．北京：科学出版社，2019.

② 朱道华．农业经济学［M］．北京：中国农业大学出版社，2000.

理等多学科理论的深度交融，推动了肥料与饲料生产技术的进步。这一进步为动植物的营养条件与生长环境带来显著改善，进而让良种的增产潜力得到更充分的挖掘。

2. 提升农产品的品质。农业现代化不仅要求农产品产量增长，还要求农产品的质量符合人们对安全和健康等方面的需求。农业科技的进步同样在提升农产品质量方面有着出色的表现。例如，在农作物生产方面，通过利用遥感卫星技术，实时监控农作物的生长状况和土壤条件，从而有效进行土壤施肥和病虫防害，提升作物的品质；在农产品加工方面，市面上大量涌现的多功能食品（如保健、预防疾病、减肥等功能）、组合化食品、快消类食品等，都是利用先进食品加工技术制造而成的，满足了人们对食品品质、食用便利性等多样化需求。

3. 提高劳动生产效率。现代科学技术为农业生产提供了先进的自动化机械设备、加工设施、运输工具等，通过改善农业劳动者的生产方式，减少大量人力的输入，极大提高了劳动者的劳动水平和劳动效率，使传统的体力型生产逐步转向技术型和智力型生产，促进农业生产趋向高效性和稳定性。这也要求农业劳动者、生产企业能相应提高对农业机械化、智能化设备等先进生产技术的使用能力，用科技武装自身，最大限度地发挥农业技术的效用。

4. 优化农业资源的配置。农业资源配置主要包括生态资源、人力资源、金融资源等。农业技术的进步，一方面，可以扩大农业资源的利用范围，既能将过去无法利用的自然条件纳入农业生产领域，增加农业资源的供给量，又能通过资源利用技术将农业废弃物或副产品作为一种新的生产要素投入，形成“种、养、沼”结合的循环农业模式，促进剩余价值再利用①；另一方面，农业技术的发展能有效提高资源的利用效率。近年来，土壤优化技术、节水灌溉技术等技术的应用，为农业提供了科学的生产和管理手段，使农业生产要素的利用率不断提升，推动了农业生产的可持续发展。

5. 增加农业劳动者收入。传统农业生产具有效率低下、劳动力短缺、产品质量良莠不齐等多方面的缺陷，严重地影响了农民的收入。农业技术的应用可以有效改善以上问题，实现农民增收。其具体表现为：第一，通过农业技术提升产品的产量和质量，提高产品的附加值，使农民从大量优质产品中获得收益；第二，通过农业技术降低生产成本，减少资源浪费，提高产品竞争力，使农户获得更高的利润；第三，通过农村电商等互联网平台，拓宽农村产品的销售途径和农民就业途径，提

① 温铁军．从农业 1.0 到农业 4.0［M］．北京：东方出版社，2021.

高农户收入来源；第四，通过农业技术扩大农业的经营范围，发展农村观光、农村旅游等新型业态，进一步扩大农户的经营收入。

6. 助力农业农村现代化发展。农业技术的进步，不仅激活了农业和农村的经济活力，而且改善了农村的生态环境，逐步推进三次产业的融合，同时对农业生产者传统的生产方式、生产能力和价值观念带来巨大的转变，吸引越来越多科技领域人才投入农村事业发展，改变了农村以往落后的局面，对打破城乡二元结构、实现乡村振兴具有重要意义。

第二节　农业技术进步的动力机制

一、农业技术进步的内部动力

在市场经济体制条件下，要想在农业生产经营中获得更大的利润收益，作为市场经济主体的农户和企业必须不断追求技术创新，提高农产品的产量与质量，降低生产成本，使产品在市场中具备一定的竞争力。因此，市场机制就是促进农业技术进步的内在动力机制①。

1. 产量目标推动农业技术创新。

市场经济体制要求农业生产需最大限度地满足随着人口增长而增加的基本粮食需求。因此，农户和企业需要以农业产量增长作为目标，以满足市场所需的产品的供给。而实现产品供给，不仅要求投入足够的生产要素，还要将应用先进的科学技术作为促进产量增加的重要途径。其原因在于，根据报酬递减规律，当投入的生产要素达到一定限度时，即其所带来的边际效益等于边际成本时，此时产量增加却使得收益降低。唯有在农业生产中运用先进技术，才能促使生产潜力持续提升，达成以相同投入获取更高产量的目的。

2. 质量目标推动农业技术创新。

马斯洛需求理论认为，当人们较低层次的需求得到满足时，会不断追求更高层次的需要。在市场条件下，当人们对农产品的数量得到满足时，人们对农产品的品质追求开始成为新的市场需要。这也要求作为市场经济主体的企业和农户提高产品质量，以满足消费者对产品的健康度、营养度和优质度等多样化的需求。而技术创

① 李秉龙，薛兴利．农业经济学［M］．北京：中国农业大学出版社，2015.

新贯穿于农业生产的各个环节，推动质量目标的实现。在品种培育方面，可以通过先进技术有效预防病虫害、合理灌溉、施肥、精确喂养等，提升动植物生长环境的舒适度，从而提高其营养和品质；在产品加工方面，通过先进技术可以研发出各种具备多种功效的营养保健品，使产品附加值提升。同时，包装、贮藏技术的改进，有效地保障了食品的使用期限，满足市场对农产品的品质需求。

3. 利润目标推动农业技术创新。

作为理性的“经济人”，尽可能获得更高的利润收益，是农户和企业在农业市场经营中的首要目的。在农业报酬理论的作用下，农户和企业只有通过采用创新技术，才能使边际收入和边际成本的均衡点不断外移，增加利润收益。根据微观经济理论，最先使用先进技术的农业经营主体，通过提高生产劳动率、降低成本的方式提高产品的边际收益，从而带来超额利润。然而，当具有较高收益的生产技术吸引到更多经营主体时，产量增加会使得市场价格随之降低，收益会达到新的均衡。因此，在激烈市场竞争中，要实现利润不断增加，必须不断进行技术创新，提高产品的科技含量和竞争力，才能获得更高的经济利润。

4. 提升产品竞争力目标推动农业技术创新。

产品在市场中要站稳脚跟，获得更高的利润，其先决条件就是提升产品的市场竞争力。而要达到一定的竞争力水平，必须依靠技术创新和使用。农业技术对农产品竞争力的提升具体表现在：一方面，农业生产技术的进步提高了农业生产劳动率和农业生产水平，带动了农产品产量的提升；另一方面，农产品加工、运输、贮藏等技术设施的提高改善了农产品的品质和功能，提升了产品的附加值，使产品的市场中立于不败之地。

二、农业技术进步的外部动力

从外在动力看，国民经济的发展对农业科技发展和农业现代化建设提出了新的需求。因为农业技术进步是加快推动农业现代化建设的关键需要，也是国家科技体制改革和科技创新体系建立的需要。具体而言，农业产业的结构改革、规模化经营，农产品向国内外市场发展，都需要依靠农业技术进步①。

1. 农业产业结构的变革推动农业科技进步。

社会需求的结构决定生产结构，即社会需求通过影响市场需求，进而引导生产

① 朱道华．农业经济学［M］．北京：中国农业大学出版社，2000.

结构做出进一步的变革。在农业产业结构不断优化的过程中，若想让农产品的生产朝着多样化、组合化、优质化的方向发展，契合市场需求，关键在于推广和普及先进的技术。

2. 农业产业化经营的发展推动农业技术进步。

农业产业化经营通过将农业的生产、运输、销售等各个环节有机结合，达到农业生产经营的标准化、规模化、专业化的高质量水平。科学技术是农业产业化经营发展的重要动力源泉，在农业生产中，农业龙头企业和农业专业合作社需要不断引进先进科技成果，提升农业生产的科技水平，才能实现产业化经营更高效益的目标。

3. 农业现代化建设推动农业技术进步。

实现农业现代化的关键在于实现农业科技现代化。随着社会经济的发展，农业现代化要求农业在生产、科研、管理等方面得到进一步提升，农业标准化和农业信息化成为农业现代化新的表现形式。而农业标准化与农业信息化的实施需要更加可靠的技术支持，只有通过持续提高农业科技创新水平，将农业科技成果转化为现实生产力，促进农业高质量生产和精细化管理，才能实现真正的农业现代化。

4. 农业国际贸易的发展推动农业技术进步。

在农业经济国际化的背景下，农业在国际市场中的竞争十分激烈，要想在农业国际市场中站稳脚跟，必须以技术优势带动产业优势。我国是农业生产大国，应当积极突破技术壁垒，推动农业走向国际市场。首先，生产出数量够多、品质够优、具备地区特色的品牌产品需要积极创新农业生产技术；其次，在国际贸易市场中，需要通过加强农产品国际贸易合作，学习和引进国际先进的农业生产手段和管理模式，并因地制宜地向生产基地推广和应用，带动农业产业的可持续发展；此外，我国作为构建人类命运共同体的倡导者，应当积极研发和推广先进的农业环境保护技术，改善动植物的生长条件，减少农业生产对环境的污染，促进全球资源的可再生利用。

第三节　农业技术进步的道路选择

一、农业技术的经济类型

在任何一个国家农业发展的道路中，都要选择适合自己国家的发展技术，才能带来应有的经济效益。因此，明确农业技术的经济类型，是选择正确农业技术进步路径的先决条件。根据各种农业技术在生产中所起的主要经济作用的不同，可以将农业技术经济分为以下三类①。

1. 劳动节约型技术。

劳动节约型技术是指利用先进的农业科学技术和管理方法，提高农业劳动效率，使生产投入的劳动成本小于生产所获得的收益的技术。劳动节约型技术的进步，可以解决某些国家或地区因农业生产劳动力短缺而延缓农业发展速度的问题。随着社会的快速发展，劳动节约型技术不仅包括传统的机械技术，还不断向自动化、信息化、智能化领域延伸。推广应用劳动节约型技术，的确能够降低劳动力的投入量，但这对技术使用者的文化程度和科学素养提出了较高要求。与此同时，应用劳动节约型技术需要当地拥有充足的资金作为支撑，否则技术的推广也会受到制约。

2. 资源节约型技术。

资源节约型技术是一类可持续发展技术，它是指除了劳动资源以外，能使其他生产资源的生产效率进一步提升，以实现资源的高效利用和优化配置目标的技术。资源节约型技术融合生物、化学、水利等知识领域，发展了节水灌溉、配方施肥、土壤精耕、废弃物转化等多种资源节约技术。资源节约型技术的进步，极大地提高了单位资源的产出效率。就经济效益而言，一方面，它能够帮助一些农业资源匮乏的国家或地区，有效缓解资源短缺对农业发展的制约；另一方面，通过合理利用有限资源，催生出更多的就业岗位，从而减轻就业方面的压力。从环境保护层面来看，资源节约型促进了农业资源的合理、循环利用，使农业生产实现节能、节本，改善了农村生产生活条件，在农业生态保护方面意义重大。然而，这种技术存在一定的局限性，其劳动生产率处于较低水平。这就导致在农业生产过程中，大量农业劳动力难以从土地中解放出来，不得不继续滞留在土地上从事劳作，在一定程度上限制了农村劳动力向其他产业的转移与流动。

3. 中性技术。

中性技术是结合劳动节约型技术和资源节约型技术的优势进行综合运用的农业技术。因此，中性技术能使劳动生产率和资源生产率实现同步增长。为推动这类技术广泛地创新应用，地区农业生产基地既需要有足够资金的投入支持，又需要技术使用者具备较高的综合素质。

---

① 李秉龙，薛兴利．农业经济学［M］．北京：中国农业大学出版社，2015.

二、农业技术进步道路的国际经验

由于各个国家不同的经济水平、社会条件等资源禀赋的差异，其对农业技术进步道路的选择不尽相同。通过分析已经实现农业现代化的发达国家的农业技术进步实践经验，将农业技术进步道路分为以下三类①。

1. 从劳动节约型技术到资源节约型技术进步的道路。

践行这种发展路径的典型国家是美国。美国拥有广袤的土地资源，人均耕地面积远远高于国际平均水准。而且，在工业化不断发展的过程中，美国有大量劳动力向城市转移，从而导致美国“地多人少”。因此，在农业发展初期，美国选择了从以畜力代替人力，再到大力研发劳动节约型技术，以机械动力代替劳动力的发展道路。蒸汽机、内燃机等工业设施开始应用到农业领域，大幅提高了美国农业的生产劳动率水平。到了20世纪40年代，美国基本实现农业机械化，与发展初期相比，农业生产总工时下降了43%左右，突破了因劳动力短缺阻碍农业发展的瓶颈。第二次世界大战前后，在工业化和城市化发展的不断推动下，大量土地转为工业用地，能提供农业生产的土地资源越来越有限。为了缓解土地约束，美国开始投入生物技术和化学技术大力研发，以提高单位面积种植量和畜牧量为重点，开发新型资源节约技术，通过提高土地利用率使土地资源得到合理、高效利用。

2. 从资源节约型技术到劳动节约型技术进步的道路。

走这种道路的典型代表国家是日本。与美国相比，日本在农业发展初期呈现出“地少人多”的特征。20世纪50年代以前，日本劳动力资源充裕，而人均耕地面积却相对较少，因而在一开始就选择了资源节约型的道路。在化肥技术、精耕技术、水利技术等资源节约型技术的推广应用下，土地利用率大大提升，缓解了土地资源缺乏的矛盾。但到了50年代以后，经济的发展使得大量劳动力转移出农业，农业劳动力从最初的充足开始变得匮乏，成为阻碍农业现代化的主要因素。为了满足农业生产所需的劳动力需求，日本开始走上资源节约型进步道路，广泛应用农业小型机具，大力促进农业生产劳动率。70年代末期，日本已经实现了农业全过程机械化的生产。

3. 中性技术进步的道路。

西欧国家主要走的是劳动节约型技术和资源节约型技术并重的中性技术道路，如法国、英国、德国等。这类国家不仅农业劳动力稀缺，而且缺乏土地资源，表现

① 李秉龙，薛兴利．农业经济学［M］．北京：中国农业大学出版社，2015.

为“人少地少”的典型特征。但由于工业技术较为发达和经济实力较为雄厚，因此将农业机械化、良种化、土地精细化等同步发展，使劳动生产率和资源利用率得到同步提高。以法国为例，一方面，在 20 世纪初，为了解决劳动力外流的问题，法国开启了农业机械化生产的模式，相较于传统人力劳作，这种生产方式收获了更为可观的收益。从那时起，劳动节约型技术在法国全国范围内得以快速发展。另一方面，由于耕地资源相对短缺，生物技术、化学技术等资源节约型技术也受到了法国的重视。19 世纪中期，化肥技术就已经在法国推广，法国的化肥施用量逐年攀升，位于欧盟前列。

三、中国农业技术进步道路的选择

不同农业技术进步的模式主要取决于各国国情。与前述国家相比，中国目前的基本国情是：劳动人口充足，但劳动者的文化素养和科学素养普遍较低；人均耕地面积少，规模化程度较低；农业资金投入单一，农户生产积极性不高；农业发展存在地区性差异等。因此，中国的农业技术进步道路必须坚持因地制宜，绝不能照搬美国、日本或西欧国家的发展模式。基于我国国情，农业技术的进步须朝着更为均衡的方向迈进，应以资源节约型技术为核心，持续推动资源节约型技术与劳动节约型技术的有机融合，协调好土地产出率、资源利用率以及生产劳动率提升之间的关系。我国农业技术进步未来的发展方向主要包括以下几个方面。

1. 强化农业科技基础研究。

近年来，我国农业领域的发展取得了举世瞩目的成就，在农业工程化与信息化、动植物营养研究、农产品质量与加工、农业资源利用与农业环境保护等方面遥遥领先。为保障农业技术稳步提升，一方面是以充分释放土地资源和人力资源为核心目标，加强基础性前沿研究，重点开展农业生物基因改良、农地精耕、农产品品质安全、农业资源循环利用等相关领域的研究；另一方面是要推动农业科技成果产业化，将社会效益较高的农业科技成果推广给农业生产经营者，拓宽农业技术的市场前景。此外，我国目前存在着较为突出的地区农业发展不均衡的问题，部分偏远地区农业科技水平仍然比较落后。因此，必须加强不发达地区农业基础设施的建设，科学调配资源，投入充足的资金强化地区的农业科技和装备，促进落后地区农业技术建设达到平均水平。

2. 推动农业科技创新。

创新是发展的动力，我国农业得到进一步发展的重点是能突破农业技术瓶颈，不断研发和使用新技术。我国农业科技创新体系的构建，主要以提升创新能力和创新效率、遵循农业科技发展规律、加快农业现代化建设为目标。实现这一目标的关键在于：一是要确定农业技术创新的主要方向，加强农业生物技术、农业工程技术的自主研发，统筹发展机械技术和生物技术；二是要加强科技创新基地的建设，保障对科研机构、农业龙头企业、农民专业合作社的科研经费支持和资源的优化配置，通过创新项目带动农业组织发展，突出涉农经济组织在农业技术创新中的主体地位；三是要加强对农业技术创新风险的防范，创新既能给农业生产经营者带来超额利润，也存在失败的风险。因此，应当巩固“风险共担，利益共享”的金融体系建设，为创新主体提供科技保险等风险管理项目支持，激发农业经营主体创新的动力。

3. 因地制宜推广农业技术。

农业技术推广普及，是促进农业技术进步的重要手段。根据地区的发展情况不同，要先通过试验、示范再因地制宜地进行推广普及。针对东部地区，其工业化进程较快，经济实力较为雄厚，而农业劳动力和土地资源相对稀缺。因而应当重点发展推广生物技术，提高资源利用率，提高农业机械化水平以代替稀缺的劳动力资源。中部地区是我国农业的主体，也是我国粮食的主产区，应当以技术推进耕地面积和产量增加，如推广间作套种技术、早熟作物的培育和种植技术等。西北、西南较为贫困的高原地区，由于生态条件较为脆弱、基础设施较为落后、经济水平较低，其发展目标应聚焦于保障粮食产量以满足基本的生存需求，并逐步带动农户增收。因此，改善生产条件和提高土地生产率是当地农业进步的主要方向，如推广有利于保持水土、平衡生态的技术。

4. 加强农业技术教育与培训。

科技是农业发展的重要推动力，科技进步则需要人才的培养。然而，我国在农业教育方面存在突出的问题，并不能完全满足农业现代化发展的需要：高等院校农业教育结构不合理，对农业不够重视；社会轻视农业现象较为突出；农民文化素质和科学素质普遍较低，缺乏培训机制等。种种矛盾要求我国必须加快推进农业教育培训体系的完善和发展。首先，要重视高等农业教育，根据现代农业发展的需要，合理规划农业教育体系结构，特别是注重新兴农业学科、综合学科的培养；其次，要重视农户培训，组织专业的培训项目和机构，提高农户的文化水平、科技水平和经营管理能力，努力培养出农业发展“带头人”；最后，要完善各种税收优惠政策和补贴政策，鼓励符合条件的大学生、外出务工人员、龙头企业返乡就业创业，为农村发展注入新鲜血液。

本章小结

本章系统阐释了农业技术进步的内涵特征、动力机制以及道路选择。农业技术进步涵盖硬技术与软技术的协同创新，对促进农业资源发展、推进农业现代化进程具有重要作用。农业技术进步需要依赖内部市场需求和外部政策引导双重驱动。通过对比发达国家农业技术进步路径的差异，进一步提出中国应立足于国情，在汲取国际先进经验的同时，走出一条具有中国特色的农业技术进步道路。

本章参考文献

[1] 李秉龙，薛兴利．农业经济学［M］．北京：中国农业大学出版社，2015.

[2] 张忠根．农业经济学［M］．北京：科学出版社，2019.

[3] 朱道华．农业经济学［M］．北京：中国农业大学出版社，2000.

[4] 温铁军．从农业 1.0 到农业 4.0［M］．北京：东方出版社，2021.

第七章　农业信息

学习目标

1. 掌握农业信息与农业信息化的内涵
2. 理解农业信息资源开发的内涵、特征与路径选择
3. 了解信息化在农业中的利用

第一节　农业信息与农业信息化

一、农业信息的内涵

农业信息是指与农业生产经营和农业科学相关的，可以通过声音、语言、图像等形式进行传递的一系列有意义的数据。农业信息涵盖范围广阔，它包括农业政策信息（如农业税收优惠、农业保险等）、农产品市场信息（如产品价格、供需量等）、农业资源信息（如土壤资源、水资源、气候状况等）、农业教育信息、农业技术信息、农业国际交流合作信息等多个领域①。

农业信息是推动农业改革发展的重要生产要素，旨在为农业生产经营者提供全面、准确、及时的信息服务，解决传统农业生产经营方式所产生的信息不对称问题。农业信息是农业生产经营者的决策依据，有利于使经营者掌握可靠的生产条件信息、市场信息和政策导向，从而作出正确的决策。

① 李秉龙，薛兴利．农业经济学［M］．北京：中国农业大学出版社，2015.

二、农业信息化的内涵与作用

（一）农业信息化的内涵

农业信息化是指将现代信息技术和信息系统与农业领域相结合，实现对农业生产、市场、消费以及农村社会、经济、技术等多个方面的信息获取、处理、传播和应用的过程，具体包括农业生产过程的智能化、数字化、管理信息化和服务网络化。将农业信息技术广泛应用于农业资源与环境监测、农业生产管理决策、农业灾害防治等多个领域，有利于充分发挥农业信息化的作用，提高农业生产经营效率，改进农户的生产方式和经营方式，促进传统经验型农业向现代精确型农业转变①，对推动农业快速、稳定、可持续发展具有重要意义。在现代化建设中，农业信息化是农业现代化的重要内容和动力，也是推动农业经济增长和促进农业现代化发展的必由之路。

（二）农业信息化的作用

在信息技术不断发展的今天，利用信息技术手段为农业领域提供信息支撑和服务已经成为发展农业现代化的关键道路，深入了解农业信息化的作用和意义，有利于更加准确地推进农业全面信息化②。

1. 农业信息化有利于实现农业生产经营决策科学化。农业生产经营决策和管理是一个极为复杂的过程，需要大量可靠的信息作为支撑，通过信息筛选、加工并结合专家经验和意见做最有益的选择和判断。农业信息化为农业生产经营者决策提供了相关的决策支持系统、智慧管理平台等，使农业生产经营者更好地掌握与所生产品种、基地、销售市场等相关领域的信息状况和专业建议，从而做出更加科学化、高效益的经营决策和管理方式。

2. 农业信息化有利于实现农业资源的高效配置。在农业生产资源上，农业信息化可以通过信息系统提供的不同产品的生产情况，将生产要素和资金精准地投入最重要产品生产上，实现资源的高效分配；在农业劳动力资源方面，农村的富余农业劳动力以及技术人才，能够依据各地的实际需求，收集与之匹配的就业信息资源，以此达成劳动力资源的合理有序流动；在农业市场资源上，农业信息化可以促

---

① 李军．农业信息技术［M］．北京：科学出版社，2006.

② 张忠根．农业经济学［M］．北京：科学出版社，2019.

进农村与城市之间、不同国家之间的信息交互，进而充分挖掘和利用国内外的农业资源与农业市场，实现资源的优化配置。

3. 农业信息化有利于提高农业经济效益。其具体表现为：利用信息技术改善生产模式，对生产要素进行精准化、智能化投入，优化产业结构，从而通过降低生产成本和提高产品质量实现经济效益的提升；利用信息化设施精准预测自然灾害和动植物生长条件，增强灾害抵御能力，避免环境因素所带来的经济损失；利用信息化平台进行技术交流，及时解决在生产经营中遇到的问题，改进生产经营方式，降低试错成本，提高生产效率。

4. 农业信息化有利于提升农业现代化水平。在农业不断发展的今天，农业信息化已经成为衡量农业现代化的一个重要指标。首先，农业信息化有利于加快科学技术的推广应用，提高地区农业科技现代化的水平；其次，农业信息化有利于及时获取农业市场、农产品、农业技术、农业政策等相关信息，提高农业生产者的决策和管理能力，推动农业经营和管理的现代化；最后，农业现代化通过知识学习平台对农业经营者开展远程培训，增强农业经营者的文化水平和科学意识，为农业现代化进程注入人才动力。

第二节　农业信息资源开发

一、农业信息资源的内涵与特征

（一）农业信息资源的内涵

农业信息资源有广义和狭义之分，广义的农业信息资源是指农业信息内容、信息技术、信息生产者、信息设施与资金等各要素的总称；而狭义的农业信息资源仅包含农业信息内容。农业信息资源围绕农业领域现状和未来发展，无时无刻生产大量信息，为了形成有用的农业信息资源，必须根据信息使用对象、层次和环节等，对大量信息进行筛选、加工和合理分配，促使农业信息变得有序且规范。也就是说，农业信息资源是在人类社会对信息进行加工与分配后，形成的众多有序信息的集合。形成标准化的农业信息资源是推进农业信息化的核心之路，也是推动农业现代化的关键要素①。

---

① 李秉龙，薛兴利．农业经济学［M］．北京：中国农业大学出版社，2015.

（二）农业信息资源的特征

1. 相对稀缺性。在技术的不断发展和社会分工的不断深化背景下，有序化的农业信息越来越多，农业信息资源在客观上呈现出较为丰富的态势。然而，与可消耗的资源相比，农业信息资源同样会在某些层面上表现出相对稀缺性。首先，农业信息资源在进行选择分配的过程中，由于信息的接受者受到信息获取环境、获取手段以及自身信息获取能力各方面的限制，导致所获得的信息资源与自身需求存在一定的差距，其获得的有用的农业信息资源有所不足，从而造成信息不对称与不完全的现象。其次，处理并有效利用有益的农业信息资源，需要花费大量金钱成本和时间成本，这对信息加工者来说无疑是一项巨大的挑战。过多的信息处理不当，很可能会影响决策的科学性和有效性，从而导致有用的农业信息资源在有效利用时表现出相对稀缺性。此外，在既定的技术水平下，随着农业信息资源的不断使用，其能发挥的价值也会随之减少，因此，农业信息资源有限的利用价值也会导致农业信息资源相对稀缺。

2. 分布不均衡性。农业信息资源在不同国家、地区、农业企业以及农户之间的分布呈现出不均衡的态势。这种不均衡状况还会不断自我加剧，进而产生农业信息化领域的马太效应。也就是说，经济发展水平和技术实力越强的地区，获取和利用农业信息资源的能力就越高。其原因在于，区域的农业经济水平和技术实力，决定了农业生产经营者所获得的农业信息资源的数量和质量。与较为落后的农业生产地区相比，拥有先进经济水平的地区，能够更好地对信息资源进行加工、处理并整合利用，使农业信息资源发挥最大的经济效益。同时，在落后的农业生产基地中，农业生产者的文化教育水平和技术实力普遍较低，因此其不能像较为发达的地区一样，更好地对农业资源做出有效的配置。随着农业信息资源在不同地区贫富差距的拉大，逐渐形成了阻碍农业均衡发展的信息鸿沟。

3. 竞争性。在传统农业生产中，农业竞争只体现在土地资源和劳动力资源的竞争上，随着农业现代化水平的不断提升，与农业相关的信息资源成为农业企业和农业生产者稳居市场的关键因素，农业竞争进一步反映在提供和掌握的农业信息资源的数量多寡与质量高低的对比竞争上。因此，许多发达国家和地区、农业科学研究院、农业龙头企业等与农业相关的经营单位，通过积极培养农业信息技术人才，引进先进信息设备等方式，力争提供和获取有利的农业信息资源，提升自身的市场竞争力，为农业现代化进步奠定基础。

4. 商业性与公益性并存。根据农业本身的多功能性以及农业信息产品的特性，农业信息资源表现出商业性和公益性并存。商业性农业信息资源是在农业企业中以市场化的方式对农业信息资源进行加工、分配，通过提供或应用农业信息，提高农业经营主体的决策和管理能力，从而达到盈利的目的。而公益性农业信息资源具有很强的正外部性，这类信息资源主要通过免费或廉价的方式提供普遍性的服务，以便降低农业经营存在的自然风险和社会风险，提高农业整体生产经营水平。公益性农业信息资源具体涵盖病虫害防治信息、土壤资源信息、气象信息等自然风险类信息资源以及农业技术推广信息、农业政策普及信息等社会信息资源。公益性农业信息资源关系到国家、社会以及国民的利益，往往需要依靠政府带动和扶持①。

二、农业信息资源开发的内涵

农业信息资源开发是指将收集到的农业信息资源，依托现代信息技术进行有目的收集、筛选、加工、存储、分配、应用等一系列有效处理，从而使农业信息资源提高利用价值的过程。农业信息资源开发不仅提升了农业信息资源的数量与质量，更重要的是通过充分挖掘信息资源的显在价值和潜在价值，实现了信息资源的高效配置。农业信息资源开发是农业现代化建设的核心，也是农业市场主体进行管理和决策的重要手段。

农业信息资源开发的环节主要包括：一是将农业信息转化为农业信息资源。具体是通过利用数据处理和存储技术，广泛采集与农业领域相关的信息，并将其有效地存储起来，方便用户进行合理的分配和应用。二是搭建农业信息传播渠道以及拓展用户群体。这不仅需要充分了解信息用户的分布状况和他们依据信息进行决策的特点，还需要加强通信渠道的建设工作，保障信息流畅，能为用户提供信息服务。三是组织市场信息环境的改善。主要是以政府为导向，完善相关的市场规范和管理机制，降低农业市场信息的不对称，协调好农业市场主体之间的关系等②。

三、农业信息资源开发的路径选择

农业信息资源开发是信息由信息资源转化为信息产品的中间环节，为了使位于信息资源开发两端的生产者和消费者更好地应用信息产品，这就要求在开发过程中实施以下几个方面的路径。

---

①② 李秉龙，薛兴利．农业经济学［M］．北京：中国农业大学出版社，2015.

1. 完善农业信息基础设施建设。农业信息基础设施建设是农业信息资源开发和利用的重要基础。一方面完善农业信息基础设施要根据支持农业信息化的建设的方针和政策，加强农业信息化硬件设施的投入，如电视、广播、通讯设施的完善；另一方面要加强农业信息软件的开发和推广，力争开发出操作方便实用性强的信息设备，加快农业数字化和智能化的转变。

2. 加强农业信息收集的数量与质量。农业信息的数量和质量决定了农业信息资源所能发挥的有效价值程度。因此，在收集农业信息的过程中，要注重信息的准确性、完整性和实效性，才能为农业市场主体及其政府相关部门提供正确的决策依据，避免错误的决策行为。

3. 强化农业信息队伍建设。开发农业信息资源的关键在于信息队伍的建设，信息队伍的整体素质直接决定了信息产品资源的质量。为此，要不断健全和完善信息队伍建设体系，加强队伍的培训力度，提高信息队伍的专业水平和服务能力。同时，通过采用激励措施和营造良好的工作环境，积极引进高素质的信息人才投入农业信息资源的开发中，从而激发农业信息资源的开发活力与创造力。

4. 健全农业信息服务体系建设。为农业信息用户提供所需的信息服务，是农业信息资源开发的关键目标。相关部门要深入农村基层，广泛调查农业企业的信息环境、农业生产中迫切需要解决的问题，组织信息部门开发适宜的信息产品，开展有针对性的信息服务活动，为其提供相应的信息咨询服务。

第三节　信息化在农业中的应用

随着信息技术的蓬勃发展，信息化逐渐深入与农业相关的各个领域，物联网、大数据、云计算、人工智能等前沿技术已经直接或间接地融入农业生产、加工、销售、运销等各个环节中，使农业产业实现转型升级，不断带来更大的效益。信息化在农业中的利用主要体现在以下几个方面①。

1. 农业资源信息化。中国地域辽阔，不同地区的土壤情况、气候条件等农业资源存在差异，使得各地的农业生产方式和生产情况都各不相同。同时天气状况、耕地面积及农业环境污染情况会随着时间不断发生改变。因而，需要信息化技术帮助农户对农田资源进行有效管理。例如，远程监控管理技术的应用可以对农作物的

① 李秉龙，薛兴利．农业经济学［M］．北京：中国农业大学出版社，2015.

光照、温度、湿度等状态进行实时远程监控，方便农户观察农作物的生长状况，合理安排施肥和灌溉，提高农产品的质量和农业资源的利用率。此外，信息技术还能通过监测风力、风向、雨量等使农户掌握气候状况（如田间小型气象站），提前预测天气情况，因地制宜地做好相应的防护措施，避免带来严重损失。

2. 农业生产信息化。农业传统的生产方式使得农业生产效率和边际收益低下，不利于农业现代化发展，而信息技术的使用可以为农业生产提供支持。自“八五”时期以来，我国一直致力于研制一批实用的专家系统①，在生产规划方面，通过农业信息管理系统，帮助农户实施农田进行精准测绘，合理规划农田的种植区域、种植密度和种植产物等，提高生产的合理性，进而促进生产效率；在生产质量方面，可以通过施肥和病虫害防治等方面的农业专家系统，进行合理施肥和实时监测及预警病虫害的传播情况，农户利用数据分析可以选择病虫害防治方案，及时采取有效措施，降低农产品的损害，提升农产品的生产质量；在收获过程中，人工智能的应用可以帮助农户进行精准采摘，提高劳动生产率。

3. 农业市场信息化。信息技术在农业中的利用，可以减少处于市场两端的生产者和消费者信息不对称的问题。对于生产者而言，信息技术有利于其了解农产品的市场需求和价格趋势，从而做出准确的生产决策和制定合理的销售策略，提高市场竞争力。同时，信息技术还可以为生产者提供电子商务平台和智能物流系统等运销技术，提高农产品的运输效率并拓宽农产品的销售渠道。对于消费者而言，信息技术的应用可以帮助他们进行农产品质量回溯，通过扫描农产品包装上的二维码或使用当地应用程序，就能了解到农产品生产基地及生产用料等详细情况，保障农产品市场质量信息透明化。

4. 农业科技教育信息化。近年来，我国在农业科技创新方面取得了颇为显著的成果。但受限于信息流通不畅，众多先进的农业技术成果难以得到有效推广与应用，致使农业科研和农业生产之间出现了相互脱节、彼此割裂的状况。而信息技术的应用，使得农业科研成果跨越时间、空间上的障碍，在农业科研领域和生产领域中得到快速交流和扩散，提高农业成果的应用价值。同时，信息技术解决了以往农业教育资源不足、教育内容陈旧以及教育方式单一的问题，利用互联网加速农业信息知识的传播和普及，提高了农户的文化水平和科学素养。此外，信息化推动农业教育领域不断延伸，培养出越来越多农业技术领域、农业经营管理领域和农业社会化服务领域的综合型人才。

---

① 曹卫星．农业信息学［M］．北京：中国农业出版社，2005.

5. 农业政策信息化。过去的农业政策法规主要通过纸质化的方式，依托政府逐级传播，由于受到传播人员理解能力和传播能力的影响，这样的方式容易导致农业政策内容传递错误和政策落实不到位，大大影响了农业生产经营者的政策接收。而现代信息技术通过线上线下融合，使农业相关部门机构和农业生产经营者能及时地了解政策法规的准确含义，立足于我国新时代农业国情，做出有效的农业生产决策，从而发挥出农业政策法规应有的价值。

本章小结

农业信息作为涵盖市场、政策、教育、技术等多维度的关键资源，是推动农业现代化转型的核心要素。推进农业信息化不仅有助于实现生产经营决策的科学化和资源配置的高效化，更是加快农业经济增长的重要路径。在现代农业发展中，信息资源呈现出稀缺性、分布不均衡性、竞争性以及商业性与公益性并存等特征，开发农业信息资源需要以完善基础设施建设、提升信息质量、强化专业队伍建设及健全信息服务体系为着力点，持续深化信息化在农业领域的应用。

本章参考文献

[1] 李秉龙，薛兴利．农业经济学［M］．北京：中国农业大学出版社，2015.
[2] 李军．农业信息技术［M］．北京：科学出版社，2006.
[3] 张忠根．农业经济学［M］．北京：科学出版社，2019.
[4] 曹卫星．农业信息学［M］．北京：中国农业出版社，2005.

第三篇

农业生产组织

3

第八章　农业组织制度

学习目标

1. 学习制度理论，了解不同理论的主要内涵
2. 掌握中国的土地制度，了解中国土地制度变化历程
3. 掌握家庭承包经营与统分结合的双层经营体制

第一节　制度理论概述

一、集体化理论

集体化理论认为，通过建立集体所有制和统一经营管理机制，可以有效提高农业生产的效率和质量①。该理论强调通过集体合作和协同管理，实现农业资源的有序整合和规模化运营，从而推动生产要素的充分利用，并最终提升农业劳动生产率和产品供给水平。在这一理论框架下，农村地区的土地、劳动力和资金等资源通过集体所有形式进行统一调配和管理，可以提高资源的合理配置水平和高效利用能力。通过集体化的生产组织和管理体系，农业生产可以更好地应对市场需求和农业技术进步的挑战，为农民提供稳定的经济收入，同时促进农业现代化进程，推动农村经济的可持续发展。

---

① 纪志耿．新中国成立以来党领导农村公益事业发展的历史进程与基本经验研究［M］．四川：四川大学出版社，2017.

二、家庭承包经营理论

家庭承包经营理论强调将农业生产要素分配给个体农户，并赋予其一定的自主权和经营责任，以激发农户的生产积极性，提高农业生产效率①。这一理论认为，通过家庭承包经营，农户可以更好地利用自身的劳动力和土地资源，灵活应对市场需求和农业技术变革，从而实现农业生产的优化配置和提质增效。在家庭承包经营模式下，农户对自己的土地和生产过程负有直接的经营责任，能够更加积极地投入农业生产中，提高劳动生产率和经营效益。此外，家庭承包经营还可以促进农村资源的合理利用和农业结构的优化调整，为农村经济的发展和农户收入的增加提供有力支持。随着农业现代化和市场化进程的推进，家庭承包经营理论不断丰富和完善，成为推动农业生产方式转变和农村经济发展的重要理论基础之一。

三、农民专业合作社理论

农民专业合作社理论强调通过组建农民专业合作社，实现农民在生产、加工、销售等环节的合作与协作，从而促进资源整合、技术共享和市场联接，提高农业生产效率和农民收入水平②。这一理论认为，农民专业合作社能够通过集体化组织形式，整合农村各类资源，包括土地、劳动力、资金和技术等，实现规模化生产和优质化农产品的生产，从而降低生产成本，提高农产品的竞争力和市场占有率。

在农民专业合作社理论框架下，农户可以通过合作社共同投资设施设备，共享生产经验和技术知识，共同开发市场和销售渠道，共同应对市场风险和经营挑战。合作社提供了一个集体协作的平台，促进了农户之间的互助合作和资源共享，有助于应对单个农户难以解决的生产难题和市场风险。随着农业产业化和市场化的发展，农民专业合作社理论日益受到重视，成为推动农业产业结构调整和提升农业竞争力的重要途径之一。同时，政府和相关部门也积极出台政策支持农民专业合作社的发展，为其提供资金、技术和管理等方面的支持和保障，推动农村经济社会的可持续发展。

---

① 高飞．乡村振兴战略下承包地三权分置的法实现研究［M］．北京：中国政法大学出版社，2022.

② 刘婷．新型农业产业化经营组织发展模式研究［M］．北京：新华出版社，2022.

四、农业生产者组织理论

农业生产者组织理论关注农业生产者组织（如农民合作社、农业公司等）在农业生产中的作用和功能[1]。这一理论认为，通过组建农业生产者组织，可以实现资源整合、风险共担、技术创新和市场开拓，从而提高农业生产效率和农民收入水平。第一，农业生产者组织可以帮助农民实现资源整合。通过组织成员间的合作与协作，整合土地、劳动力、资金等生产要素，实现规模化生产和优化配置，从而降低生产成本、提高产出效率。第二，农业生产者组织能够共同承担风险。在面对自然灾害、市场波动等不确定因素时，组织成员可以共同承担风险，通过风险分担机制降低单个农户的经济损失。第三，农业生产者组织促进了技术创新和知识共享。组织成员可以共享生产经验、技术知识和科研成果，推动农业技术进步和创新，提高生产效率和产品质量。第四，农业生产者组织有助于开拓市场。通过组织成员间的协作，可以集中销售产品、开发市场，提高产品的竞争力和市场占有率，实现经济效益最大化。综上所述，农业生产者组织理论强调通过组织形式的集体合作和协作，实现资源整合、风险共担、技术创新和市场开拓，从而促进农业生产效率的提高和农民收入水平的增加。

五、市场化理论

市场化理论认为，通过引入市场机制来调节农业生产和交易，能够实现农产品价格和供需在市场中自由形成的机制[2]。这一理论的核心理念是通过市场竞争和供需关系的自由调节，来优化资源配置、提高生产效率，并推动农业经济的健康发展。在市场化理论的框架下，农产品的价格由市场供求关系决定，而不是由政府指导或干预。这意味着农民和农产品经销商可以根据市场需求和价格信号来调整生产和销售策略，以更好地适应市场变化。这样的机制激励了农业生产者提高生产效率和产品质量，以获得更高的市场竞争力和经济回报。另外，市场化理论还强调了资源配置的有效性。通过市场机制，资源（如土地、劳动力、资金等）可以自由流动和配置，从而实现了资源的最优利用。这种自由的资源配置有助于提高农业生产的

① 彭海红．中国农村集体经济改革与发展研究［M］．武汉：华中科技大学出版社，2021.

② 赵凯．耕地保护经济补偿模式研究［M］．咸阳：西北农林科技大学出版社，2016.

效率和产出，并为农业经济的可持续发展奠定了基础。总的来说，市场化理论倡导的市场机制为农业经济带来了更大的灵活性和效率，提高了农业生产者和经营者的积极性，促进了资源的有效配置和农业经济的健康发展。

六、制度经济学理论

制度经济学理论聚焦于农业组织制度对农业经济行为和农业发展的影响。该理论突出了制度环境对资源配置、农业技术进步以及市场竞争等方面的关键作用①。在制度经济学理论中，制度被视为一种规则和约束的集合，它们塑造了人们在经济活动中的行为方式。在农业领域，不同的制度安排会对资源配置产生重大影响。例如，集体所有制和私人所有制的不同组织形式会导致资源配置方式的差异，进而影响生产效率和农产品供给。此外，制度经济学理论也强调了农业技术进步受制度环境影响的重要性。不同的制度安排可能会影响农民对于技术创新的接受程度和投入程度。例如，私有制度可能会激发农民更积极地投入技术创新中，以提高生产效率和经济收益。

在市场竞争方面，制度经济学理论指出，不同的制度环境可能导致市场竞争程度的差异。例如，市场自由度高的环境可能会催生更激烈的市场竞争，从而推动农产品价格和质量的提升，激励农业生产者更加努力地提高生产效率。因此，制度经济学理论的重要性在于强调了制度环境对农业经济行为和农业发展的深远影响。了解和分析不同制度安排对农业经济的影响，有助于制定更加有效的政策和制度安排，促进农业经济的可持续发展。

第二节　中国农地制度

一、土地制度

（一）土地制度的概念

土地制度这一概念，可分成广义与狭义两个层面来理解。广义上，土地制度涉及土地所有权、使用权、管理以及土地利用的技术等多方面的制度。而狭义上，土

① 程恩富．马克思主义政治经济学基础理论研究［M］．北京：北京师范大学出版社，2022.

地制度专指涵盖土地所有权、使用及管理方面的经济制度，以及与之相联系的法律权利体系①。通常所说的土地制度，实际上是指这种狭义的定义，本书亦遵循这一定义。

在具体内容上，土地制度的内涵可从两个主要维度进行剖析：一是土地经济制度，二是与之密切相关的土地法权制度。在特定社会背景下，个体与集体在土地使用过程中所形成的各种经济行为和社会关系，构成了土地经济制度的核心内容；这些经济关系则通过法律的约束和规范得以形式化，从而形成了土地法权制度。值得注意的是，土地经济制度作为土地法权制度的基础，不仅在结构上对后者产生深远的影响，决定了其体系的组织形态，还在某种程度上影响了其内涵的具体表现。与此同时，土地法权制度则在确认、保护和规范土地经济制度的过程中发挥了重要作用，并且对其进行了进一步的强化与调整。因此，土地经济制度和土地法权制度分别代表了土地制度的两个不同层面，两者在相互作用中共同塑造了土地制度的整体框架和运作机制。

（二）土地所有制

土地所有制定义了在特定社会体制中土地的经济拥有模式。这一制度是土地体系的核心并构成了土地关系的基石②。土地所有权作为这一经济模式的法律体现，直接受制于土地所有制的经济基础。它赋予所有者在国家法律框架下对土地的支配、利用、收益和转让的权利，并且有力地排除外部非法干扰。在这种法律关系中，土地所有者是权利的享有者，而土地则成为权利的客体。

土地所有权的几个关键特性包括：第一，绝对性。这是相对于债权而言的，因为债权的执行需要债务人的积极配合，而土地所有权如同所有财产权利一样，无需他人协助即可实施。第二，排他性。在法律上，这表现为独占性，意味着无人可干预土地所有者行使其土地所有权。第三，全面性。这表明土地所有权是一种完整的物权，涵盖了占有、使用、获利和转让的所有权利。

（三）土地使用权制度

土地使用权制度规定了土地使用的程序、条件和方式，它是土地制度体系中的一个关键环节。土地使用权，根据法律，指的是对特定土地的占有、利用以及获取部分收益的权利，是土地所有权的一个重要组成部分，同时也是土地使用体制在法

---

①② 赵维清. 农业经济学［M］. 北京：清华大学出版社，2023.

律上的体现①。

土地使用权，作为源自土地所有权的一种权能，具备独立性和派生性。这种权利不仅包含占有、利用和获取收益的能力，还包括部分处置权，从而赋予其相对的独立性。土地使用权的存在和持续性依赖于土地所有权的行使，受到土地所有权的限制和约束。此外，土地使用权人能够直接支配和利用土地，拥有排他性的权利，即在无其他法律依据且未经使用权人许可的情况下，他人不得对土地进行占有、利用、获取收益和处置等行为。

土地使用权的一个显著特点是可转让性。使用权人不仅可以独立支配土地，还可依法将使用权转让给他人。在土地所有者与使用者存在分离情况下，土地使用权实际上成为使用者从所有者处分得的一部分土地产权。法律规定了土地使用权的时限，说明土地使用权的持有并非无限期，在特定情况下，土地所有者可以依法收回土地使用权。

在任何社会体系中，土地的所有权一旦确立，土地的使用权便无法随意分配或变动。特别是在土地所有权与使用权分离的情形下，土地所有者与使用者之间的权利和义务需要通过明确的法律或制度规定来加以界定。这样的经济行为不仅受到市场力量的影响，还必然面临国家政权的监督、调整与必要的约束，以确保资源的合理配置与使用的公平性。

二、我国农村土地制度的演变

自 1949 年中华人民共和国成立以来，我国农村土地制度经历了多个重要的变革与调整，涵盖了土地改革、农业合作化、人民公社化以及家庭承包责任制等诸多历史性阶段。这些变革逐步推动土地管理与经营方式的深刻变革，最终发展成为当前“所有权、经营权、承包权”三权分置的制度框架。整个土地制度的演变过程可以大致划分为若干个关键的历史发展阶段，每一阶段都在特定的社会经济背景下起到了至关重要的作用，塑造了现代中国农村土地制度的基本面貌。

1949～1952 年的土地改革阶段，标志着土地改革的实施。面对当时农村土地分布的极度不平衡，政府进行了大规模的土地改革，将地主和富农的土地没收并无偿分配给无土地或土地较少的农民。这一改革不仅使农村土地所有权归农民，也涉及将部分林地和近城土地划归国有，形成了国有与农民所有并存的土地制度。在后续

① 赵维清．农业经济学［M］．北京：清华大学出版社，2023.

改革中，国有土地的所有权基本保持不变，而农民所有的土地则经历了多次变更。

1953～1957年，重点开展了农业合作化的推进工作。国家致力于将农民的个体经济转变为社会主义经济形式，逐步实现私有土地的集体化，推动农业生产合作社的建立。该过程经历了三个主要阶段：第一阶段，在土地私有制和分散经营模式下，成立了农业生产合作小组，开展了劳动互助合作；第二阶段，逐步建立了初级农业生产合作社，在此基础上实现了集体经营和统一分配，同时对农民的私有土地和生产资料给予适当补偿；第三阶段，进入了高级农业合作社阶段，土地和主要生产资料转变为公有制，实行统一经营和分配，农民个人所有的土地也无偿并入合作社之中。

在对中国农村土地制度的历史变迁进行系统研究时，我们特别关注的第三阶段涵盖了1958～1978年这一重要时期，该阶段标志着中国农村土地制度的深刻转型和重大变革。在这一时期内，人民公社的建立与发展成为农业生产方式转型的核心内容，它体现了从农业合作社的集体所有制形式向人民公社的集体经济体制过渡。具体而言，1958年8月，中共中央在北戴河召开的政治局扩大会议上通过了具有里程碑意义的《中共中央关于在农村建立人民公社问题的决议》，该决议不仅明确了在全国范围内推广人民公社的战略方针，而且提出了要扩大公社规模、提升公社管理效能的具体目标。随着这一政策的推进，原本由农户单独经营的土地，包括自留地、零星果树等逐步纳入公有制管理之中，全面实行集体化管理模式。这一阶段的土地制度改革具有深远的历史意义，它标志着农村土地管理模式的根本变化，也为后续的土地制度调整和农村经济发展奠定了基础。

这一决策的迅速推进使得在极短的时间内，除了西藏自治区外，全国大部分农村地区几乎完成了人民公社化的过程。这一变革标志着个体农民土地私有制的彻底终结。为了解决人民公社体制中的所有制问题以及纠正"共产风"现象，中央政府于1959年2月27日至3月5日在郑州召开了政治局扩大会议，集中讨论并制定相关对策。会议期间，围绕人民公社的管理模式和土地制度进行了深入探讨，并提出了《关于人民公社管理体制的若干规定（草案）》。这一文件明确了"三级所有、队为基础"的农村土地管理框架，奠定了新的土地所有制制度基础。同时，会议还决定恢复社员的自留地制度，进一步调整农村土地使用的相关政策。

1960年11月3日，中共中央发布了《关于农村人民公社当前政策问题的紧急指示信》（简称"十二条"）。这一文件的出台标志着当时中国农村政策的重大调整，明确要求各地全面纠正"一平二调"的"共产风"，同时提出允许农村社员从事小规模的自留地耕种和家庭副业经营，并恢复农村集市的交易活动。然而，随着

1966 年“文化大革命”爆发，自留地再次被视为资本主义的遗存，遭遇了大规模削减。此阶段的政策波动，既反映了中国农村土地制度的变动，也揭示了当时政治力量与经济结构之间复杂的互动与冲突。

自 1978 年起，中国农村土地制度进入了第四阶段，这一阶段主要通过实施土地家庭承包责任制来进一步巩固集体所有制的基础。家庭承包责任制的核心在于将农地使用权均等分配给各农户，这一制度通过将劳动付出与获得的收益直接联系起来，有效激发了农民的生产积极性。这一制度首先从耕地的承包开始，随后扩展到林地、草地等其他类型的农业资源。

1978 年引入的家庭承包经营制度规定了第一轮土地承包期限为 15 年。到了 1993 年，政策进一步发展，确定在原有承包期限的基础上再延长 30 年。2008 年，党的十七届三中全会明确提出，农民土地承包经营权应长期保持稳定，并强调了完善农地管理制度和鼓励土地承包经营权流转的重要性。此外，党的十九大报告更进一步强调了“保持土地承包关系稳定并长久不变”的原则，明确提出第二轮土地承包到期后再延长三十年。

经过这些年的改革和调整，中国当前的农村土地制度主要呈现出以下特点：一是土地所有权的主体是明确规定的，即只能是国家或农村集体经济组织；二是对于土地所有权交易的限制性，即使土地所有权无法进行交易，但土地使用权等权能是可以流转的；三是土地使用权具有相对独立性。《中华人民共和国农村土地承包法》（简称《农村土地承包法》）中明确规定了土地承包经营权可进行流转，并受到法律保护。这些特点共同构成了中国农村土地制度的基本框架，展现了制度演进的连续性与稳定性。

第三节　中国农业组织制度

一、农业家庭承包经营体制的产生

研究表明，中国农村在从合作化向集体化的转变过程中，偏离了社会经济发展的常规路径，不符合农业产业的特征①。具体而言，实行的“政社合一”和“三级所有、队为基础”的农村人民公社体制，极大地制约了农业生产力的提升和农业经

① 刘守英．土地制度与中国发展［M］．北京：中国人民大学出版社，2021.

济的健康发展。农民在这一体制下缺乏对生产活动的自主决策权，市场机制无法有效发挥其资源配置的作用，进而导致农业生产无法满足日益增长的社会经济需求，同时对农民生计造成了严峻挑战。面对这种困境，尽管当时的政治体制对改革缺乏支持，农民仍然在非正式的层面上进行了一系列的农业微观经济体制改革，以期改善自身的生计和生产条件。

（一）家庭承包经营的初期阶段

家庭承包经营体制的初步形成阶段可以追溯至1978年秋季至1980年9月。这一阶段，安徽省部分地区率先开展了以“包产到组”和“包产到户”为核心内容的农业生产责任制改革，成为中国农业体制改革迈出的重要一步，标志着农村经济管理体制的初步变革。从中国共产党十一届三中全会至1979年9月的十一届四中全会期间，关于是否实行农业生产责任制的问题，社会各界展开了广泛且激烈的讨论。尽管在这一时期，相关理论尚未完全成熟，且政策细则仍然不够明确，然而，改革的进程并未因此受到明显制约。根据统计数据，截至1980年3月，全国范围内已有约55.7%的生产单位实施了不同形式的承包责任制。具体而言，“包产到组”的实施比例已经达到28%。这一改革政策最初在安徽、四川、贵州、云南、广东等省份逐步展开，并最终得以在全国范围内推广和实施。

（二）家庭承包经营的全面发展阶段

1980年9月至1981年底是中国农村家庭承包制逐步实现全面落实的关键时期。1980年9月，中共中央发布了具有重大意义的“75号文件”，即《关于进一步加强和完善农业生产责任制的若干问题》。该文件明确提出，要在推广农业生产责任制的过程中，尤其是在贫困地区和经济较为落后的区域，积极推进“包产到户”的制度，并对这一政策给予正式确认和支持。文件的出台，为中国农村经济体制改革的持续深化提供了重要的政策依据，并促进了联产责任制多种形式的广泛实施。1981年10月的统计数据显示，全国农村在基本核算单位中的各类生产责任制形式已经覆盖了97.7%。其中，包产到户的比例为10.9%，而包干到户的比例则高达39.1%，这一数据反映了改革措施在各地的普及程度及其在实践中的多样化应用。

（三）家庭承包经营的确立阶段

家庭承包经营制度的建立经历了多个关键阶段，尤其集中在1982年春至1984

年初这一时间段。1982 年 1 月，《全国农村工作会议纪要》由中共中央转发，其中首次提出并明确了多种农业责任制形式，包括小段包工、专业承包、联产到劳以及包产到户等。这些形式被界定为社会主义集体经济的一部分，体现了在保证集体经济基本框架的前提下逐步推动农业生产责任制的改革。同年年底，实施包产到户和包干到户的农业生产队比例已达到 78.7%，标志着农村生产方式的深刻转型。

1983 年 1 月，《当前农村经济政策的若干问题》由中共中央发布，进一步确认了包产到户制度的合法性，并宣布对人民公社体制进行深入改革，提出了“政社分开”和推进乡政府建设的目标。10 月，中央政府发布通知，进一步推动地方政府改革，要求各地加强乡政府建设，并提出要逐步落实联产承包责任制。截至 1983 年底，全国大多数生产队已全面推行联产承包责任制，标志着改革进入实质性推进阶段。

进入 1984 年后，中央政府发布了《1984 年农村工作的通知》，该通知明确规定了土地承包期至少为 15 年的政策框架，旨在消除农民对政策不稳定性的顾虑，增强其生产积极性。到 1984 年底，家庭承包经营制度在全国范围内得到了全面推广，农业生产效率和产量得到了显著提升，表明这一制度的实施取得了显著的成功与成效。

进入 1992 年，中国正式宣布建立社会主义市场经济体制，标志着国家经济结构和体制的深刻转型。随后，1993 年，全国人大常委会通过了《农业法》，明确确认了家庭承包经营在法律层面的地位，并将这一制度上升为宪法性规定，要求农村集体经济组织必须以家庭承包为基础，实施双层经营模式。这一法律框架的出台为农业生产模式的转型奠定了制度基础。到了 1999 年底，除少数因承包期尚未结束的地区外，全国大部分地区的土地承包工作已经顺利完成，且普遍设定了 30 年的承包期。2002 年，《农村土地承包法》的发布，进一步细化和明确了农业家庭承包中的土地使用权等相关法律规定，为农民的土地权益提供了更为清晰的法律保障。进入 2008 年，十七届三中全会明确提出，农民的土地承包经营权应保持长期稳定，国家将进一步完善并加强土地承包经营制度的法律框架。与此同时，党的十九大报告进一步强化了这一政策方向，明确指出：“保持土地承包关系稳定并长久不变，第二轮土地承包到期后延长三十年”，这一政策为农民土地承包权益的长远保障提供了更加坚实的法律依据。

二、家庭承包经营与统分结合的双层经营体制

家庭承包经营作为中国农业经营体制的核心组成部分，构成了农村集体经济组

织内部的关键经营层面[①]。这一体制与集体统一经营互为依赖，形成了一个互补的整体。在党的二十大报告中，有关“巩固和完善农村基本经营制度，发展新型农村集体经济”的阐述凸显了家庭承包经营的重要性。自 1978 年以来，我国农村改革历经 40 余年，废除人民公社制度，确立以家庭承包经营为核心的双层经营体制，这一转变成为农村改革中的重大里程碑。

（1）双层经营体制的形成历程。家庭联产承包责任制实施后，双层经营体制逐渐确立为农村经济的核心制度。1986 年 1 月，《中共中央　国务院关于 1986 年农村工作的部署》首次提出要进一步完善统一经营与分散经营相结合的双层经营体制，标志着这一体制在农村经济中的雏形逐步显现。1991 年 11 月，党的十三届八中全会通过的《决定》进一步明确，将以家庭联产承包为主体的责任制与统分结合的双层经营体制确立为乡村集体经济组织的基本制度，并强调其稳定性和持续完善的必要性。到了 1998 年和 1999 年，随着十五届三中全会及第九届全国人大二次会议通过的宪法修正案，明确规定了农村集体经济组织在家庭承包经营基础上实施双层经营体制，从法律层面将其作为农村基本经营制度进行巩固和完善。

（2）双层经营体制的持续发展与完善。自家庭联产承包责任制实施并确立双层经营体制以来，该体制在稳定的基础上不断得到充实和完善，主要体现在两个方面：一方面，是对土地承包期的延长，进一步加强了农民的土地承包经营权，为其提供了更加充分的权益保障。2008 年十七届三中全会的《决定》中提出了关于赋予农民更全面且稳固的土地承包经营权，强调现有土地承包关系的稳定性和长期性，同时强调了农村土地确权、登记、颁证工作的重要性。这些措施旨在保障农民的土地经营权，促进农村经济的稳定和发展。另一方面，双层经营体制的进一步完善，推动了农业经营体制的创新发展。在 2008 年的十七届三中全会《决定》中，对双层经营体制的进一步完善及农业经营体制的创新发展进行了阐述。该《决定》特别提出了加强家庭承包经营与集体统一经营有效性的具体方案，包括对土地和其他业务进行精细化承包合同管理，明确双方权益、责任与义务。文件还强调了家庭承包经营的稳定性和完善性，同时提出在保持家庭承包经营稳定的基础上，需要强化集体统一经营的层次，特别是对于家庭难以单独承担或效益较低的项目，应由村集体经济组织基于群众需求来实施。《决定》进一步指出，许多地区集体统一经营层面存在薄弱环节。为促进农业经营模式的转型与升级，必须推进农业经营体制和机制的创新。这一转型涉及将传统的家庭经营模式逐步转向依托先进技术和生产方

---

① 程恩富．马克思主义政治经济学重大理论研究［M］．北京：中国人民大学出版社，2023.

式的新型经营模式，强化对技术创新、资金投入等生产要素的支持，并推动生产方式的集约化和现代化。此外，农业经营结构应由单一的家庭经营向农户联合与合作的方向发展，力求构建一个多样化、层次化和多元化的农业服务体系，以此支持集体经济的发展，并增强集体组织在服务农民方面的能力。

（3）农村改革的全面深化阶段。自党的十八大以来，农村改革已进入全面深化的新阶段，其主要特征在以下五个方面得以体现：

第一，在党的二十大报告中，明确提出了加强和优化农村土地承包关系的重要性，特别强调通过进一步完善土地承包经营权的登记制度来实现这一目标。这一论断与党的十九大报告中关于土地承包关系的相关内容密切相关，后者强调要持续推进“三权分置”制度的完善，特别是在第二轮土地承包期满后，确保土地承包期限延长三十年，从而保持土地承包关系的长期稳定性。此政策的提出并非偶然，它有着深厚的历史背景，可以追溯至2014年中共中央和国务院联合发布的《关于引导农村土地经营权有序流转发展农业适度规模经营的意见》文件。该文件指出，土地承包经营权的确权与登记制度的建设和完善对推进土地流转、促进农业规模化经营具有至关重要的作用。特别地，文件明确要求在五年内完成土地承包经营权的确权登记，并发放相关证书。到2020年，全国范围内农村土地承包地的确权登记工作已完成超过96%，约有2亿农户成功领取了土地承包经营权证书。这一成就标志着农村土地承包关系的稳定性得到了显著保障，土地流转也进入了更加有序的发展轨道，为农村经济的增长及农业现代化进程注入了强劲动力。

第二，另一个关键的研究方向是进一步完善农村土地的“三权分置”体制，并加速土地经营权的流转与活跃。2016年10月，中共中央办公厅与国务院办公厅联合发布了《关于完善农村土地所有权、承包权、经营权分置办法的意见》，这一文件明确了土地所有权、承包权和经营权三者之间的区分，并提出实施“三权分置”的并行制度，旨在推动土地经营权的流转和活跃。这一政策的实施不仅有助于推动农村土地资源的合理配置，还促进了土地经营权市场化运作，提升了农业生产效益。2018年，《农村土地承包法》进行了修订，正式在法律框架内确认了“三权分置”制度，标志着农村土地制度改革进入新的阶段。这项改革不仅深化了双层经营体制的内涵，推动了农村土地资源利用效率的显著提升，还进一步丰富和完善了党和政府的“三农”政策，创造了推动土地资源优化配置、促进适度规模经营以及加速农业现代化的新途径。这一制度的推广和实施，为农村经济发展注入了新的活力，也为未来土地改革的深入推进奠定了基础。

第三，国家层面不断创新农村土地制度改革和金融支持政策，推动农业与农村经济的持续发展，尤其是在土地承包经营权的金融功能方面。随着改革深入，相关政策逐步赋予土地承包经营权更广泛的金融功能，特别是在抵押贷款应用上。2013年，党的十八届三中全会通过的《中共中央关于全面深化改革若干重大问题的决定》明确提出，要在保护耕地的基础上，拓宽土地承包经营权的功能，赋予其使用、占有、收益和流转等多重权能，尤其是在金融领域的抵押和担保功能。此决策的核心目标是提升土地资源的利用效率，推动农业产业结构转型，促进农村经济升级与发展。为落实这一决策，2015 年国务院发布了《国务院关于开展农村承包土地的经营权和农民住房财产权抵押贷款试点的指导意见》，授权全国 232 个县（市、区）开展试点，推动现代农业示范区建设，为农民提供更多金融支持。此举不仅为农村土地流转和承包经营权融资创造了新机会，也为农业现代化进程提供了强有力的推动力。此外，2018 年修订的《农村土地承包法》第 47 条明确规定了承包方可将土地经营权作为金融担保，且需要依法向发包方备案，同时流转获得的土地经营权在符合条件下也可作为融资担保。法律的修改进一步拓展了土地承包经营权在金融市场的应用，给农民带来更多融资选择，帮助他们通过土地经营权融资或流转提高收入，改善生活条件。

这一系列政策的实施，拓宽了农民的融资渠道，推动了农业现代化，激发了农村经济的内生动力。通过土地经营权的金融化，不仅促进了农业生产的科技化、规模化和产业化，也为农民提供了更多增收途径，提升了农村经济活力与发展潜力。这些措施增强了农民的金融自信，为农村经济结构优化升级和乡村振兴战略的实现奠定了坚实基础。

第四，新型农业经营主体的培育和新型农业经营体系的建设是推动农业现代化和农村发展的重要举措。2017 年 5 月，中共中央办公厅和国务院办公厅联合发布的《关于加快构建政策体系培育新型农业经营主体的意见》明确指出，建立一个系统完备、措施得当、运作高效的政策支持体系至关重要，其核心目标是提升新型农业经营主体的市场适应性，进而实现农民收入增长和财富积累。此后，党的十九大报告进一步阐明了现代农业产业体系、生产体系和经营体系构建的紧迫性，强调了要完善农业支持和保护政策，发展多元化的适度规模经营，并且特别提出了加强新型农业经营主体的培育工作。与此同时，《"十四五"推进农业农村现代化规划》也提出，实施家庭农场培育计划，推动规模化农业经营主体转型为富有活力的家庭农场，并通过完善家庭农场名录管理制度、实施农民合作社规范化提升行动，支持农民合作社联合社的快速成长。这一系列规划和措施旨在推动农业经营方式的多元化和农民组织化进程。到了 2022 年，农业农村部发布了《关于实施新型农业经营主体提升行动的通知》，明确提出以农民合作社和家庭农场为重点发展对象，进一步优化农业经营主体结构。通知指出，必须通过健全基础制度、加强能力建设、深化服务对接和完善指导体系，推动农业经营主体从数量扩展向质量提升转型。

这些政策和行动的实施，不仅标志着中国农业现代化步伐的加快，也深刻体现了对农业和农村发展问题的综合性思考和系统性规划。通过加强新型农业经营主体的培育，推动农业经营体系不断完善，能有效促进农村经济的持续增长，提升农业竞争力，最终实现农民收入的可持续增长和农村社会的全面进步。

第五，农村集体产权制度改革稳步推进，旨在探索创新的农村集体经济模式及其运行机制。2016 年 12 月，中共中央与国务院联合发布了《中共中央　国务院关于稳步推进农村集体产权制度改革的意见》，标志着该改革正式启动。其核心目标是深化集体经营性资产的改革，推动股份合作等多样化的合作形式，力求在五年内基本完成改革任务。为此，农业农村部及其他相关部门在全国多个涉农县市和区开展了若干批次的试点项目。到 2021 年，改革已初见成效，全国约 96 万个不同层级的农村集体经济组织得到有效建立。2020 年，《民法典》进一步从法律层面确认了农村集体经济组织作为特殊法人的身份，并赋予其法人资格。此外，农业农村部联合相关部门发布了《关于开展农村集体经济组织登记赋码工作的通知》，对这些组织进行登记并赋予统一社会信用代码。这一系列改革措施不仅有力推动了中国特色社会主义道路的进一步发展，也为完善农村经营制度、激发集体经济活力、促进农民共同富裕提供了坚实的法律和制度保障。

本章小结

本章在阐述了集体化理论、家庭承包经营理论、农民专业合作社理论、农业生产者组织理论、市场化理论和制度经济学理论等相关理论基础上，分析了中国的土地制度演变历程。土地制度专指涵盖土地所有权、使用及管理方面的经济制度，以及与之相联系的法律权利体系。自 1949 年中华人民共和国成立以来，我国农村土地制度经历了土地改革、农业合作化、人民公社化以及家庭承包责任制等诸多历史性的变革与调整。这些变革逐步推动土地管理与经营方式的深刻变革，最终发展成为当前“所有权、经营权、承包权”三权分置的制度框架。中国农村在从合作化向集体化的转变过程中，偏离了社会经济发展的常规路径，极大地制约了农业生产力的提升和农业经济的健康发展。且农民在这一体制下缺乏对生产活动的自主决策权及市场无法发挥资源配置作用，导致无法满足社会需求。为此，家庭承包经营责任制得到了发展，为中国的农地制度又进行了重要的改革。

本章参考文献

[1] 纪志耿. 新中国成立以来党领导农村公益事业发展的历史进程与基本经验研究［M］. 四川：四川大学出版社，2017.

[2] 高飞. 乡村振兴战略下承包地三权分置的法实现研究［M］. 北京：中国政法大学出版社，2022.

[3] 刘婷. 新型农业产业化经营组织发展模式研究［M］. 北京：新华出版社，2022.

[4] 彭海红. 中国农村集体经济改革与发展研究［M］. 武汉：华中科技大学出版社，2021.

[5] 赵凯. 耕地保护经济补偿模式研究［M］. 咸阳：西北农林科技大学出版社，2016.

[6] 程恩富. 马克思主义政治经济学基础理论研究［M］. 北京：北京师范大学出版社，2022.

[7] 赵维清. 农业经济学［M］. 北京：清华大学出版社，2023.

[8] 刘守英. 土地制度与中国发展［M］. 北京：中国人民大学出版社，2021.

[9] 程恩富. 马克思主义政治经济学重大理论研究［M］. 北京：中国人民大学出版社，2023.

第九章　农业家庭经营

学习目标

1. 掌握农业家庭经营的内涵与特征
2. 了解中国与西方发达国家农业家庭经营方式
3. 理解农业规模经营的内涵

第一节　农业家庭经营的变迁

一、农业家庭经营的含义及演变

农业微观组织的核心特征在于农业家庭经营在历史上长期占据着主导地位。所谓的农业家庭经营，是指农民家庭作为一个独立或相对独立的单位参与经济活动，即常被称为的“农户”①。这种经营模式具有极大的灵活性，能够适应不同的所有制形式、不同的物质技术条件，以及各种生产力水平。

历史上，作为社会经济单位的家庭在不同历史时期经历了众多变迁，其农业经营方式亦随之经历多次变革以适应不同的发展条件和经营内容，展现出各式特点②。在原始社会末期，随着父权制的逐步确立，家庭结构发生了显著变化，逐渐形成了以夫妻为核心的小家庭经营模式。最初，这种模式在很大程度上是依附于氏族公社的公有制体系之下，氏族公社的集体经济主导，家庭经济仅起到辅助作用。

① 朱颂．中国农民土地财产权实现研究［M］．南京：南京大学出版社，2020.
② 王国敏．中国特色农业现代化道路的实现模式研究［M］．四川：四川大学出版社，2013.

然而，随着私有财产的逐步积累，小家庭的生产活动日益增多，逐步发展为独立的经济单元，开始具备一定的自我运营能力。

在奴隶社会时期，家庭经营的形态经历了从家长奴隶制到奴隶主制的过渡。在早期阶段，家长作为奴隶主掌握着家庭的所有资源，包括配偶、子女及奴隶，并亲自参与生产劳动。随着奴隶制度的进一步扩展，奴隶主开始大规模使用奴隶从事生产工作，成为社会生产的主体力量，但小农家庭经营依然在许多地区普遍存在，且对当地经济起着一定的支撑作用。

进入封建社会后，家庭作为独立的生产单位成为主流形式。尽管如此，由于封建经济体制的制约，劳动者在家庭经济中的自主性和经营权受到极大限制。大多数农民并未完全拥有生产资料，所耕种的土地多为租赁性质，并且农产品的分配也并非完全自主。农民与地主之间的关系不仅限于租佃关系，往往还带有明显的宗法式主仆性质。在这一历史时期，农业家庭经营的形式主要以自给自足为核心，农民将大部分收成用于家庭消费，而少量剩余则用于向地主支付地租。同时，独立自耕农也存在于某些地区，他们在一定程度上拥有更高的自主权。

随着资本主义社会的到来，家庭农场最早在欧美出现。家庭农场以家庭为单位经营，农民拥有或使用生产资料的所有权，能够自主决策，且在人身上不依赖于地主①。这种类型的农场通常由农场主直接管理，他们同时担任所有者、经营者以及劳动者的角色，通常依赖家庭成员提供的劳动力。随着农业生产方式的演变和家庭农场的逐步分化，逐渐出现了一类以雇佣劳动为主要依托的家庭农场。这些农场形式逐步占据了农业生产的主导地位。即便如此，家庭农场在西方发达国家的农业经营中依然保持着举足轻重的地位，并在该地区的农业结构中占据了不可忽视的份额。

社会主义制度下的农业组织模式在发展过程中经历了多次变革与调整。自苏联建立社会主义制度以来，其广泛推行的集体农庄模式成为中国及其他社会主义国家的模仿对象。然而，在农业合作化的推进过程中，这些国家普遍采用了单一合作社的组织形式，从而逐步取代了传统的家庭农场经营模式。

自 20 世纪 70 年代末期起，中国农村开始实施家庭承包制，这一深远的改革在保持土地集体所有制的前提下，将土地使用权交给农户，推动了土地所有权与使用权的分离，开启了双层经营模式的新时代。这种模式巧妙地融合了集体统一经营和农户家庭自主经营的优势，不仅使农民在经营决策上获得了更大的自由度，还激发

---

① 刘守英．土地制度与中国发展［M］．北京：中国人民大学出版社，2021.

了他们根据市场需求调整生产方向，积极参与商品生产和流通，推动了农业的市场化进程。此外，农产品流通体制在此时期也经历了重要的改革。新体制下，农产品价格主要由市场供需关系决定，而国家则通过宏观调控发挥引导作用。这一改革大大增强了市场在资源配置中的基础性作用，显著提高了农业生产效率，促进了农民收入增长，并加速了农业向现代化和市场化转型。可以说，这些变革为中国农村经济的发展奠定了坚实基础，也成为中国农业历史上一个关键的转折点。

这些改革不仅赋予了农民更多的经营自主权，还极大促进了家庭经营模式在中国农村的蓬勃发展。随着改革的推进，农产品的产量和质量迅速提升，产品种类日益丰富，呈现出多样化的趋势。

二、现代农业家庭经营的特征

（一）农业家庭经营的商品化进程

农业家庭经营最初源于自给自足的自然经济模式，随着社会分工的深化与生产力的进步，这一传统经营方式逐步向商品化转型。在这一过程中，农业生产的经济活动逐渐从以自然经济、半自然经济或自给半自给经济为主导的形式，转向以商品生产和商品交换为核心的市场经济模式。农业生产的商品化不仅突破了传统的封闭式经济模式，还推动了农户从原有的“小而全”的生产模式转向更加专业化的生产路径，进而能够享受专业化带来的生产效益。此外，商品化进程促使农业生产不仅仅局限于内部资源的循环，还能够吸引外部生产要素的参与，从而推动了农民在生产中追求更高的效率与成本节约，进而提升整体经济效益并增加农民收入。

（二）农业家庭经营的企业化转型

农业家庭经营起初是为了满足家庭自身对农产品的需求而形成的一种自然经济形式。在这一模式下，农户虽具备一定的生产功能，但尚未具备企业的特征。农业家庭经营的企业化，指的是农户从自给自足、缺乏经济核算的生产单元，逐步转型为追求利润最大化、进行独立财务核算并具备法人资格的经济主体的过程。这一转型是一个长期且逐步展开的演变过程，也是农业现代化不可或缺的一部分。农户只有通过推进企业化经营，结合市场需求调整生产策略，生产符合市场需求的农产品，并通过科学的经济核算合理配置家庭生产资源，才能有效提升农业生产的经济效益，达到利润最大化的目标。在市场经济的环境下，农业家庭经营若无法实现企业化转型，将面临生存和发展的严峻挑战。

（三）农业家庭经营的专业化发展趋势

农业家庭经营的专业化是指农户间通过明确的社会分工，逐步摆脱传统的多元化经营模式，避免过度依赖“小而全”的生产结构。在这一转型过程中，农户的生产方式发生了根本性变化，原本的多样化生产逐步转向集中化，农业生产不再仅仅满足自给自足的需求，而是向着以市场为导向，生产特定种类农产品的方向发展。其他非核心的生产项目往往被削弱其重要性，部分甚至完全退出生产体系，或转为辅助性的支持性部门。农业家庭经营的专业化使得每个农户能够根据其自然资源优势，专注于特定农产品的生产，进而提升经济效益。同时，专业化的推进也促进了劳动者技能和技术水平的提升，推动了农业机械化和技术创新的广泛应用，改善了农产品在储存、加工、包装、运输和销售等环节的效率与质量。这些变化不仅有效增加了社会层面的农产品供应量，还丰富了产品种类，并提高了整体质量水平。

家庭经营的专业化在农业发展过程中具有复杂的双重效应，既带来了积极的变化，也伴随了一些不可忽视的挑战。第一，专业化在提升农业生产效率的同时，往往加剧了农业生产的季节性矛盾。由于特定时段内对劳动力、机械设备及资金的需求激增，这导致了这些生产要素无法得到全年均衡配置，从而限制了其潜力的充分发挥。第二，尤其在种植业领域，专业化经营模式可能导致连作问题的加剧，进而引发土壤退化、养分不足以及病虫害频繁等一系列负面影响。第三，尽管专业化促进了农户收入的提升，但它也带来了更高的经营风险。这些风险不仅源自自然灾害可能造成的巨大损失，还包括由于市场波动和价格不稳定而产生的经济压力。

另外，随着市场经济的深化，农业家庭经营呈现出日益明显的规模化趋势。在私有制体制下，农户之间的经济差距不断拉大，农业生产逐渐集中于少数几家经营成功、规模较大的农户手中。许多小规模农户由于经营压力过大而面临破产，而大多数农户则倾向于采用先进的技术和集约化生产模式，从而转变为大规模商品化生产者。这一趋势不仅体现了农业生产方式的转型，也加速了农业生产要素向规模化、现代化方向的集中，推动了农业产业链的深度整合。

中国农业发展的一个重要方向是农业家庭经营的社会化进程。这一转型过程标志着从传统的封闭式、自给自足的农业生产方式向更加精细化的社会分工、广泛的合作机制以及开放型的生产模式的过渡。在这一过程中，农户不再完全依赖于自身的资源和劳动力，而是转向基于更广泛社会分工与商品交换的生产方式。农业生产和再生产的过程愈发依赖于市场交换及与其他企业或组织的协作。这一转型的显著特征体现在多个方面：一是农业专业化使农户能够根据自身的资源禀赋和市场需求进行定向生产；二是作业过程的专业化推动了各个农业生产环节的高效管理和精细化操作，农业区域化使得各地区能够根据自然条件和资源优势发展具有地方特色的农业产业；三是农业商品化促进了农产品的市场化交易，农户不再仅仅满足于自给自足，而是将产品推向更广泛的市场；四是农业社会化服务体系的构建进一步为农户提供了更为丰富、专业的支持服务，提升了农业生产的整体效率。

这些变革有助于通过有效的分工与合作，让农户和地区能够在自己的资源条件下发挥最大的优势，从而实现更高的经济回报。更重要的是，农业家庭经营的社会化进程能够突破传统自给自足的局限，带来更多外部资源和能量的注入，推动农户逐步适应市场竞争的要求，依据市场需求调整生产和销售模式。这一转型不仅加速了农业的现代化进程，也显著提升了农业的竞争力和农民的收入水平。

第二节　发达国家的农业家庭经营

一、美国家庭农场

美国农业部对农场的定义相对宽泛。根据美国农业部的统计数据，任何年销售额超过1000美元的农产品的地点都可被认定为农场。这些农场的年营业收入规模不一，范围从1000美元至500万美元不等。美国农场的分类依据包括所有权、年营业收入以及主要经营者的主要职业。按年营业收入来分，大型农场年销售额达到或超过100万美元，而中等规模农场的年销售额达到35万美元，低于35万美元的被视为小规模农场。按经营者的主要职业来分，高达97.7%的农场被归类为家庭农场，非家庭农场仅占比为2.3%。

随着时间的推移，美国农场不断向大规模发展。自1935年以来，农场数量从680万个下降到2020年的201万个，其中家庭农场约为196万个。全美农场经营的土地总面积大约为9亿英亩（约合54.6亿亩），自第二次世界大战以来，农场规模平均增加了超过一倍。截至2020年，美国农场的平均规模为448英亩（约合181公顷）。2020年美国不同类型家庭农场的基本情况如表9－1所示。

表 9-1　　2020 年美国不同类型家庭农场的基本情况

规模	数量/万	占农场比例/%	占土地面积比例/%	占产值比例/%	平均土地规模/公顷
小型	179.3	89.2	48.3	20.4	98
中型	11.2	5.6	21.6	20.2	182
大型	5.8	2.9	23.6	46	1 483

资料来源：美国农业部。

在美国，小型家庭农场的类型多样化。其中包括：退休型农场，这些农场虽然继续从事小规模经营，但其主要经营者已退休；离农职业农场，这类农场的主要经营者拥有非农业主要职业；农耕职业农场，在这类农场中，农耕是主要经营者的主要职业。

美国家庭农场倾向于专业化而非多样化，其中约一半的家庭农场专注于生产单一商品。根据家庭农场的规模和类型，它们所生产的农产品也各不相同。例如，大型家庭农场贡献了超过 2/3 的乳制品产量，并生产了超过一半的高价值农作物，如水果和蔬菜。中等规模和小规模家庭农场主导了棉花生产（占 86%）、经济谷物或大豆生产（占 71%）以及养猪业（占 61%）。小型家庭农场和大型家庭农场共同贡献了 69% 的牛肉生产，其中小型家庭农场通常饲养母牛或牛犊，生产 45% 的家禽和蛋产品，而大型家庭农场更可能经营饲养场。

二、日本家庭农场

日本的农业经营特点以小规模家庭农场为主导，国家为了提升国内食品自给率，采取了一系列措施。这些措施包括农地制度改革和农地流转，以及大力培育认定农业者和村落农业经营组织。所谓的认定农业者是指那些对其农业经营改善计划（即五年后的经营目标）进行认定的农业者，他们可以享受低利融资制度、农地流动化措施以及对农业骨干基础设施的支持。而村落农业经营组织则是指地理上相近的农户共同参与农业生产活动，组织农业经营。通过这些政策，日本政府促进了家庭农场的规模化，农地逐渐向这些规模型经营主体集中。

根据日本农林水产省的数据，2020 年日本共有 1076000 个农业经营体，相比于五年前的 1377000 个，减少了 21.9%。其中法人经营体数量为 31000 个，相比五年前增加了 13.3%，显示出农业经营的法人化正在稳步推进。2010～2020 年，全国农业经营体的平均经营耕地面积有显著增长，从 2.2 公顷增加到 3.1 公顷。特别是在北海道和都府县，100 公顷以上的农业经营体数量有所增加。同时，10 公顷以上的农业经营体所占比例也从48.6%增长到了55.3%。

日本农业构造的改革正在加速进行，政府对认定农业者和村落农业经营组织实施了补助政策。面对农业从业者的减少、老龄化以及废弃地增多等挑战，将农地制度从所有权向流转利用转变。为此，政府明确了农地所有者的责任和义务，以确保和扩大农地的流转利用，促进农地规模化经营，加强对废弃耕地的管理。根据日本2030年农业构造展望计划，预计到时农业骨干经营的耕地面积比例将达到80%，农地利用集中化将进一步加速。

第三节　中国的农业家庭经营

一、我国家庭农场现状分析

（一）家庭农场的迅速发展与多样化经营

家庭农场在中国的发展速度显著，特别是在经营土地规模和数量上的增长。农业农村部的数据显示，截至2021年，中国家庭农场的数量达到了约390万个，经营着大约4.7亿亩土地。这些家庭农场的平均经营规模已超过百亩，其中以种植粮食作物为主的家庭农场超过160万个，多种形式的适度规模经营在家庭农场中的占比超过40%。江苏省在家庭农场的发展上创新了多种政策措施，使家庭农场经营形式更加多元化，类型更加丰富，成为推动农业适度规模经营和保障农产品稳定供应的关键力量。截至2020年，江苏省拥有家庭农场17.5万个，省级示范农场达到2290个。而广西从2015年的4210个家庭农场增长至2021年的113585个，展现了显著的增长趋势。

（二）家庭农场经营者的素质提升

随着国家推进高素质农民培育计划的实施，农业生产技术和管理水平在种粮家庭农场主、农民合作社带头人等群体中得到了显著的提升。到2021年，参与该计划的高素质农民已达到71.7万人，其中35岁以下的青年农民约12.9万人。这些高素质农民不仅是新型的职业农民，还成为现代农业领域中的新兴工商企业家，他们的加入为家庭农场注入了新的活力并指引了发展的新方向。此外，政策的支持极大地提升了家庭农场对大学生创新创业的吸引力，越来越多的本地及外地高学历人才投身到家庭农场的经营管理中。

（三）家庭农场的行业结构优化

家庭农场涵盖了农业经营的多个领域，涉及种植业、林业、畜牧业、渔业以及种养结合等多种形式。截至 2021 年 11 月，中国的家庭农场总数达到 161. 7 万个，其中，约有 8 万个家庭农场参与农业生产服务。家庭农场不仅仅存在于传统的农业生产中，还积极推动农业的多功能开发，助力乡村经济的多元化发展，特别是在新兴产业和新型业态的探索方面展现了强劲的发展势头。江苏省的家庭农场则主要集中在种植业、林业、畜牧业、渔业以及种养结合等领域。在这些家庭农场中，种植业所占比例最大，约为总数的一半；与此同时，林业、种养结合、渔业和畜牧业等领域也分别占据一定份额。各地的家庭农场根据其地理优势和资源条件，积极发展符合自身特色的产业，突出主营业务，同时呈现出多元化、差异化的发展态势。

（四）家庭农场的规范化与高质量化成为未来发展的主流方向

近年来，家庭农场的规范化建设与高质量发展受到了各级政府的高度关注和重视。尤其是 2019 年，农业农村部发布了《关于实施家庭农场培育计划的指导意见》，该文件明确提出了家庭农场在多个关键领域的发展要求。指导意见特别强调了家庭农场规模的合理设定、注册登记服务的优化和示范农场建设等重要环节。农业农村部 2021 年 11 月发布的数据显示，截至目前，全国已有 45000 个家庭农场成功注册商标并创立了品牌，且 91000 个家庭农场获得了农产品质量认证。此外，县级及以上的示范家庭农场数量已经超过了 11 万个。这些示范家庭农场在推动创新发展模式和探索有效管理机制方面起到了积极的引领作用，并为更多家庭农场的可持续发展提供了宝贵的经验。

（五）家庭农场的经济效益显著，具备强劲的市场竞争力

家庭农场因规模经营和科技应用而在经济效益上显现出突出优势。以山西省临县为例，2021 年对 50 个家庭农场的调查表明，在过去三年中，这些农场的平均年收入达到 38. 72 万元，远高于一般农户的平均年收入 14. 57 万元。在贵州省贵定县，家庭农场作为改变传统小规模种养殖的关键手段，被大力推广。贵定县采用这种新型经营主体，有效提升了土地的使用效率和农业的集约化、规模化水平。2021 年，该县纳入家庭农场名录管理的 280 个家庭农场总经营收入达到 6793. 52 万元，这一做法为当地村民提供了稳定的收入来源，并促进了他们的经济发展。

二、家庭农场的多元经营模式探析

（一）粮食生产导向模式

在该模式下，家庭农场主要通过与国有粮食收购企业及其他粮食流通企业的紧密合作，采用订单农业的方式来建立稳定的供应关系，从而确保市场销售的连续性与可靠性。这一模式尤其适用于那些具备丰富土地资源但面临劳动力短缺和大规模土地流转的地区，能够有效发挥其地理与资源优势。

（二）家庭农场与合作社协同模式

在当前的经济背景下，实力雄厚、运营规范的合作社为家庭农场提供了理想的合作平台，这种模式有助于优化资源配置并提升农民的经济收益。然而，对于管理水平较低、资源整合能力不足的合作社而言，这种协同方式可能并非最优选择，存在着潜在的管理风险和效益不确定性。

（三）家庭农场与龙头企业协作模式

类似于粮食生产模式，这一模式通常采用订单农业的方式，通过家庭农场与龙头企业之间的合作实现互利共赢。尽管短期内可获得稳定收益，但从长远来看，由于家庭农场与龙头企业之间的市场地位不对等，农民可能面临议价能力较弱的问题，从而影响其长期利益。

（四）家庭农场与市场直接对接模式

此模式代表了一种较为松散的合作形式，家庭农场直接面对市场，享有较高的经营灵活性，能够迅速适应市场需求的变化。然而，灵活性的代价是家庭农场需要承担更高的市场风险，这对于资金和管理能力较为薄弱的农场而言，可能带来不小的挑战。因此，建议家庭农场在具备一定基础的情况下，逐步向其他更为稳定的经营模式过渡。

（五）综合合作模式：家庭农场、合作社与龙头企业的协同发展

该模式通过整合龙头企业的市场运作优势、合作社的组织优势以及家庭农场的生产能力，形成了一个多方共赢的合作框架。特别是在合作社的能力较弱或缺乏深

加工能力的情况下，家庭农场能够通过这一模式获得更为有效的组织支持，形成“产、加、销”一体化的产业链，提升其市场竞争力。目前，这种模式在许多地区已广泛应用，成为推动农业现代化的重要路径。

第四节　农业规模经营

农业规模经营指的是农业生产活动由小规模、分散的经营方式转向大规模、集中的管理模式[①]。这种经营模式强调效率提升、成本控制和产出最大化，通过整合资源和优化管理来实现更高的农业生产效率和经济效益。以下是关于农业规模经营的几个关键点：

1. 资源整合与集中利用是农业规模经营的核心组成部分，它涉及将分散的农业资源进行有效的合并和优化，以提高整体的农业生产效率和经济效益。在这个过程中，以下几个方面至关重要：一是土地资源的合理配置。在农业规模经营中，通过合并小块散乱的农田，可以形成较大的连片耕地。这不仅提升了土地的利用效率，还有利于实现更加科学和高效的土地管理。大面积的连片耕作有助于统一施肥、灌溉和病虫害防治，从而降低成本并提高产量。二是劳动力集中与效率提升。规模经营允许更有效地集中劳动力，实现劳动分工和专业化。在大规模的农业操作中，劳动力可以被分配到最需要的环节，提升工作效率。此外，通过培训和专业化教育，农场工人能够更熟练地操作先进机械和技术，从而进一步提高生产效率。三是资本的集中使用与投资效率。在规模化经营中，资本可以集中投入关键的农业基础设施和先进技术。这样的集中投资有助于采购高效的农业机械、建立现代化的储存和处理设施，以及投资于农业科技创新。集中的资本投入有助于降低长期运营成本，提高农产品的市场竞争力。四是技术资源的高效利用。规模化农业生产使得先进技术的应用更加可行和经济。例如，精准农业技术、自动化灌溉系统和智能化农业管理软件在大规模应用时更能体现其效益。这些技术的应用不仅改善了作物的生长条件，提升了作物产量，还有助于实现资源的可持续使用。五是环境影响的优化管理。大规模农业经营还提供了更好的机会来监管农业生产对环境的影响。通过集中管理，可以更有效地实施环保措施，如合理的水资源管理和减少农药和化肥的过度使用。总之，资源整合与集中利用在农业规模经营中发挥着至关重要的作用，不

---

① 黄宗智．中国的新型小农经济［M］．桂林：广西师范大学出版社，2020.

仅提高了土地和劳动力的利用效率，还增强了资本和技术资源的投入效果，为现代农业的可持续发展奠定了基础。

2. 技术和管理创新是规模经营中不可或缺的一环，它涉及在农业生产和管理过程中引入和应用前沿技术和先进管理理念。这些创新不仅提高了农业生产的效率和质量，也增强了农业企业在市场中的竞争力。以下是这一领域的几个关键方面：一是精准农业的应用。精准农业利用信息技术和地理信息系统（GIS）来监控和管理农田。这包括使用卫星定位系统（GPS）和遥感技术来精确分析土壤条件、作物生长状况和环境因素，从而实现精确施肥、播种、灌溉和病虫害控制。通过这种方式，可以最大限度地提高输入产出比，同时减少对环境的负面影响。二是智能灌溉系统。智能灌溉技术通过使用传感器来监测土壤湿度和作物需水量，自动调节灌溉系统。这不仅提高了水资源的使用效率，还有助于提升作物的生长质量和产量。三是数据驱动的作物管理。在规模经营中，收集和分析大量关于作物生长、天气条件和市场需求的数据变得至关重要。通过使用先进的数据分析工具和机器学习算法，农业经营者可以更精确地预测作物生长趋势和市场需求，从而做出更为明智的种植和销售决策。四是供应链管理的革新。在规模化农业中，有效的供应链管理是确保产品从田间到消费者手中顺利流通的关键。这包括物流优化、库存管理、质量控制和市场分布。通过采用数字化工具和软件，可以实现供应链的透明化和效率化。

3. 提升生产效率和降低成本是农业规模经营的关键目标之一，它涉及一系列的策略和实践，用以提高农业生产的经济效益和可持续性。以下是实现这一目标的几个关键方面：一是规模效应的利用。在大规模经营中，由于生产规模的扩大，单位生产成本显著降低。这种规模效应主要体现在固定成本分摊、采购成本降低和生产效率提升上。例如，大型农业机械的使用能够在更短的时间内处理更多的土地，从而降低了人工成本和时间成本。二是提高劳动生产率。通过使用先进的农业技术和机械化设备，规模化农业可以显著提高劳动生产率。机械化作业减少了对人力的依赖，同时提高了作业的速度和质量，这直接导致了生产效率的提升。三是减少浪费和提高产出。规模经营有助于减少农业生产过程中的浪费。例如，通过改进的收获技术和后期处理流程，可以减少作物在收获和运输过程中的损失，提高农产品的整体质量和产量。四是市场响应能力提升。规模化经营还使得农业生产者能够更快速有效地响应市场变化。通过集中的信息系统和市场分析，农场管理者能够及时调整作物种植结构和生产策略，以适应市场需求的变化。综上所述，通过提升生产效率和降低成本，农业规模经营不仅优化了农业生产过程，还提高了农业的整体经济效益和可持续性。

4. 市场导向和专业化生产是规模化农业经营的重要特征，它们在提高农业生产效率和增强市场竞争力方面扮演着关键角色。这一领域的几个关键方面：一是市场需求的深入理解。在规模经营中，对市场需求的准确把握至关重要。这意味着农业生产者需要持续关注市场趋势、消费者偏好、价格波动等因素。通过对市场的深入分析，可以确保生产的农产品能够满足市场的实际需求，从而提高销售成功率。二是专业化生产的实施。专业化生产指的是集中资源和努力于某一种或几种特定类型的农产品。这种专注使得农业生产者能够更深入地理解和掌握特定作物的生长条件、管理方法和市场需求，从而提高生产效率和产品质量。三是质量控制和标准化。专业化生产还伴随着严格的质量控制和产品标准化。通过在整个生产过程中实施统一的质量标准和监控系统，可以确保产品质量的一致性和可靠性，这对于提升消费者信任和市场接受度至关重要。四是市场适应性和灵活性。虽然专业化生产意味着专注于特定的产品线，但这并不妨碍农业生产者根据市场需求的变化进行适时调整。市场导向的专业化生产策略需要灵活性，以应对市场的不断变化。五是提升品牌影响力。通过专业化生产，农业生产者可以建立和强化特定产品的品牌形象。一个强大的品牌能够提高产品的市场认知度和消费者忠诚度，从而增强市场竞争力。综上所述，市场导向和专业化生产在规模化农业经营中发挥着重要作用，不仅有助于确保生产与市场需求的匹配，还能提高产品质量、增强品牌影响力，并最终提升农业生产的市场竞争力。

本章小结

农业家庭经营是农业微观组织核心。农业家庭经营是指农民家庭作为一个独立或相对独立的单位参与经济活动。在明晰农业家庭经营内涵的基础上分析了现代农业家庭经营商品化、企业化与专业化的特征。各国农业发展的历史经验都验证了家庭经营是微观组织形式中最基本与最重要的组织形式。本章首先分析了美国和日本等发达国家农业家庭经营特征。然后分析中国家庭农场的现状以及经营模式，包括粮食生产导向模式、家庭农场与合作社的融合模式、家庭农场与龙头企业的联动模式、家庭农场与市场的直接结合模式和综合型模式。中国实行的农业家庭经营对推动农业和农村经济发展作出了重要贡献。

本章参考文献

［1］朱颂．中国农民土地财产权实现研究［M］．南京：南京大学出版社，2020.

［2］王国敏．中国特色农业现代化道路的实现模式研究［M］．四川：四川大学出版社，2013.

［3］范一丁．古代契约法的“礼法”形态论［M］．北京：中国政法大学出版社，2022.

［4］刘守英．土地制度与中国发展［M］．北京：中国人民大学出版社，2021.

［5］黄宗智．中国的新型小农经济［M］．桂林：广西师范大学出版社，2020.

第十章　农业合作经济

学习目标

1. 了解合作思想的产生与发展
2. 掌握合作社的基本原则与运行机制
3. 了解中国合作社的发展历程

第一节　合作思想的产生与发展

一、合作经济思想的起源

19 世纪的欧洲，资本主义体制在机器化大生产的推动下迅速崛起，社会生产力显著提升，财富累积达到前所未有的规模①。然而，在这经济繁荣的背后，却伴随着劳动阶层生存状况的日益恶化。工人、农民和手工艺者在资本主义制度下备受剥削，与新兴的经济体系之间形成了尖锐的矛盾与对立。在这样的社会背景下，圣西门、傅立叶和欧文等空想社会主义思想家，对资本主义的弊端进行了深刻剖析与批判。他们构想出一个理想社会，在这个社会中，剥削与贫困不复存在，人们依靠协作劳动实现平等与和谐的生活。其中，合作社被视为这一理想社会的核心制度架构。因此，合作经济思想的雏形，在空想社会主义的理论框架中孕育而生。

空想社会主义者提出发展合作社作为改革资本主义制度的策略，他们倾向于寻

① 孔智祥，马九杰. 农业经济学［M］. 北京：中国人民大学出版社，2023.

求统治阶级的支持，反对阶级斗争和暴力革命的途径①。然而，作为科学社会主义的创始人，马克思和恩格斯对空想社会主义者，特别是欧文提出的合作社构想和实践，虽然给予了肯定的评价，但也明确指出了其内在的局限性。马克思和恩格斯认为，空想社会主义者未能深入理解资本主义社会的根本矛盾，他们对社会发展的客观规律缺乏深刻的认识，且没有提出科学的社会改革方法。尽管空想社会主义者的理想充满崇高的追求，但由于缺乏切实可行的实践路径，他们的社会实验最终无法成功实现。

欧文的合作社实验虽然最终未能实现预期目标，但其在社会上所产生的深远影响不可忽视。该实验为后人提供了诸多宝贵的经验和教训，特别是在合作社如何实现可持续发展方面。一方面，欧文的尝试表明，合作社的成功不仅依赖于外部的支持与资源，更重要的是要充分调动成员的内在动力，增强其自我管理和自我发展的能力。另一方面，成功的合作社必须紧密契合当时的社会经济环境，考虑到外部条件的变化与制约，同时在实践中始终关注成员的具体利益和实际需求，确保合作社的运作能够真实改善成员的生活质量。欧文实验中的这些经验教训，对于后续合作社运动的理论发展和实践探索，具有极其重要的启示意义，促使后来的合作社运动更注重成员的自主性、环境适应性和利益平衡。

二、合作社原则及其演变

世界公认的第一个成功的合作社——罗奇代尔公平先锋社，于 1844 年在英国兰开夏郡成立。这一合作社由 28 名纺织工人共同创立，起初的股份设置为每股 1 英镑，且每位成员必须购买股份，但对股份的持有数量并无限制。在投票决策过程中，实行的是“一人一票”的原则。罗奇代尔公平先锋社的主营业务包括供应蜡烛、火柴、奶酪等基本生活用品，业务起初设在一间地下室中，每天营业时间为两小时。该合作社的特色在于根据社员的交易量返还盈利。到了 20 世纪初，这个合作社不仅拥有了连锁商店，还拥有自己的加工厂。

与罗奇代尔公平先锋社同时产生的是最早的一套合作社原则，即著名的“罗奇代尔原则”②。这些原则包括：一是自愿加入，确保任何成员均能自由参与。二是实施“一人一票”的民主决策机制，确保每个成员的声音都能得到平等的表达。三

① 蒲国良. 社会主义思想［M］. 北京：北京师范大学出版社，2022.

② 孔智祥，马九杰. 农业经济学［M］. 北京：中国人民大学出版社，2023.

是强调合作社内部实行现金交易，保持金融透明；商品定价则遵循市场价格，确保公平交易。四是要求对商品的介绍必须真实，以维护成员和消费者的信任；盈利分配则依据各成员的实际交易量，体现公平性。五是合作社高度重视成员的教育与培养，推动其不断进步。六是在政治和宗教问题上，合作社保持中立，避免任何形式的偏向。这些原则的提出，为合作社运动奠定了制度保障，并推动了这一社会组织形式的广泛传播与发展。1895 年 8 月 19 日，国际合作社联盟在英国伦敦成立，至今已在全球超过 100 个国家设立了 200 多个会员组织，成为全球历史最悠久且规模最大的非政府组织之一。

进入 20 世纪以来，合作社的影响力已遍及全球五大洲，覆盖 160 多个国家和地区，其业务范围广泛，涉及农业、工业、流通、金融、保险、医疗、交通、能源、运输以及科教文化等诸多重要社会经济领域。合作社不仅满足人们日常生活的基本需求，还在应对生老病死等民生重大课题上提供系统化的解决方案。从生产的起点到消费的终端，从个人生命的开始到终结，合作社的服务几乎渗透社会的各个层面，并始终发挥着重要作用。随着时间的推移，国际合作社联盟（ICA）对合作社原则进行不断调整与发展。最早的罗奇代尔原则经过多次修订，分别于 1921 年、1937 年、1966 年和 1995 年提出新的版本。尽管这些原则在不同历史阶段有所演变，但合作社的三大核心原则始终未曾改变，即民主控制原则、资本报酬有限原则、按惠顾额分配盈余原则。正是这三大原则，为合作社运动的长期发展奠定了坚实的理论与实践基础，确保了其在全球范围内的广泛适用性和持续稳定性。

第二节　农业合作社的基本原则与运行机制

农业合作社显著的特征之一是成员对合作社的所有权、控制权与受益权。这一模式，普遍被界定为"民办、民管、民受益"，深刻地映射了其与传统企业治理结构的根本区别①。《农民专业合作社法》中进一步明确阐述了这一原则，指出合作社以服务其成员为根本宗旨，旨在追求成员的共同利益；同时，成员入社自愿、退出自由，享有平等的地位，并实行民主管理方式。这种结构的核心在于成员与合作社之间的交易额比例，直接决定了盈余的分配。

① 朱道华．农业经济学［M］．北京：中国农业出版社，2009

（一）民办—社员所有

合作社作为一种特殊类型的企业，其独特性在于所有权与使用权合一，即合作社的所有者与服务的使用者均为社员。在《农民专业合作社法》中，对于成员的组成进行了详尽的规定，确保农民至少占成员总数的80%。对于成员总数不超过二十人的合作社，允许有一个非农民成员；而对于超过二十人的合作社，非农民成员的比例不得超过5%。这一规定确保了合作社的本质不被弱化，农民在这里既是合作社的所有者，也是其服务的受益者。

作为服务的使用者，社员从合作社购买农业生产资料、获得贷款和信息、享受农业技术服务时通常能享受优惠价格，同时也能以较有利的条件销售自己的农产品，增强市场竞争力。作为所有者，社员可以以多种方式投资合作社，如购买股金、缴纳会费，或者通过与合作社的交易返还间接投资，如将交易返还金的一部分再投入合作社。

此外，合作社的经营目标与传统企业存在显著差异。传统企业的核心追求通常是效益最大化，而这一目标的实现往往侧重于经济利益的积累，且公共责任主要由政府承担。相对而言，合作社不仅着眼于满足其成员的经济需求，还在较大程度上关注社员的社会和文化福祉，并且致力于推动所在社区的可持续发展。实际上，合作社在某种程度上承担了部分政府职能，尤其是在社会服务领域。因此，许多国家通过提供税收减免等优惠政策，以肯定合作社的社会价值，同时凸显其与传统企业（无论是由资本还是政府主导）之间的根本差异。例如，在美国，鉴于农业合作社的非营利性质，其收入通常按单一税制进行征税，这样的税制设计旨在支持合作社的社会使命。而在中国，根据《农民专业合作社法》规定，国家通过财政支持、税收减免等措施积极推动合作社发展，并鼓励各类社会组织为合作社提供必要的帮助和服务，从而促进其长期稳定成长。

（二）民管—社员控制

合作社的治理模式主要以社员控制为基础，其中一个核心特征是实施民主控制原则。普遍的做法是在基层合作社层面执行“一人一票”的投票制度，区别于传统股份制企业的“一股一票”规则。这种做法在一定程度上避免了权力的过度集中。然而，存在一种观点认为，投票权应与社员对合作社的经济贡献成比例，类似于利润分配的方式，即交易额越大，决策权越重。这种观点认为“一人一票”可能导致决策的不合理性和风险分担的不平等。为了平衡这一点，有提议在“一人一票”的基础上增加基于交易额的附加投票权，但设置上限。实际上，少数合作社已经采用这种按交易额分配投票权的制度。这种制度暗示着一个理论观点，社员的经济利益和承担的风险并不相等，因此他们的投票权也应有所区分。

《农民专业合作社法》在此方面提供了明确的规定，指出合作社成员大会应实行“一人一票”制，同时允许出资额或交易量较大的成员享有附加表决权。然而，附加表决权的总票数不能超过成员基本表决权总票数的20%。这样的规定旨在确保决策权不被经济实力较强的少数社员所垄断，同时允许根据贡献程度进行一定程度的权力分配。

在改善合作社的治理结构时，应区分治理（即控制决策权）和管理（即经营决策权）两个概念。社员通过大会或代表大会民主选举理事会和监事会来行使治理权，而由聘请的专业经理人负责日常的经营决策权，领导专职团队（如销售、生产、财务等）。例如，在农产品销售合作社中，社员大会或代表大会是最高权力机构，负责选举理事会和监事会。合作社章程明确规定了社员大会及其他机构的责任。例如，重大投资决策、合并决定通常由社员大会或理事会决定。理事会的职责不仅包括参与制定合作社的投资方向和发展战略，还负责处理一系列与社员直接相关的事务，如产品质量认定、社员款项支付、交售规则和年终利润分配方案等。这些都属于治理范畴。与此相对，管理部门则负责日常经营，如生产决策、员工工资确定、市场需求分析、销售策略选择和价格谈判等，这些属于管理范畴。

（三）民受益—社员受益

社员参与合作社的初衷并非仅在于增加自己的股本价值或最大化投资回报，而更多在于通过合作社获得所需的服务。与传统的股份制企业以资本为核心不同，合作社将“交易额”（实际上反映了社员对合作社活动的参与度及对服务的利用程度）视为其核心要素。这种以交易额为核心的特性，使合作社成为一种以人为本的组织形式。交易额不仅是社员加入合作社的关键条件，也是评估合作社生存和效能的主要指标。高交易额表明社员对合作社的依赖程度高，反映出合作社的重要性；低交易额或无交易额则可能意味着社员通过其他方式满足需求，从而减少了合作社的必要性。

在合作社体系内，社员通过多种方式对合作社作出贡献，包括但不限于购置生产资料、农产品销售、获取贷款或直接参与合作社的工作。这些活动使得服务提供与贡献在合作社与其成员之间的互动中实现了融合。随着社员对合作社服务利用程度的增加，其对合作社的贡献相应提升，从而合理地获得更多的盈余分配权。合作社的顺利运作依托于社员作为合作伙伴及客户的双重角色。在竞争激烈的市场中，建立并维护稳定的业务关系显得尤为重要。因此，交易量不仅是评估社员对合作社贡献的关键指标，也是连接“贡献”与“回报”的核心机制，这对于合作社增强市场份额和提高竞争力具有至关重要的作用。

《农民专业合作社法》中的第四十三条和第四十四条详细说明了实施“民受益”原则的具体措施。合作社应为每位成员建立个人账户，记录其投资额、公积金份额及与合作社的交易总额。年度盈余在弥补亏损、提取公积金后，转化为可分配的盈余。这一部分盈余主要依据社员与合作社的交易总额比例进行分配，分配总额不应低于可分配盈余的60%。其余部分根据社员账户中的投资额、公积金份额以及合作社获得的国家财政补助和捐赠等构成的财产按比例分配。此种分配机制旨在确保所有社员都能从合作社运营中受益，同时彰显合作社服务社员为核心的运营哲学。

第三节　中国农业合作社的发展

一、中华人民共和国成立前：早期合作社思想和实践

在研究中华人民共和国成立前合作社的历史发展时，不可忽视的是薛仙舟，他被广泛认为是“中国合作运动的鼻祖”①。薛仙舟曾赴美国、德国和英国留学，深入研究并吸收了西方的合作社改革思想。在1910年返回中国后，薛仙舟担任复旦公学的教授，并以讲座为平台，积极推广合作经济理论，为中国培养了大批合作经济专业人才。1919年，他在上海复旦大学创立了上海国民合作储蓄银行，标志着中国信用合作社的诞生。

北京大学于1918年成立的消费公社，被认为是中国最初的合作社之一②。20世纪20年代，晏阳初在河北定县开展了合作社实验，梁漱溟也在邹平进行了相似的实验。到了1931年，国民党政府正式颁布了《农村合作事业暂行规程》，后于1934年发布《中华民国合作社法》。到1949年2月，中国已经拥有约17万个合作社和2450万社员。

二、1952～1957年：农业合作化运动

从1952年至1957年，中国的农业合作化运动经历了多阶段的关键发展。特别

---

① 邹进文．近代中国经济学的发展［M］．北京：中国人民大学出版社，2016.

② 高放．社会主义运动［M］．北京：北京师范大学出版社，2022.

是 1952 年底至 1953 年底，这一时期被视为农业互助组的初步发展阶段，也是中国农民合作经济组织的初创期。1951 年 12 月，中共中央发布了《中共中央关于农业生产互助合作的决议（草案）》，为农业合作化的进一步推进提供了理论依据与政策保障。紧接着，1953 年底至 1955 年上半年，农业合作化进入了初级生产合作社的成长阶段。这一阶段的核心事件之一是 1953 年 12 月中共中央出台的《中共中央关于发展农业生产合作社的决议》，该文件为促进初级合作社的发展与规范化提供了重要的政策框架与实践指南。接下来，1955 年下半年至 1956 年底，农业合作化逐渐向高级生产合作社阶段过渡，标志着合作化的深入发展。据统计，到 1957 年底，全国范围内高级生产合作社数量达到了 75.3 万个，所覆盖的农户比例超过 96%。这一时期不仅展示了中国农业合作化运动的高峰期，还呈现出明显的规模化与制度化趋势，成为中国农业集体化历程中的重要里程碑。

三、1958～1978 年：人民公社时期

在 1958 年至 1978 年的人民公社时期，特别需要关注的是中共中央在 1958 年 8 月召开的政治局扩大会议上通过的《中共中央关于在农村建立人民公社问题的决议》。这一决议对于中国农业生产合作社体系的深刻影响不可忽视，它标志着全国范围内农业合作社体制的根本性转变。在不到三个月的时间里，全国范围内超过 74 万个农业生产合作社被重新整合为约 2.6 万个人民公社，涉及的农户数量约为 1.2 亿户，几乎覆盖了全国 99% 以上的农民家庭。这一大规模的组织调整不仅导致农村经济格局的剧烈变化，而且对社会生活的方方面面也带来了深远的影响，进而引发了一系列社会与经济层面的广泛变动。从 1962 年开始，随着相关政策的不断调整和完善，人民公社体制逐步发展形成了以生产队为基础的三级所有制结构（即公社、大队和生产队的所有制体系），这一体制持续存在至 20 世纪 80 年代初期的农村改革阶段，直至改革的深入推动。

四、1979～2006 年：新型农业合作经济组织探索时期

从 1979 年至 2006 年，正是中国农业合作经济组织发展探索的关键时期。在这一阶段，伴随着人民公社体制的逐步解体及农村家庭联产承包责任制的广泛实施，农村经济的结构发生了深刻而广泛的变化。与此同时，农村商品经济逐步发展壮大，为新型农业合作经济组织的形成和壮大提供了有利的社会和经济条件。在这一

背景下，具备双层经营模式的社区合作经济组织逐步崭露头角，尤其是在 20 世纪 80 年代末期，在党的十四大明确社会主义市场经济体制后，中国的农村地区涌现出大批基于自愿互利原则的农民专业合作社以及专业协会等新型农业合作经济组织形式。根据农业农村部（原农业部）的数据，到 2005 年，中国的农民专业合作组织已经突破 15 万家，服务成员达 2363 万人，约占全国农户总数的 9.8%。加入这些合作经济组织的农民，通过合作社等形式，不仅提升了经济效益，也获得了显著的经济回报。具体来说，合作社成员通过盈余分配和股金分红，平均每人可获得约 400 元的返还，且成员的平均增收约为 500 元。这些数据表明，新的农业合作经济组织在促进农民收入提升和推动农村经济发展方面，发挥了至关重要的作用，并成为推动中国农业现代化和农村经济振兴的重要力量。

五、2007～2016 年：农民专业合作社大发展时期

2007 年至 2016 年，中国的农民专业合作社经历了显著的增长与发展。这一发展进程的起点可追溯至 2006 年 10 月 31 日第十届全国人民代表大会常务委员会通过的《农民专业合作社法》。该法案于 2007 年 7 月 1 日正式生效，成为推动这一领域变革的法律基础。作为一部具有里程碑意义的法律，《农民专业合作社法》不仅为中国农民专业合作社的发展奠定了法律框架，还为其市场主体地位提供了明确的法律保障，并对合作社的组织形式、运作规则等方面作出了详尽的规定。该法律的出台，使得农民专业合作社在结构设计和管理运营上得以规范化，进一步促进了其在全国范围内的健康成长，并为其未来的可持续发展提供了强有力的法律支持。因此，这一时期的农民专业合作社，能够在更加清晰的发展路径与法律保障下，实现了蓬勃的扩展。

根据农业农村部发布的统计数据，截至 2016 年 12 月 31 日，全国登记注册的农民专业合作社总数已达到 179.4 万家，相较于前一年增长了 17%。这一增长趋势不仅凸显了《农民专业合作社法》实施所产生的深远影响，还反映了农民对加入合作社的积极态度和浓厚兴趣。此外，该时期的发展也充分展示了农民专业合作社在推动农业现代化、提升农业竞争力以及增加农民收入方面的关键作用。通过合作社的集体组织形式，农民能够更加高效地共享生产资源、技术支持以及市场信息，进而促进整体生产效益的提升和市场竞争力的增强。农民专业合作社的迅速发展，已经成为推动中国农业与农村经济可持续发展的重要力量。

六、2017 年以后：合作社规范和联合发展时期

2017 年，中国农民合作社的发展进入了一个新的阶段，特别是在全国农民合作社发展部际联席会议上，这一年度的第五次全体会议在北京召开。该会议重点强调了对农民合作社的规范化和提质工作的重要性。参会者们集中讨论了如何落实农业农村部等九部门发布的《关于引导和促进农民合作社规范发展的意见》。这一指导文件强调了标本兼治的方法，以推进合作社的规范化建设，同时促进农民多种形式的联合与合作。

另外，2017 年 12 月 27 日，经过修订的《中华人民共和国农民专业合作社法》正式颁布，该法律的更新对于规范农民专业合作社的组织行为作出了关键性的补充与完善。修订版法律明确规定，若农民专业合作社连续两年未进行经营活动，其营业执照将被撤销。此外，合作社必须依照国家相关规定向登记机关提交年度报告，并向公众公开。新法新增了一章关于“农民专业合作社联合社”，对联合社的成员资格、注册登记、组织结构及其治理机制等做了详尽规定。根据新法，三个或以上的农民专业合作社可以基于自愿原则，共同出资成立农民专业合作社联合社，旨在通过合作社之间的联结提升农民集体经济力量，增强市场竞争力。联合社作为一种新的组织形式，有助于扩大合作社的资源共享与优势互补，促进农业生产的规模化、现代化和产业化发展。在成员资格方面，联合社的成员不仅包括各个农民专业合作社，还可以吸纳其他符合条件的经济组织加入，每个成员享有平等的权利与义务，并需要按照联合社章程进行注册登记，确保成员组成合理，组织管理透明，避免争议或利益冲突。在组织结构方面，联合社需要设立明确的管理层，并规定各层级的职能和责任，以确保运行高效。治理机制则要求建立健全的决策、监督和执行机制，保证决策的科学性与透明度，同时加强对成员权益的保护。通过这种组织形式，新法期望促进农民合作社之间的紧密合作，提升农民的市场议价能力，减少中间环节，提高收入水平。此外，联合社还可利用集体力量开展农业技术推广、产品营销、信息共享等服务，进一步推动农村经济的可持续发展和农民生活水平的提升。

到了 2022 年，《农业农村部关于实施新型农业经营主体提升行动的通知》进一步强调了建立农民合作社规范管理的长效机制的必要性。这包含了章程制度的完善、组织机构的健全、利益分配的规范化以及登记管理的加强。这些措施的目的在于提升农民合作社的整体运作效率和透明度，确保其在推动农业现代化和提高农村

经济效益方面发挥更大作用。这些政策和法律的更新，不仅反映了中国政府对农民合作社作为农业发展关键角色的认可与支持，也指导着农民合作社朝着更规范、高效的方向发展。

本章小结

农业合作经济思想起源于19世纪欧洲空想社会主义，而罗奇代尔公平先锋社确立的合作社原则经多次修订，形成“民主控制、资本报酬有限、按惠顾额分配盈余”三大核心准则，奠定合作社运动的理论基础。农业合作社的显著特征为“民办、民管、民受益”，中国《农民专业合作社法》明确农民成员占比不低于80%，且60%以上盈余按交易额返还，凸显服务导向与公平性。中国合作社发展历经早期探索、集体化运动、改革开放后新型合作组织萌芽、法治化扩张及规范化升级五个阶段，表现出政策引导与农民主体性提升的双重逻辑。作为联结农民与市场的关键载体，农业合作社在坚守民主原则、强化服务功能的基础上，通过治理优化与联合发展提升效益，为农业生产提供可持续动力。

本章参考文献

[1] 孔智祥，马九杰. 农业经济学 [M]. 北京：中国人民大学出版社，2023.

[2] 蒲国良. 社会主义思想 [M]. 北京：北京师范大学出版社，2022.

[3] 张永兵. 农民专业合作社财产制度研究 [M]. 武汉：武汉大学出版社，2017.

[4] 朱道华. 农业经济学 [M]. 北京：中国农业出版社，2009.

[5] 邹进文. 近代中国经济学的发展 [M]. 北京：中国人民大学出版社，2016.

[6] 高放. 社会主义运动 [M]. 北京：北京师范大学出版社，2022.

第十一章　农业社会化服务

学习目标

1. 掌握农业社会化服务的内涵及动力机制
2. 了解中国农业社会化服务体系与国外农业社会化服务体系

第一节　农业社会化服务的内涵及动力机制

一、农业社会化服务的内涵

农业社会化服务是在家庭承包经营的基础上，为农业产前、产中、产后各个环节提供服务的各类机构和个人所形成的体系。农业社会化服务涉及的内容十分广泛，我国学者从不同视角对农业社会化服务的概念进行了界定，认为其产生和发展源于技术上的可分性，是各类市场化服务主体围绕农业生产作业链条，根据农业生产的产前、产中、产后需要所提供的各类经营性服务，主要包括物资供给、生产服务、技术支持、信息咨询、金融信贷、保险保障以及农产品的包装、运输、加工、储存、销售等方面。农业社会化服务有两个基本含义：一是农业生产服务的社会化。作为社会经济再生产的基本环节，农业的再生产过程不是由个别农业生产经营者完成的，而是依赖于其他产业部门的服务活动。二是组织的系统性。各产业部门依据其服务内容和服务方式，构建相应的组织载体，围绕农业再生产的各个环节，形成有机结合、互相补充的组织体系，为农业提供综合配套的服务，实现科学高效的农业生产经营活动①，旨

① 孔祥智．中国农业社会化服务：基于供给和需求的研究［M］．北京：中国人民大学出版社，2009.

在提高农民的生产效率、经济收入和社会福利，促进农业的可持续发展和农村地区的繁荣。其内涵包括以下几个方面：

1. 技术推广和培训。农业社会化服务机构通过组织农业技术工作人员，向农民提供最新的农业、种植和养殖技术等方面技术的培训和指导。这有助于农民学习和掌握先进的农业生产技术，提高农业生产效率和农产品质量。

2. 市场信息和营销支持。农业社会化服务机构通过收集和提供农产品市场信息、价格预测、销售渠道等方面的支持，帮助农民制定农产品的生产和销售策略。这有助于农民更好地了解市场需求，提高农产品的竞争力和销售价格。

3. 农业金融和保险服务。农业社会化服务机构提供农业贷款、信用担保和保险服务，帮助农民解决资金短缺和风险管理的问题。这有助于农民扩大生产规模、改善生产条件，并降低农业生产风险。

4. 农业合作社和农民组织。农业社会化服务机构支持和促进农业合作社和农民组织的构建，通过资源整合和集体经营，提高农民的市场议价能力和农产品市场竞争力。这些组织可以为农民提供技术支持、市场渠道和经营管理等方面的帮助，增加农民的收入和福利。

5. 农村基础设施建设。农业社会化服务机构通过投资建设农田水利、道路交通、电力供应等农村基础设施，改善农村地区的生活生产条件和环境。这有助于提高农业生产的效率和质量，同时提供良好的生活条件和公共服务，促进农村地区的发展。

农业社会化服务的内涵涵盖农业生产的各个方面，旨在提供全方位的支持和帮助，促进农业的可持续发展和农村地区的繁荣。它需要政府、非营利组织、农业企业和农民等多方合作，形成一个整体的支持系统。

二、农业社会化服务的动力机制

农业社会化服务的动力机制是指推动农业社会化服务发展和运行的各种因素。这些动力机制可以包括政策支持、市场需求、科技创新、社会组织和农民主体等多个方面。

1. 政策支持。政府部门通过出台各种政策和措施，支持和促进农业社会化服务的发展。其包括财政补贴、税收优惠、土地政策、金融支持等方面的政策措施，从而激励社会组织和机构参与农业社会化服务，并提供相应的支持和服务。

2. 市场需求。市场对农产品的需求和消费趋势，对农业社会化服务的发展起到重要的推动作用。随着消费者对食品安全、环境友好和品质要求的提高，农业社会化服务可以提供优质、安全和可追溯的农产品，满足市场需求。

3. 科技创新。农业科技创新对农业社会化服务的发展有着重要的推动作用。新的农业技术、种植方式、养殖技术等的推广和应用，可以提高农业生产的效率和品质，增加农民的收入和福利，促进农业社会化服务机构的发展和能力提升。

4. 社会组织和农民主体。社会组织和农民主体的积极参与和需求推动是农业社会化服务发展的重要动力。社会组织可以通过整合资源、提供培训和技术支持、组织合作等方式，为农民提供更好的服务和支持。农民主体的需求和参与也可以促使农业社会化服务机构不断提升服务质量和效果。

5. 合作与共赢。农业社会化服务的发展需要政府、社会组织、农业企业和农民等不同主体之间的合作与协调，从而形成互利共赢的关系，推动农业社会化服务的发展和可持续运行。

前述动力机制相互作用，共同推动农业社会化服务的发展。政策支持和市场需求为农业社会化服务提供了保障和市场基础，科技创新和社会组织的参与提供了技术和组织支持，而农民主体的需求和参与则是农业社会化服务发展的重要动力之一。

第二节　中国的农业社会化服务体系

改革开放以来，中国高度重视农业社会化服务体系建设，并将其作为稳定和完善农村基本经营制度、深化农村改革的一项重要任务。早在20世纪80年代，就将“发展农业社会化服务，促进农村商品生产发展”作为农村第二步改革的突破口。进入20世纪90年代后，明确提出要“建立健全农业社会化服务体系”，并将农业社会化服务提到与稳定家庭承包经营同等重要的高度。随着相关政策不断健全和完善，农业社会化服务体系建设取得了快速发展①。

在农村基本经营制度稳定发展、巩固提升和创新完善的同时，中国农业社会化服务的战略地位也发生了一系列重要转变。农业社会化服务体系的构成维度也随之呈现出不同的政策演变特征：服务内容从整个产业链向以生产性服务为重点；将服务主体从村集体扩大到多元化的市场主体；服务对象从各类经营主体向小农户倾

① 孔祥智，毛飞．中国农村改革之路［M］．北京：中国人民大学出版社，2014.

斜；服务形式已从多样化转变为集中农业生产托管。基于中国农业社会化服务的发展历程和农业现代化的实践经验，结合农业全面转型升级和乡村全面振兴的要求，“十四五”时期中国农业社会化服务体系构建将在服务内容、服务主体、服务对象和服务形式等方面呈现出高质量发展趋势①。

综上所述，中国的农业社会化服务体系是指由各级政府、农业社会化服务机构、农民专业合作社、农业企业等组成的，为农业生产提供全方位支持和服务的体系。其主要特点为：

1. 政府主导。中国的农业社会化服务体系由政府主导，通过制定政策、提供资金支持、组织培训等方式促进农业社会化服务的发展。政府在推广农业技术、发展农业产业化、推进农村信息化等方面发挥着重要作用。

2. 农业社会化服务机构。农业社会化服务机构是农业社会化服务体系的重要组成部分，包括农业技术推广中心、农业科研院所、农业科技示范园等。这些机构通过提供技术咨询、培训、示范等方式，为农民提供农业生产的支持和指导。

3. 农民专业合作社。农民专业合作社是农业社会化服务体系的重要组成部分，是农民自发组织起来，共同经营农田和农业生产的组织形式。农民专业合作社通过集体经济和规模化经营，提高农业生产效率和农产品质量，同时也能够获得更多的农业社会化服务支持。

4. 农业企业。农业企业在农业社会化服务体系中扮演着重要角色，它们通过投入资金和技术，提供农业生产所需的种子、肥料、农药等生产资料，同时也提供市场信息、销售渠道等支持。

5. 农村信息化建设。农村信息化建设是中国农业社会化服务体系的重要组成部分。通过建设农村信息网络、推广农业信息技术，提供农业市场信息、气象信息等，为农民提供及时、准确的决策依据。

中国的农业社会化服务体系已具备一定的基础和规模，但其发展尚不健全，整体服务水平低，管理不规范，各服务供给主体之间缺乏有效的沟通与配合，各项服务之间不能有效衔接，缺乏公益性服务，尚不能有效满足农业发展的需要②。中国农业社会化服务体系的发展受到多方面因素的影响，包括政策支持、科技创新、市场需求等。政策支持和资金投入是推动农业社会化服务体系发展的重要动力，科技创新和市场需求则推动了服务内容和方式的不断更新和优化。总体而言，中国的农

---

① 穆娜娜，钟真．中国农业社会化服务体系构建的政策演化与发展趋势［J］．政治经济学评论，2022，13(05)：87－112.

② 李俏．农业社会化服务体系研究［M］．北京：社会科学文献出版社，2015.

业社会化服务体系通过政府主导、服务机构、农民专业合作社、农业企业和农村信息化建设等多方面的协同拉动，为农业生产提供了全方位的支持和服务，促进了农业的现代化发展，提高了农民的收入水平和生活质量。

第三节　国外农业社会化服务体系及经验借鉴

一、国外农业社会化服务体系

现代经济增长理论表明，生产率的提升取决于技术进步，而新技术的产生和应用又取决于健全的社会化服务体系。尽管各国的农业社会化服务体系不尽相同，但它们都在农业技术从实验室到田间地头的过程中发挥着至关重要的作用。可以说，这些国家的农业社会化服务体系是其农业成功的重要保障。欧美发达国家的农业生产技术水平、农业劳动生产率等都居于世界前列，其农业社会化服务体系大致可以分为三类：一是政府农业部门主导的农业社会化服务体系；二是政府和农民合作组织、私有企业等合作的农业社会化服务体系；三是政府与大学合作的农业社会化服务体系①。发达国家成熟的农业社会化服务体系是在经济发展的过程中逐步形成和发展起来，其发展与完善不是一蹴而就，而是经历了孕育、形成和发展阶段。这一渐进发展和演变过程与国家的经济发展水平、市场发展阶段及农业生产规模有着错综复杂的联系。

发达国家的农业社会服务体系是指在农业领域中，由政府、农业合作社、农业企业、农民组织等多方参与，提供各种社会化服务的一种组织形式。这些社会化服务旨在为农民提供农业生产、技术支持、市场营销、金融支持等方面的帮助，促进农业的可持续发展和农民收入的提高，往往具有以下特点：

1. 农业技术支持。发达国家农业社会化服务体系注重为农民提供先进的农业技术支持，包括种植技术、养殖技术、农业机械使用等方面的培训和指导。这些技术支持可以通过政府农业部门、农业合作社、农业企业等机构提供。

2. 农产品市场营销。发达国家农业社会化服务体系致力于帮助农民解决农产品销售难题。通过提供市场信息、销售渠道、品牌推广等支持，帮助农民将农产品销售到市场，提高产品的附加值和农民的收入。这方面的服务可以由农业合作社、

---

① 孔祥智．中国农业社会化服务：基于供给和需求的研究［M］．北京：中国人民大学出版社，2009.

农业企业、农产品流通机构等提供。

3. 农业金融支持。为了解决农民的资金需求，发达国家农业社会化服务体系提供各种农业金融支持，包括贷款、保险、风险管理等方面的服务。这些服务可以由政府农业银行、农业合作社、农业保险公司等提供。

4. 农业培训和教育。为了提高农民的专业知识和技能，国外农业社会化服务体系提供各种培训和教育机会。这些培训和教育可以涵盖农业技术、管理知识、农产品加工等方面的内容，帮助农民提高生产效率和经营水平。

5. 农民组织和合作社。农民组织和合作社在国外农业社会化服务体系中发挥重要作用。通过组织农民参与农业合作、资源共享、经验交流等活动，促进农民之间的合作和互助，提高整体农业生产效益和农民的收入水平。

以上国外农业社会化服务体系的特点和实践，旨在通过多方参与、资源整合和服务创新，提供全方位的支持和服务，促进农业的可持续发展和农民的福祉。这种组织形式在一些国家和地区已经取得了一定的成就，并为其他国家提供了借鉴和参考。

二、国外农业社会化服务经验借鉴

在发达国家，农业社会化服务是一项农业和农村发展的系统工程，其组织形式是灵活多样的，包括国家有关的政府部门、农民自己组织起来的各种合作社以及私人企业或个人等①。目前，发达国家普遍都建立了较为完善的农业社会化服务体系，主要包括三个层次：公共农业服务体系（政府）、合作社农业服务体系（合作社）和私人农业服务体系（私人公司）。国外的农业社会化服务体系在不同国家和地区存在着一定的差异，但可以从中借鉴一些经验。

1. 欧洲农业合作社模式。欧洲一些国家如荷兰、丹麦等发达国家，具有成熟的农业合作社模式。这些合作社由农民自发组织起来，共同经营农田和农业生产，通过规模化经营和集体经济，提高了农业生产效率和农产品质量。这种模式可以借鉴其组织形式和管理经验，促进我国农民专业合作社的发展。

2. 美国的农业扩展服务。美国的农业扩展服务（Extension Service）是一种由政府资助的农业技术推广机构，为农民提供技术咨询、培训和示范等服务。它通过与大学、科研机构和农业企业合作，将最新的农业科技和管理经验传递给农民，提

① 靖飞．建立新型农业社会化服务体系研究［M］．北京：中国社会科学出版社，2012.8.

高了农业生产的效率和竞争力。这种模式可以借鉴其良好的合作机制和科技推广方式，加强我国农业技术推广和培训工作。

3. 日本的农业支援机构。日本设立了农业支援机构，为农民提供全方位的农业社会化服务。这些机构通过提供技术咨询、生产资料供应、市场信息和营销支持等，帮助农民提高生产效率和农产品的竞争力。这种模式可以借鉴其为农民提供全方位支持的综合服务理念，促进我国农业社会化服务体系的发展。

4. 加拿大的农业合作社和农业企业合作模式。加拿大的农业合作社和农业企业之间形成了一种合作模式，通过合作共享资源、技术和市场渠道，实现互利共赢。这种模式可以借鉴其合作机制和资源整合的方式，促进我国农业社会化服务机构和农业企业之间的合作。

通过借鉴发达国家的农业社会化服务经验，基于供给者角度，政府是农业社会化服务传统的供给者，应当转变职能，增加公益性、服务性供给，积极引导社会机构和市场主体介入，加强社会服务机构与政府、市场和农户的沟通与合作，大力拓展农村社会服务领域。基于需求者角度，改变农户传统观念，提高农户对有偿服务的支付意愿①，通过农户能力建设，提高农业社会化服务效果。

本章小结

农业社会化服务以家庭承包经营为基础，是覆盖产前、产中、产后的全方位服务，其内涵包括技术推广与培训、市场信息支持、农业金融和保险服务、农业合作社和农民组织建设及农村基础设施完善，其发展动力源于政策支持、市场需求、科技创新等多方机制。中国农业社会化服务体系历经政策演变，呈现服务内容聚焦生产性服务、对象向小农户倾斜、形式转向农业生产托管等特点，逐步形成政府主导、多元主体参与的格局，但仍面临服务水平低、管理不规范、公益性不足等挑战。国外经验表明，农业社会化服务体系的发展与完善需要依托政府、农民合作组织与私人企业的协同，如欧洲合作社模式、美国农业扩展服务及日本的农业支援机构等，其启示在于强化服务性供给、引导市场主体介入、优化农户能力建设，优化农业社会化服务供给水平。未来需要立足国情，借鉴国际经验，完善相关政策，推动农业社会化服务体系向高质量发展转型。

---

① 蔡志坚．农村社会化服务：供给与需求［M］．北京：中国林业出版社，2010.

本章参考文献

[1] 孔祥智. 中国农业社会化服务：基于供给和需求的研究 [M]. 北京：中国人民大学出版社，2009.

[2] 孔祥智，毛飞. 中国农村改革之路 [M]. 北京：中国人民大学出版社，2014.

[3] 李俏. 农业社会化服务体系研究 [M]. 北京：社会科学文献出版社，2015.

[4] 穆娜娜，钟真. 中国农业社会化服务体系构建的政策演化与发展趋势 [J]. 政治经济学评论，2022，13 (05)：87-112.

[5] 靖飞. 建立新型农业社会化服务体系研究 [M]. 北京：中国社会科学出版社，2012.

[6] 蔡志坚. 农村社会化服务：供给与需求 [M]. 北京：中国林业出版社，2010.

第十二章　农业产业化经营

学习目标

1. 掌握农业产业化经营的内涵与特征
2. 理解农业产业化经营的动力机制
3. 了解农业产业化经营的组织形式

第一节　农业产业化经营的内涵及特征

一、农业产业化经营的内涵

20 世纪 50 年代，随着全球化趋势的推进和经济的快速提升，农业产业化经营在美国得到迅速发展，随后又在西欧、日本等发达国家盛行，农业产业化经营成为现代农业发展的重要趋势。我国的农业产业化经营起源于 20 世纪 80 年代，是在农业经济改革与发展的实际进程中顺势诞生的，这也是我国在实行家庭联产承包责任制之后，农村经营体制层面的又一次创新性举措。

农业产业化经营又称农业生产、服务、经营一体化。其实质是指在稳定农民家庭经营的基础上，以市场为导向，以提升效益为核心，通过与龙头企业或其他经济组织在业务或组织上进行某种形式的合作或联合，并利用先进的科学技术、现代经营理念以及管理方式，将农业的生产、加工、销售等环节有机结合，形成产业经营标准化、规模化、专业化的组织形式和经营机制，农业产业化经营在推动农村全方位发展、稳步迈向农业现代化的进程中，发挥着至关重要的作用。

农业产业化经营基本组成要素包括以下几个方面：

1. 以市场为导向。农业产业要得到发展，必须将农业产品推向市场，充分发挥市场机制在产业结构调整和产业升级等方面的导向作用，无论是国内市场还是开拓境外市场，必须积极主动让农产品走进市场、适应市场，在市场中发挥自身的价值，成为市场的主体。

2. 以农户为主体。农户作为农业产业生产实践的主体，在农业生产上有着丰富的实践经验和强大的生产管理责任心，为农业的生产经营注入生命力、积极性和创造性，是农业的生产经营中不可或缺的关键力量。

3. 以优质中介组织为桥梁。龙头企业或其他经济组织与农户的联合，有效地弥补了农户主体分散、信息闭塞、抗市场风险能力差等缺点。优质的中介组织是因地制宜的，应立足于地区的发展状况、生产规模和资源特色等选择合适的合作企业，以实现农业产业化经营的高质量发展。

4. 以科学技术为动力。与以往传统农业生产不同，现代农业产业化经营与先进的科学技术的结合，在农产品的储存、包装、运输等方面发挥着重要的作用，能不断提高农业的经济效益。同时，以生物措施为重点的生态环境建设技术，改善了农业生产带来的化肥、农药等方面的环境污染，为我国生态环境的可持续发展贡献重要力量。

二、农业产业化经营的特征

在市场经济体制的逐步建立和农业不断向市场化、现代化推进的背景下，我国由农户家庭经营向农业产业化经营迈进，与传统的小规模家庭经营体制相比，农业产业化经营具有以下特点①：

1. 生产专业化。

以主导产品和支柱产业为核心，将农业生产的产前、产中、产后各个环节结合成一个完整的系统运行，促使每个环节的专业化运作与产业链实现协同配合，进而构建出现代农业生产专业化的组织模式。农业生产专业化是农业产业化经营的关键推动因素之一，也是现代农业发展振兴的必然趋势。

提升农业专业化生产水平，改变了以往小而全的传统农业生产模式，有利于提高农业生产产量与质量，增强产品的市场竞争力。

① 李秉龙，薛兴利．农业经济学［M］．北京：中国农业大学出版社，2015.

2. 经营一体化。

在农业产业化经营中，通过整合种养加、产供销等环节，构建成一条紧密相连的“龙”形产业链，实行农工商一体化综合经营，形成风险共担、利益共享的内部经营共同体。经营一体化不仅有效避免因市场交易的不确定性带来的交易成本损失，还确保参与其中的小农户能获得公正的交易利润份额，进而激励他们提高生产效率。

3. 企业规模化。

生产经营规模化是农业产业化经营效率提升的必要条件，因为只有生产基地和加工企业达到一定规模，才有利于运用先进的农业科学技术和科学的管理方法，降低农业生产成本，提升农业生产、加工、销售的经营效率，达到农业产业化的标准。企业实现规模化，并非仅仅局限于扩充生产经营的规模，更要重视参与农产品加工、运输销售以及其他涉农服务的农户，与企业其他各类生产要素之间的整体协同配合，以最大限度地提高农产品的生产效率和规模效益。

4. 服务社会化。

构建社会化服务体系通常体现为通过合同形式稳固内部非市场化安排，推动农业服务朝着标准化与综合化的方向演进。共同体中的龙头企业或合作社充分发挥其自身在技术、资金和管理等方面的优势，为农业生产者提供涵盖生产前、中、后全过程的综合性服务，包括信息、技术、资金、设施及经营管理等方面的支持，解决农业生产主体因分散性所带来的问题和困难，促进各生产经营要素直接、紧密、高效的整合。

第二节　农业产业化经营的动力机制

近年来，我国农业产业化经营在解决农业现代化进程中出现的一系列新问题中发挥着不可替代的作用，促使其整体呈现出突破性、创造性等良好的发展趋势。农业产业化经营不断转型升级，主要得益于以下几个方面：

1. 经济利益的保障。

传统的家庭经营方式使得分散的农户难以形成规模化生产经营，市场竞争力弱，农民收入提升缓慢。对农户而言，农业产业化经营为其提供了广阔的农产品生产和销售平台，通过延伸产业链，提升产品的附加值和竞争力，也提供了更加广阔的销售渠道和就业领域，从而摆脱了传统家庭经营的局限性，带动农民收入增加。对龙头企业而言，“龙头企业 + 专业合作社 + 农户”的组织形式，有效降低了企业与农户的交易成本，使企业更好地专注于农业技术研发和市场拓展等，从而带来更加丰厚的经济效益。在经济利益的驱动下，农业产业化经营不断向加工精细化、流通快速化、销售渠道多元化方向迈进，努力实现互利共赢的农业现代化发展。

2. 多方需求的满足。

随着社会经济水平的持续提升，人们对农产品多样化的需求带动市场发展，这也要求农业产业化经营能做出同步提升。从外部需求看，随着收入增加和生活水平的提升，消费者对农产品的品质和质量都呈现出新的变化趋势。因此，只有农业龙头企业具备专业化的农业生产基地，通过采用先进设备对产品产前、产中、产后实施全方位的质量监控，才能确保农产品的质量安全。从内部需求看，农产品具有明显的季节性和易腐烂性，使得农产品不能适应市场常年性的消费需求，呈现出需求价格弹性较小的特征①。为了解决这一矛盾，农业产业化经营需要进一步提高产品的流通速度，加强农产品存储保鲜设施建设，尤其是在贫困地区的普及完善，减少农产品产后的损耗，使产销衔接更加顺畅。

3. 创新科技的应用。

科技和创新是发展第一生产力和第一动力，也是推动农业产业化发展的重要因素和重要力量。近年来，随着互联网的蓬勃发展，“互联网 + 农业”的新型经济形态在农业生产经营上得到了广泛的普及和应用，带动我国农业产业化经营走向科技化、数智化、信息化的发展道路。据统计，截至 2022 年，我国淘宝村数量已达 7780 个②。创新科技的投入使用，加快了农业现代化的步伐，未来应持续支持鼓励龙头企业提升自身科技实力，广泛应用先进科学技术解决农业生产、加工、运销过程中出现的问题，同时，通过专业化培训提升农民科技素养，稳固农业产业化经营双方主体的利益。

4. 相关政策的扶持。

近年来，我国高度重视农业产业化经营的发展，多次发布乡村振兴、农村发展等关于“三农”的政策，全面打赢脱贫攻坚战，农业农村取得历史性成就。2023 年中央一号文件指出，要加强农业基地基础设施建设，鼓励农民合作社、龙头企业对产品的精细加工，创建现代农业产业园，完善农产品的流通网络，培育新型乡村产业。在资金方面，增加金融机构在乡村振兴领域贷款投放，给予农业产业化经营大力支持，充分带动农村农业全面高质量发展。

---

① 李秉龙，薛兴利．农业经济学［M］．北京：中国农业大学出版社，2015.

② 数据来源：阿里研究院联合南京大学空间规划研究中心发布的 2022 年“淘宝村”名单。

第三节　农业产业化经营的组织形式及实施

一、农业产业化经营的组织形式

农业产业化经营组织形式是农业产业化经营生产关系的具体表现形式，影响着农业产业化经营的规模和效益，是提高农业产业化经营水平的重要因素。在组织形式上，我国农业产业化经营呈现出一体化态势，但由于各个地区的生产水平、技术水平、资源结构等方面存在差异，使得我国农业产业化经营的具体形式呈现多样化。按龙头企业和参与主体的结构进行划分，基本形式可以分为以下几种①②。

1. 龙头企业带动型。

龙头企业是具有一定规模和影响力的农产品加工或流通的企业。龙头企业带动型即企业与合作社或农户联合的产业组织形式，具体是以农产品加工、运销龙头企业为主导，基地为原料生产的“第一车间”，主要聚焦于一种或几种农产品的生产、加工、运输和销售，通过契约、服务等多种形式与基地农户紧密结合，实现专业化分工与合作，构建起“风险共担、利益共享”的经济共同体。这种组织形式在种植业、养殖业中最为流行，适合在资金充足、技术发达、专业化程度较高的生产领域内发展。在实际运行中，龙头企业通过直接雇佣农户从事农业生产工作，而企业负责农产品加工和销售，协调推进，以此促进农业增效和农民增收。龙头企业带动型组织形式在一定程度上缓解了农户分散经营与广阔市场对接的难题，替农户分担了更多市场风险，有效吸纳了农村剩余劳动力，活跃了农村市场经济。

2. 合作组织拓展型。

这种形式依托农民自发成立或由政府引导建立的各种专业合作社及专业技术协会，推动农业产业化经营的发展，具有明显的群众性、专业性、互利性等特点。其具体表现为农民专业合作社通过集中农业生产资源，在组织社员从事初级农产品生产的基础上，同时向第二、第三产业业务延伸，创办农产品加工、运输和销售企业，将所生产的农产品经过加工增值后投入市场。例如，一些地区依托当地自然条件优势，大力创办粮食、畜牧业等领域的加工企业，通过电商平台进行线上销售，

---

① 雷俊忠．中国农业产业化经营的理论与实践［D］．西南财经大学，2004.

② 张忠根．农业经济学［M］．北京：科学出版社，2019.

满足市场多样化需求；通过“互联网 +”新型经济模式，宣传当地农村特色文化，推动农村旅游业发展。农民专业合作社能够保证农户、企业和合作社在利益上的一致性，但是这种形式需要一定的规模、资金、技术和管理能力，既要起到带头引领作用，提高农户生产的专业性和积极性，又要不断开拓农产品加工和销售的国内外市场，提高农产品在市场中的活力和竞争力。总的来说，农户专业合作组织作为农业产业化经营的关键组织形式，展现出了极为广阔的发展潜力和前景。

3. 中介组织带动型。

这是一种松散协调型的组织模式。该组织的特点是在龙头企业和农户之间加入专业合作社、大户等中介组织，以中介组织为桥梁，协调组织农产品产前、产中、产后各方面的工作，将企业和分散的农村生产力有序联结，形成统一的经济共同体。其具体的制度安排为：在农户方面，合作社组织农户进行生产，并为其提供产前、产中的相关服务（如市场渠道、技术支持等）；在龙头企业方面，合作社将农产品交付给龙头企业，为其提供收购、粗加工等服务。相较于传统的“企业 + 农户”组织模式，中介组织的加入，不仅有效避免与分散的农户经营主体直接交易，节约了时间、人力等交易成本，而且以专业合作社代表农户的利益进行谈判交易，弥补了农户弱势的谈判地位的缺陷。实践证明，在发达国家的农业一体化经营中，众多大型企业往往借助协会平台与农户建立紧密联系，形成一个共同体，以此促进双方的共同发展。因而，中介组织带动模式应是今后我国农业产业经营模式发展的主要方向。

4. 专业市场带动型。

专业市场作为集中交易中心，具有较强的价格发现和信息传递功能，是农村商品流通体系中不可或缺的一环。“专业市场 + 农户”这种模式围绕当地资源特色，依靠专业市场或交易中心拓宽农产品的流通渠道，使产业链得到延伸和完善，从而形成区域产业优势，活跃地区经济发展。该模式具体表现为：通过建立农产品专业批发市场，以合同契约等形式将农户纳入市场体系，依据市场的信息进行产品生产及交易，以谋取最大的经济效益。专业市场这种导向性、专业化生产的运行机制，极大地增强了农产品的市场竞争力，做到一个市场带动一个支柱产业，进而带动千家万户。然而由于专业市场受到环境的影响，存在一定的盲目性和滞后性，农户需要独自承担较大的市场风险，因此，专业市场带动型被认为是一种松散型的组织形式。

5. 现代农业综合开发区带动型。

即“开发集团 + 农户”组织模式，它是在当地政府的带动和支持下，把分散的农户和零星的乡村企业组织到社会化大生产中来，并利用当地的资源优势和区位优势，集中资金和技术将生产、加工、贸易、出口等环节集为一体的发展模式，提高区域农业综合生产能力和经济效益。这种模式的发展要求政府制定充足、完善的法规和机制，规范开发区的建设，同时投入相应人才和资金，加强管理和基础设施建设，以保障开发区的平稳发展。

二、农业产业化经营的实施路径

农业产业化经营改变了过去传统的农业生产经营模式，充分利用现代先进的科学技术和管理手段调整产业运营模式，推动我国农业走向商品化、规模化、专业化、标准化的道路，使我国农民逐步摆脱弱势被动的局面，对我国农业经济发展和农业现代化发展具有重要意义。为使我国农业产业化经营得以平稳、高质量发展，实现农业产业化经营的具体路径可以从以下几个方面实施①。

1. 做好主导产品，打造特色产业链。

农业主导产品即在农业中具有较大市场容量，能带来较大经济效益的产品。但在实际发展过程中，许多农产品出现同质化的现象，不能发挥出产品的特色，导致缺乏产品核心竞争力。主导产品的选择，既要考虑市场需求，结合国内外市场的需求情况和发展趋势，生产市场潜力和市场容量较大的农产品；又要根据当地的资源优势和特色文化，深入挖掘具有影响力的特色产品，将当地的自然资源和社会资源整合到农产品的生产中，不断延伸特色产业链，形成全链条的产业化和市场化运营模式。此外，在发展特色产品的同时，产品的质量问题也不容忽视。产品的质量决定着产品的销售量和品牌高度，因此，必须加强对农产品的生产过程全方位的质量监管，推进质量管理体系认证，打造出“有身份”的区域农产品品牌，推动农产品走向更广阔的市场。

2. 培育壮大农业龙头企业。

农业产业化龙头企业是引领农业开拓新市场的主力军，也是实现农户增收的重要主体，在实现农业现代化和乡村振兴中具有不可替代的作用，做大做强农业龙头企业是发展农业产业化经营的核心环节。目前，我国许多龙头企业面临着规模小、资金短缺、技术创新水平低、征地困难等困境，给龙头企业发展埋下了诸多隐患，使其难以带动产业高质量发展，持续走向新市场。因此，相关部门应加强培育和壮

---

① 张忠根．农业经济学［M］．北京：科学出版社，2019.

大龙头企业，鼓励龙头企业通过兼并重组、收购、控股等方式优化资源要素配置，促进企业规模化经营；加强对领军龙头企业的关注和投入，尤其是龙头企业的精深加工能力；支持和鼓励龙头企业自建研究机构，或与高等院校、科研院所等深度合作，通过技术交流或人才引进等的方式培养高素质的企业家和职工队伍提升企业的科技创新水平；落实农业产业化专项资金，加强生产基地的建设，缩减土地使用指标和土地费用，充分释放企业生产发展的活力。

3. 发展农民专业合作社。

农民合作社作为联结龙头企业和农户的纽带，不仅有利于节省企业与分散的农户进行交易谈判的时间和精力，提高生产效率，而且有利于提升农户与企业的谈判能力，更好地维护其权益。建立农民专业合作社，首先，应以广大农民为本位，提高农民的组织化程度，巩固农民的谈判地位，维护农民集体的权益；其次，需要引导农民专业合作社向生产、加工、流通等多个领域拓展业务，以此提升其自身的生产经营实力；最后，要提高农民综合素质，重视合作社的文化建设工作，提高农民的合作意识和管理能力。

4. 提供农业产业化经营金融支持。

农业产业链的延伸、龙头企业实力的发展、农业科学技术的创新等需要大量资金的支持。现阶段，我国农业产业化经营的资金需求并不能被充分满足，许多信贷部门不愿意进入农业领域，导致许多具有发展潜力的龙头企业陷入借贷难的窘境，客户不断流失，企业发展低迷。为此，政府部门应当落实相关资金扶持政策，加强发展农业产业化的财政资金投入，成立专业的农村金融机构，缓解中小型龙头企业的资金约束，同时削减不合理的农业税收项目，减轻农户的税收负担，从而满足农村产业化发展的需求。

5. 强化科技使用，注重科技创新。

科技作为第一生产力，已经不断地深入到各行各业的发展之中。农业产业化经营中科技的运用，能有效应对生产流程及产品质量方面的各种技术挑战，提高生产效率，拓宽产品销售渠道。例如，近年来，在“互联网+”的背景下，“智慧农业”广泛应用于农业生产过程中，使得农户可以远程监控农产品的生产和加工过程，并可以对生产所需元素的使用做出调整，有效保障产品的生产质量。因此，有关科研部门和龙头企业应当持续加强产业科技应用和建设，大力发展智慧农业、农村电商等新型项目，提高产品的技术含量和附加值，打造智能化、网络化的现代农业产业化经营体系。同时，积极宣传科学技术，通过专业培训提升农民的科学素养，引导农民利用互联网进行销售，减少信息差，更好地掌握市场需求，促进自身收入效益增加。

6. 完善风险共担和利益共享机制。

企业需要稳定的产品供给，农户需要稳定的产品销售渠道，这是两者建立利益共享机制的客观基础。当前，农业产业化经营中的龙头企业与农户之间的利益联结尚显薄弱，应当在龙头企业和农户之间建立互利平等、更加紧密的利益关系。一是要完善合同机制，明确双方应履行的职责和享受的权利和义务，合理制定合同价格和风险承担机制，避免一方利益失衡；二是大力发展农民专业合作社等中介组织模式，提升农户的组织化水平，积极为农户争取应有的权益。作为利益联结体的关键主体，龙头企业应当尽快完成向市场"服务者"身份的转变，主动发挥龙头企业的规模和技术等优势，为农户提供技术指导、产品优化和存储等服务，以确保产品的标准化、专业化生产和销售。此外，应鼓励龙头企业建立风险基金，补贴农户因自然灾害造成的部分风险损失，与其形成更为紧密的"风险共担，利益共享"的经济共同体。

本章小结

农业产业化经营作为连接小农生产与现代市场的创新组织形式，具有生产专业化、经营一体化、企业规模化和服务社会化的特征。其组织形式主要通过龙头企业、合作组织等多元主体协同联动实现。推动农业产业化经营体系发展的内生动力包括经济利益驱动、多方需求满足、科技创新赋能以及政策支持。在具体实施过程中，应以培育主导产业、壮大龙头企业和完善金融支持体系为关键突破点，构建"风险共担、利益共享"的紧密产业链共同体，从而推动农业产业化经营的高质量发展。

本章参考文献

[1] 李秉龙，薛兴利．农业经济学［M］．北京：中国农业大学出版社，2015.
[2] 张忠根．农业经济学［M］．北京：科学出版社，2019.

第四篇

农产品市场

第十三章　农产品的需求和供给

学习目标

1. 掌握农产品需求函数、需求规律及需求变动等内容
2. 掌握农产品供给函数、供给规律及供给变动等内容
3. 理解农产品均衡、农产品供给和需求弹性

第一节　农产品需求

一、农产品需求的含义

农产品需求是指某一特定的时期人们在各种可能的价格下愿意并且能够购买的某个农产品的数量①。它包含两个关键要素：一是消费者有购买意愿，二是消费者在当前价格下具备支付能力。只有当消费者既有购买的欲望又有支付能力时，才能形成真正和有效的农产品需求。若消费者仅对某种农产品有购买欲望但缺乏相应的支付能力，那么这种欲望并不能转化为实际的需求。因此，农产品需求是购买欲望与支付能力的有机结合。

需求和需要不是同一概念。需要只是纯粹的主观愿望，不受购买力约束；而需求则不同，它以具备购买能力为前提。因此，要开发农产品市场，必须研究消费者对农产品的购买能力。

① 李秉龙，薛兴利．农业经济学［M］．北京：中国农业大学出版社，2015.

二、农产品需求函数

农产品的需求主要受其自身价格、个人收入水平、消费者偏好、替代品与互补品的价格以及消费者预期等多种因素的影响。农产品需求是多个变量综合作用的结果。若用 Q_d 表示农产品需求，用 a_1，a_2，a_3，…，a_n 表示影响农产品需求的因素，则需求函数为：

$$Q_d = f(a_1, a_2, a_3, \cdots, a_n) \tag{13-1}$$

假设 P 为价格变量，在保持其他变量不变的情况下，农产品的需求与其价格之间的关系可以通过如下函数来表达：

$$Q_d = f(P) \tag{13-2}$$

农产品需求函数表现是农产品需求量与农产品价格之间的一种对应关系，这种关系可用表或者图形的方式表示。

表 13－1 是某年鸡蛋的需求量与价格的关系表，称为需求表。需求表列出了不同的鸡蛋价格，以及在每个价格上对鸡蛋的需求量，可以看出，鸡蛋的需求量随着价格的提高而不断减少。

表 13－1　　某年鸡蛋的市场需求与价格关系

价格－需求量组合	价格（元/kg）	需求量（kg）
A	9.60	200
B	10.00	150
C	10.40	100
D	10.80	80
E	11.20	50
F	11.60	30

为了更形象地显示农产品需求量和价格的关系，假定横轴代表农产品需求量，纵轴代表农产品价格。把表 13－1 的价格需求组合在图 13－1 中用点标出，并将点连接起来，便可得到一条从左上方向右下方倾斜的农产品需求曲线，这表明农产品价格与需求量呈反方向变动关系。

农产品需求量与需求是两个不同的概念。农产品需求量指的是消费者在特定价格下愿意并能够消费的农产品具体数量，这一数量在需求曲线上以单个点的形式展现。当仅考虑农产品价格变动，而其他影响需求的因素不变时，价格变动会引起需求量在需求曲线上相应移动，这种移动被称为需求量的变动。相对而言，农产品需求是一个更广泛的概念，它涵盖了在不同价格水平下需求量的整体关系，而非单一的特定数量。需求通常由整个需求表或需求曲线来描述。当农产品自身的价格维持不变，而其他相关因素（如消费者偏好、收入水平、替代品或互补品的价格等）发生变化时，这些因素所导致的消费者需求量的整体变动，在图形表示上会体现为整条需求曲线的移动，这种移动被称为需求的变动，如图 13－2 所示。在图 13－2 中，需求曲线 D_0 移动到 D_1 或者 D_2，都是需求的变动。当需求曲线 D_0 向左下方移动时，形成需求曲线 D_1，表示需求的减少；当需求曲线 D_0 向右上方移动时，形成需求曲线 D_2，表示需求的增加。

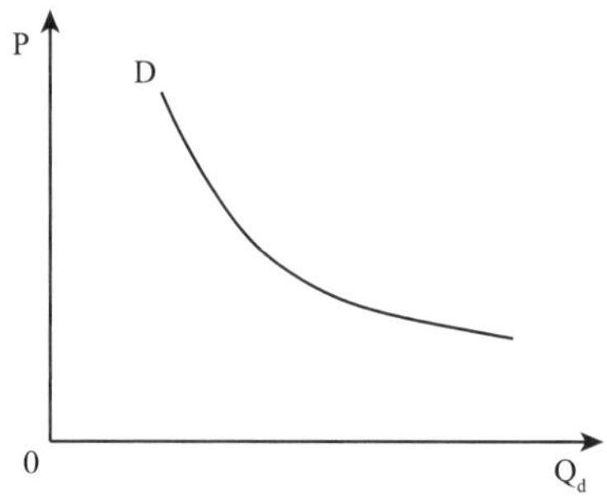

图 13－1　农产品需求曲线

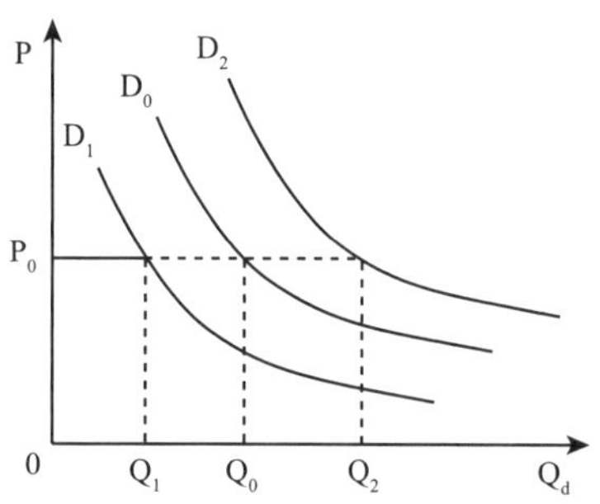

图 13－2　需求的变动

三、农产品需求规律

农产品价格水平与农产品需求之间通常呈现反方向关系，即当农产品价格上涨时，需求量趋于下降；而当价格下跌时，需求量趋于上升。这种反方向关系在图形上表现为需求曲线向右下方倾斜，称为农产品需求规律①。其基本内容是：在其他条件保持不变的情况下，价格上升时需求量减少，价格下降时需求量增加，两者呈现出反方向的变化关系。这种规律反映了价格变动对消费者购买行为的影响，是市场经济中供需关系的基本表现之一②③。

在分析农产品需求规律时，通常假设其他所有条件保持不变。这是因为，如果这些条件有所变动，原有的需求规律可能便不再准确反映实际情况。例如，若消费

① 李秉龙．农业经济学［M］．北京：中国农业大学出版社，2009.

② 孔智祥，马九杰．农业经济学［M］．北京：中国人民大学出版社，2023.

③ 欧阳旭初．农业经济学［M］．北京：中国财政经济出版社，2000.

者收入水平提升，即使农产品价格上涨，消费者可能仍然会增加购买量。在这种情况下，需求量与价格之间的反方向变动关系可能不再成立，甚至可能呈现出同方向变动的趋势。

为了更好解释需求规律，可以用替代效应和收入效应进行解释。

1. 替代效应。替代效应描述的是当某种商品的价格发生变化时，在消费者购买力维持恒定的情况下，某一商品价格变动如何影响其对具有效用相似的其他商品的需求量。以某农产品为例进行说明，若该农产品的市场价格上涨，而另一效用相当且价格维持不变的农产品相比之下就显得更经济实惠。这种情况下，消费者可能会倾向于购买价格相对较低的替代品，从而减少对价格上涨的农产品的需求量。例如花菜和西兰花，如果花菜的价格上涨，而西兰花的价格保持不变，那么西兰花相对于花菜的价格就降低了。这时，消费者可能会选择更多地购买西兰花来替代花菜，从而减少了对花菜的需求量。这种效应反映了消费者对价格的敏感度和他们在面对价格变动时调整购买行为的倾向。简而言之，这种由于某种农产品价格变化导致其他替代品相对价格变动，进而引起消费者购买行为的变化即为替代效应。

2. 收入效应。收入效应描述了当消费者的货币收入保持不变时，农产品价格的变化如何影响消费者的需求。简而言之，它反映了消费者购买力与大宗商品价格之间的关系。当农产品价格上涨时，若消费者的收入未同步提升，其针对农产品的实际购买能力会相应减弱，导致对农产品的需求缩减。相反，若农产品价格下降而消费者收入维持原状，其相对该农产品的购买能力则会增强，从而增加对该农产品的需求。综上所述，收入效应揭示了农产品价格变动（上升或下降），在消费者收入恒定的情况下，会直接影响其购买力的强弱，进而分别导致农产品需求的变动（减少或增加）。

综上所述，农产品价格的变动会对消费者产生两个方面的主要影响。首先，它会改变消费者对替代品的消费结构，这是替代效应的体现。当某种农产品价格上涨时，消费者可能会转向价格更低的替代品，减少对原农产品的需求。其次，农产品价格的波动还会对消费者的实际购买力产生影响，这反映了收入效应的作用。具体而言，价格上涨将削弱消费者的购买能力，进而可能导致他们对这种农产品的需求缩减。因此，在分析农产品市场需求时，我们需要综合考虑这两种效应的影响来更准确地预测和解释消费者的购买行为。

在经济学中，但也存在一些例外情况。炫耀性农产品与吉芬农产品是两个特殊案例。炫耀性农产品指的是那些因稀有性而被用作彰显消费者社会地位标志的农产品，如鱼翅。这类产品的高昂价格，往往被视作消费者社会地位的象征。因此，当这些农产品的价格下降时，消费者可能会认为自己的社会地位和价值也在下降，从而减少了对它们的需求。相反，他们可能会选择购买更高价格的农产品来维持或提升自己的社会形象。另外，吉芬农产品是指那些作为基本生活必需品的低档农产品，如土豆等。在某些情况下，当这类农产品的价格上升时，由于消费者的生活必需品缺乏弹性，他们可能会因为生活所迫而不得不增加对这些农产品的购买，以满足基本的生活需求。这种与需求规律相悖的现象被称为“吉芬之谜”。

四、需求变动及其影响因素

农产品需求曲线仅描述了农产品价格与农产品需求之间的关系，即假定其他影响因素保持不变。但除价格外，还有其他影响需求的因素，主要表现在以下几个方面。

1. 消费者的收入水平。消费者收入水平是决定其农产品需求的核心因素。通常情况下，拥有较高收入的消费者对某一价格水平下的农产品展现出更大的需求，而收入较低的消费者则对农产品的需求表现得相对有限。根据收入变动对农产品需求影响的差异性，农产品可以被划分为正常品与劣等品两大类。正常品意味着随着收入的增加，其需求量亦呈现上升趋势；相反地，劣等品则表现为随着收入的上升，其需求量反而会下降。

2. 相关农产品的价格。某一特定农产品的需求不仅受其自身价格变动的影响，还与其他农产品的相对价格存在关联。这主要反映在两个方面：一方面，对于替代品，当其中一种产品的价格上涨或下降时，如果另一种产品的价格保持不变，那么消费者可以调整他们的购买行为。例如，羊肉和牛肉是替代关系，当牛肉的价格上涨时，如果羊肉的价格保持不变，消费者可能会增加羊肉的购买量。也就是说，如果替代品的价格上涨，消费者可能会减少对它的需求，而购买更多具有相同的效用价格没有改变的产品，反之亦然。对于互补农产品，它们是指需要同时使用以满足消费者一定需求的农产品。当一种农产品的价格发生变化时，对其互补性农产品的需求也会受到影响。具体来说，当某种农产品的价格下跌时，这会刺激消费者对其需求量的增加。相应地，由于这种农产品与其互补性农产品之间存在相互依赖的关系，因此对其互补性农产品的需求也会随之增加，反之亦然。例如，糖和咖啡是互补的关系，如果咖啡的价格下降，导致消费者增加咖啡的购买数量，那么他们购买糖的数量也可能会增加。

3. 消费者的偏好。消费者的偏好会对农产品需求产生重要影响。消费者的偏好会长期存在，一般不容易改变，并且对农产品价格变动不易敏感。例如，南北方饮食差异，南方喜大米，北方喜面食，贵州人、四川人、重庆人喜辣，山西人喜醋等等。

4. 消费者的未来预期。预期是消费者对农产品未来价格变化趋势的预测和判断。当消费者预期一种产品的价格上涨时，这种预期会激励他们提前购买，从而增加对该产品的需求。相反，如果消费者预期价格会下降，他们可能会减少对该农产品的购买，降低对该农产品的需求。因此，消费者的预期在影响农产品需求方面扮演着重要的角色。

总之，影响消费者的需求有多方面因素，有经济因素、政治因素及社会影响等非经济因素，这些因素会共同影响消费者的需求量。

第二节　农产品供给

一、农产品供给的含义

农产品供给是指农产品生产经营者在一定时期内一定的价格条件下，愿意并且能够提供的某种农产品量①。构成有效的农产品供给，必须同时满足两个条件：其一，生产经营者有把农产品推向市场售卖的想法；其二，具备能够供应农产品的实际能力。要是只有出售的念头，却没有足够的产量等供应能力，又或者虽然有能力生产供应农产品，却不想将其售卖，以上这些情况都不能算作有效的农产品供给。农产品供给虽然源于农业生产，但生产量并不等同于供给量。这是因为并非所有生产出的农产品都会进入市场供应。一部分农产品可能被生产者自用或储存以备后用，这些并不构成市场上的有效供给。因此，某一时期农产品的实际供给量是由当期生产的数量与前期库存量共同决定的②。

二、农产品供给函数

农产品的供给是一个多元函数，受到多种因素的影响。这些因素包括农产品自

① 李秉龙，薛兴利．农业经济学［M］．北京：中国农业大学出版社，2015.

② 江占民，王胜利，王可山．农业经济与管理［M］．北京：中国农业出版社，1998.

身的价格、农业生产技术的水平、相关农产品的市场价格、生产成本，以及农业生产者和经营者对未来市场的预期。这些因素共同构成了农产品供给是一种多元变量的函数，用 Q_s 表示农产品供给，用 b_1，b_2，b_3，…，b_n 表示影响农产品供给的因素，则供给函数为：

$$Q_s = f(b_1, b_2, b_3, \cdots, b_n) \tag{13-3}$$

在假定其他所有因素维持不变的前提下，仅探讨农产品供给与其价格之间的关联性。如果以 P 作为价格，则农产品供给函数为：

$$Q_s = f(P) \tag{13-4}$$

农产品的供给函数描述了供给量与价格之间的关系，这种关系可以通过表格或图形来直观展示。表 13－2 详细列出了某一农产品在不同价格水平下的供给量。从表中可以看出，随着农产品价格的提升，其供给量也相应增加。

表 13－2　　某种农产品的价格与供给量关系

时间	农产品价格（元/kg）	供给量（kg）
A	20	5.0
B	40	46.0
C	60	77.0
D	80	100.0
E	100	115.0
F	120	122.5

为了直观地展示农产品供给量与价格之间的关系，我们设定横轴代表农产品的供给量，纵轴代表农产品的价格。将表 13－2 中的各个价格与对应的供给量在图 13－3 上以点的形式标记出来，并将这些点顺次连接，即可形成一条从右上角向左下角倾斜的农产品供给曲线。这条曲线明确地揭示了农产品价格与其供给量之间的正相关联系：价格上涨，供给量随之增多；价格下跌，供给量随之减少。

农产品供给量与供给同样需要仔细区分。

农产品的供给量是指在某一特定价格水平上，生产者及经营者所愿意且能够提供的农产品确切数量，这在供给曲线上具体表现为一个点。当其他影响农产品供给的条件保持不变时，农产品价格本身的变化将引起供给量在供给曲线上的相应调整，这种变化被称为供给量的变动。农产品的供给反映的是各个价格水平下的供给之间的整体关系，而非单一的特定数量。它通常用整个供给表或曲线来描述。若农产品价格维持不变，而其他影响因素有所变动，那么农业生产者的供给情况将在整个供给曲线上发生移动，这一现象被称为供给的变动。如图 13－4 所示，供给曲线 S_0可以移动到 S_1或 S_2的位置，这均代表了供给的变化。具体来说，当供给曲线 S_0向左上方向移动转变为 S_1时，意味着供给量减少；相反，当供给曲线 S_0向右下方向移动转变为 S_2时，则表明供给量增加。

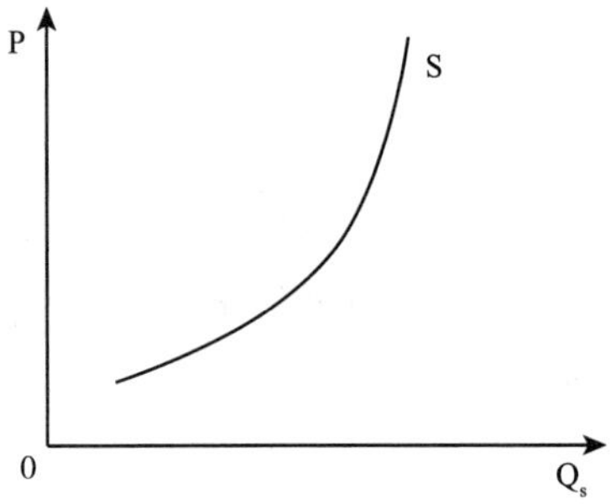

图 13－3　农产品供给曲线

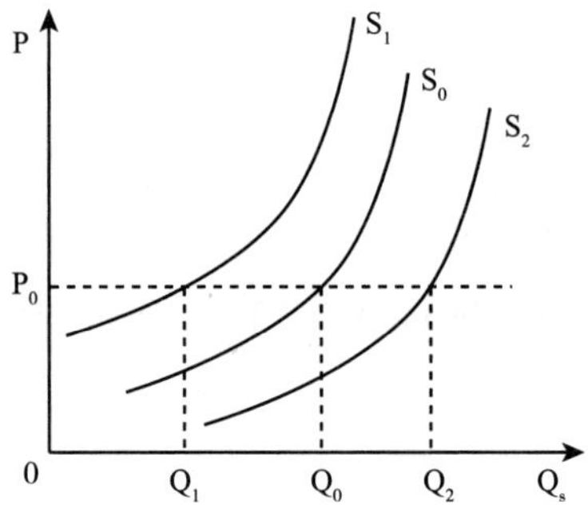

图 13－4　供给的变动

三、农产品供给规律

其基本要点在于，在假定其他所有条件维持不变的前提下，农产品的供给量会跟随其价格的上涨而增多，随价格的下跌而减少，展现出同步变化的趋势。这种农产品供给量与价格之间的正相关关系，主要由以下几项因素所导致。

1. 农产品价格的变化引起农产品生产者数量的变化。农产品价格的上涨会吸引原本在原价水平下无法盈利的农业生产者进入市场，从而增加生产者的数量。随着生产者数量的增加，市场上供应的农产品量也会相应提升。例如，当生姜的价格很低时，只有一些生产水平较高的生产者才能生产和出售生姜并保持盈利；而在生姜价格上涨后，生产者受到价格吸引，从而加入生姜生产和出售的行列，增加新的生产者。相反，如果生姜价格下降，则生姜的生产和出售盈利减少，从而使生产和出售的生产者减少，生姜的产量和出售量都是减少。

2. 农产品价格的波动引起农产品产量的变化。具体而言，价格上涨会激励现有生产者扩大生产规模，进而提升农产品的总产量，从而增加市场上农产品的供给。以生姜为例，当生姜价格上涨、利润空间扩大时，生姜生产者会受到激励，增加生姜的种植与产出。当生姜价格下降、利益空间减少时，一些生姜生产者会减少生姜的生产和出售量，从而减少生姜供给量。

因为农产品的特殊性，农产品供给规律也存在一些例外，即农产品价格上涨，供给量反而下降；农产品价格下降，供给量反而增加①。其主要原因如下：

1. 农业生产资源具有较高的专用性，这在一定程度上制约了农业生产的多样性和灵活性，导致资源在流动与转移上不够顺畅。因此，在农产品价格下跌的情况下，为了维持原有的收入水平，生产者可能会倾向于提高农产品的供给量。

2. 农产品的价格预期是不确定的。生产者和经营者在面对农产品未来价格的不确定性时，其决策过程变得更为复杂。即便当前农产品价格已经处于较高水平，一旦他们预期价格将进一步上升，仍可能会采取相应的行动，生产者也可能会选择减少供给，以保留库存，期待未来获得更高利润。相反，若预期价格将下跌，为了避免进一步损失，生产者可能会倾向于加速销售，增加当前市场的农产品供给量。

四、供给变动及其影响因素

一条给定的农产品供给曲线仅仅表述了农产品价格与农产品供给之间的关系，其中并没有体现出影响供给曲线的其他因素以及这些的因素的变化如何影响供给曲线。影响农产品供给的因素除了价格外，还有其他影响因素②，主要表现在以下几个方面。

1. 相关农产品的价格。农产品的供给不仅受到自身价格波动的影响，同时也与其他农产品价格的变动密切相关。在资源有限的条件下，若某种农产品的价格维持不变，而另一种农产品的价格出现波动，那么原有农产品的供给趋势往往会发生反向变动。这种关系体现了一种竞争态势。例如，若咖啡价格上涨，而可可价格保持稳定，这种价格差异可能会促使部分原本生产可可的农民，出于追求更高利润的目的，转而种植咖啡。这一转变将直接导致可可市场上的供给量相应减少。这种价格变动引起的生产者行为调整，进一步影响了农产品的供给情况。

2. 农产品生产要素的变化。农产品供给的波动与生产要素价格变动密切相关。生产要素价格上涨会推高农产品生产成本，若市场价格维持现状，生产者的盈利空间则会受到挤压，可能导致农产品供给缩减。相反，生产要素价格下降能降低生产成本，扩大生产者利润，进而激发农产品供给的增长。鉴于此，为了满足市场需求

---

① 钟甫宁，胡浩. 农业经济学［M］. 北京：中国农业出版社，2014.

② 赵维清. 农业经济学［M］. 北京：清华大学出版社，2023.

并确保农产品稳定供应，优化生产要素配置、提高生产效率以降低总体成本显得尤为重要。

3. 农业资源及其生产技术的变动。农业资源是农产品生产能力的基石，其优劣直接影响农产品供给的充裕程度。考虑到农业生产资源的有限特性，农产品供给的增长主要依靠土地、劳动力和资金的高效集约使用。然而，这些集约手段在促进供给增长方面的潜力存在局限。因此，为了不断提升农产品供给量，科学技术的应用与创新变得尤为关键。

4. 农产品生产者对未来农产品价格预期。生产者对未来农产品价格的预期对其供给决策起着重要作用。在其他条件保持稳定的情况下，若生产者预判农产品价格未来会上升，他们可能会减少当前周期的农产品供给，期望在价格上涨时获取更大利润。相反，若生产者预期农产品价格未来会持续下跌，他们可能会增加当前周期的供给量，以减少价格下跌可能造成的损失。

5. 其他因素。除了上述因素会对农产品供给产生作用外，农产品供给还会受到生产者的数量、农产品商品化程度、国家对农业政策支持。

综上所述，农产品供给的影响因素错综复杂，因此，在不同情境下，需要全面综合考虑各种因素来评估农产品的供给情况。

第三节　农产品供求均衡

一、农产品供求均衡的形成

需求曲线从消费者视角出发，展示了不同农产品价格下消费者愿意并能够购买的农产品数量。而供给曲线则是从生产者的角度，反映了在不同价格下生产者愿意并能够提供的农产品数量。这两条曲线并没有直接给出具体的价格与数量组合，因此无法单独确定农产品的最终价格和销售量。为了确定市场上的均衡价格和交易量，需要将需求曲线与供给曲线相结合，从而确定农产品的价格和销售数量①。图 13－5 是图 13－1 与图 13－3 的结合，横轴代表农产品数量，纵轴代表价格。在图 13－5 中，D 曲线表示农产品的需求曲线，S 曲线表示农产品的供给曲线。D 曲线和 S 曲线的相交点是供求平衡点 E，在 E 点所对应的价格是 P_1，也就是均衡价格。

① 傅新红. 农业经济学［M］. 北京：高等教育出版社，2016.

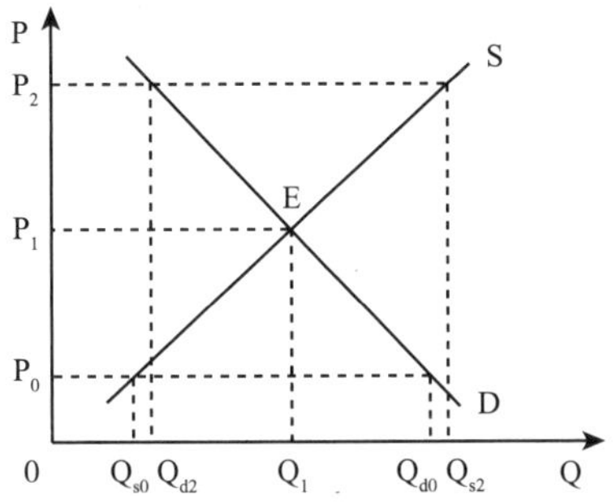

图 13-5　农产品供求均衡

农产品市场的均衡状态主要受价格机制的影响，由需求与供给两方面因素协同决定。当农产品价格攀升至 P_2 这一高位时，生产者因利润驱动增加产出，导致农产品的供给量增加到 Q_{s2}。但与此同时，由于价格居高不下，消费者的购买力受限，需求量仅停留在 Q_{d2} 的水平。此时，市场上出现了农产品供过于求的现象，大量农产品难以销售，导致滞销问题。这种需求不足而供给过剩的情况在市场上被称为市场剩余。面对大量滞销的农产品，生产者为了减轻损失，不得不采取激烈的价格竞争策略，如降低农产品价格以销售过剩的农产品，使得农产品价格从 P_2 降到 P_1，供给量减少，需求增加，供给量 Q_{s2} 和需求量 Q_{d2} 向 Q_1 移动，达到新的供求均衡。

当农产品价格下跌至 P_0 这一低位时，生产者因利润减少或亏损而降低生产积极性，使得供给量稳定在 Q_{s0} 的水平。与此同时，价格下滑激发了消费者的购买兴趣，导致需求量攀升至 Q_{d0}。在农产品市场上，供给量无法满足需求量，形成了供给短缺，也被称作市场短缺。在供不应求的情境下，消费者为了获取所需农产品，可能会竞相购买，进而促使农产品价格上涨。然而，价格的上涨又会削弱消费者的购买动力，使得需求量逐渐从 Q_{d0} 减少至 Q_1。与此同时，随着农产品价格的反弹，生产者看到盈利机会，开始增加生产，供给量也随之从 Q_{s0} 逐步增加至 Q_1。最终，市场上达到了一个新的供求平衡点，实现了供需关系的新均衡。

农产品供求均衡是指，在某一特定价格下，市场上的某种农产品供给量恰好等于需求量，对应价格被称为均衡价格，对应的数量则称为均衡数量①。这种均衡状态处于相对静止，呈现形式为需求曲线与供给曲线的交点。然而，这种均衡并不是永恒的，它很容易受到市场价格波动或其他外部因素的影响而被打破。一旦均衡被打破，市场机制会发挥作用，通过供给和需求的自我调节，使市场重新达到新的均

① 李秉龙，薛兴利. 农业经济学 [M]. 北京：中国农业大学出版社，2015.

衡状态。因此，农产品市场的供求均衡是一个动态的过程，它不断地在调整和变化中寻求新的平衡。

二、农产品供求均衡的变化

在分析供求均衡理论时，前提是假设其他条件保持不变，价格变动会引导供给和需求在市场中自我调节，直至达到均衡价格和供求平衡状态。然而，现实世界中的经济环境是复杂多变的，其他条件的改变，如生产成本、消费者偏好或政策调整等，都可能导致供给曲线或需求曲线的移动。当这些曲线移动时，原有的均衡状态将被打破，市场将通过自我调节寻找新的均衡价格和供求平衡点。

1. 需求变化对供求均衡的影响。如图 13－6 所示，初始需求曲线和供给曲线分别为 D_0和 S_0。若供给曲线 S_0不变，而影响需求的某一因素（如消费者收入增加）导致了需求增加，需求曲线从 D_0移至 D_1，均衡点从 E_0提高至 E_1，均衡价格从 P_0提高到 P_1，均衡数量从 Q_0增加到 Q_1，即原有均衡被破坏，形成新的均衡。同样，若供给曲线 S_0不变，而影响需求的某一因素（如消费者的收入下降）导致需求减少时，需求曲线从 D_0移至 D_2，均衡点从 E_0降至 E_2，均衡价格从 P_0降低至 P_2，均衡数量从 Q_0减少到 Q_2，即原有均衡被破坏，形成新的均衡。

2. 供给变化对供求均衡的影响。在图 13－7 中，初始需求曲线和供给曲线分别为 D_0和 S_0。现假设需求曲线 D_0不变，而影响供给的某一因素（如生产成本下降）导致了供给增加。供给曲线从 S_0移至 S_1，均衡点从 E_0移至 E_1，与之相对应均衡价格从 P_0降至 P_1，均衡数量从 Q_0增至 Q_1，即原有均衡被破坏，形成新的均衡。同样，若需求曲线 D_0不变，由某一因素（如生产成本提高）导致了供给减少时，供给曲线从 S_0移至 S_2，均衡点从 E_0提高到 E_2，与之相对应的均衡价格从 P_0提高到 P_2，均衡数量从 Q_0减少到 Q_2，即原有均衡被破坏，形成新的均衡。

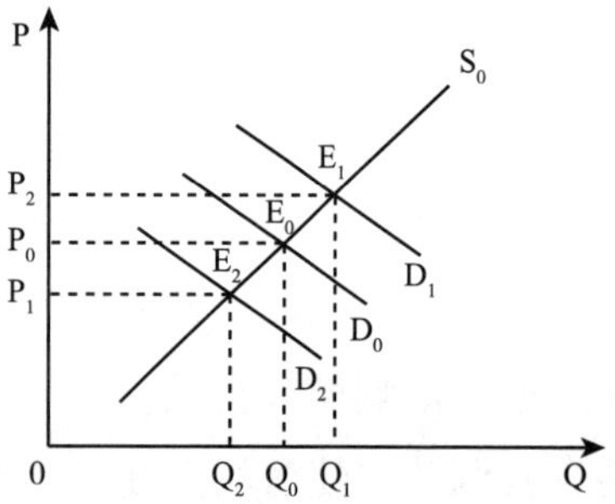

图 13－6　需求变化对均衡价格与数量的影响

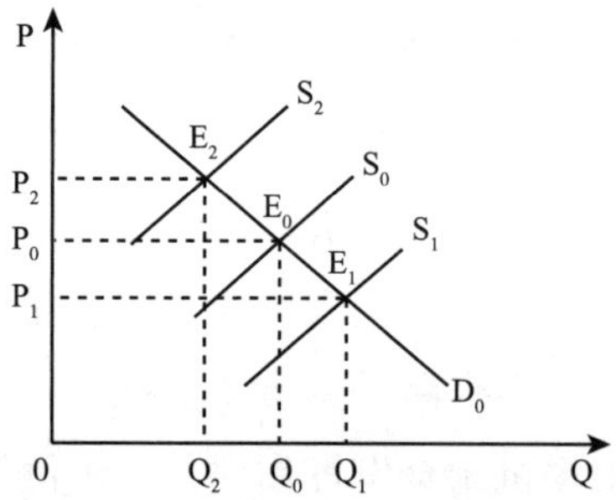

图 13－7　供给变化对均衡价格与数量的影响

3. 需求与供给同时变化对供求均衡的影响。需求曲线和供给曲线同时移动，相比较单一移动供给曲线和需求曲线，结果就会变得相对复杂一些，可能出现多种情况，即均衡价格和均衡数量都可能减少、增加或者一方增加而另一方减少。

在图13－8中，初始的需求曲线和供给曲线分别为D_0和S_0，均衡价格和均衡数量分别为P_0和Q_0。现在由于需求和供给都增加，需求曲线上移至D_1，供给曲线右移至S_1，由D_1和S_1的交点，可得到新的均衡数量Q_1和均衡价格P_1。这时，我们会发现，Q_1较Q_0增多，供给保持不变而需求增加，均衡数量会上升；同样，当需求稳定而供给增加时，均衡数量也会增加；需求与供给同时增长，这必然导致均衡数量的增加。但是对于均衡价格，则不容易决定，可能上升，也可能下降。这是因为，在供给不变、需求增加时，均衡价格将上升；而在需求不变、供给增加时，均衡价格将下降；当需求与供给同时增加时，均衡价格的变化取决于两种相反作用力的相对强度：一是推动价格上升的需求增加效应，二是促进价格下降的供给增加效应。最终均衡价格的走势，需要依据这两种相反因素的综合影响来判断。若价格上涨的影响力更为显著，则新的均衡价格将会上升，如图13－8a所示；反之，若价格下降的影响力占据主导，则新的均衡价格将会下降，如图13－8b所示。也就是说，无论均衡价格上升或下降，供求双方同时增加所引起的价格波动都较任何一方单独变化对均衡价格影响要小。因此，我们可得出如下结论：如果需求和供给都增加，市场均衡数量必然增加，但均衡价格须视供求双方各自对价格影响的大小而定。

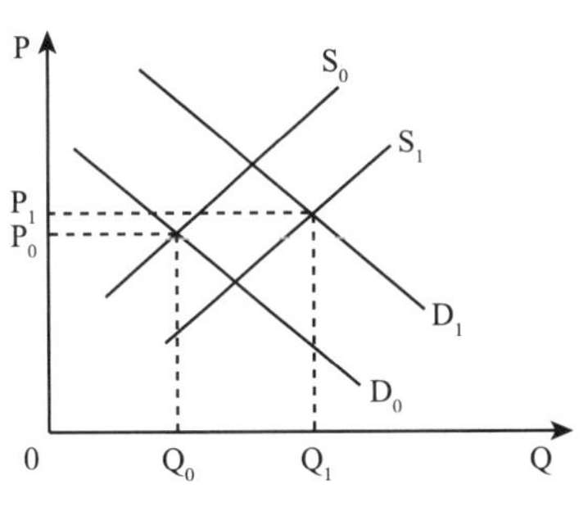

图13－8a 供求增加，均衡价格上升

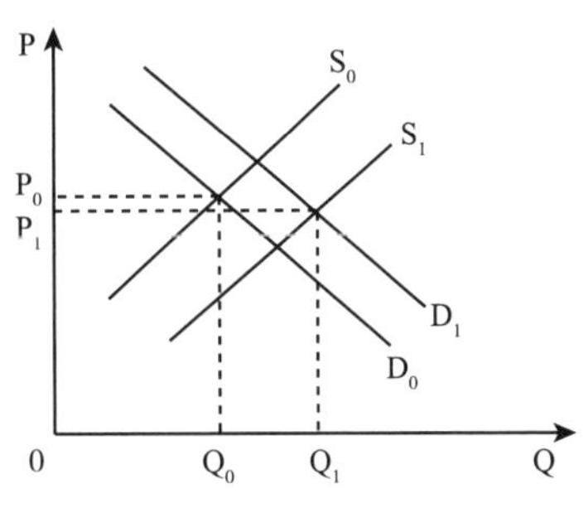

图13－8b 供求增加，均衡价格下降

三、农产品需求与供给弹性

在实际生活当中，我们能够观察到各类农产品在价格出现变动的情况下，它们在需求量或者供给量方面的反应程度有着明显的不同。例如，生活必需品粮食和奢侈品鱼翅，两者的价格都上涨，消费者对于两种农产品的需求量的变动是不一样的，生活必需品需求量不会变化太大，而奢侈品的需求量的变化可能会很大。为了说明价格变动与需求量或供给量变动之间的关系，弹性分析能说明他们之间的关系。

（一）农产品需求价格弹性

1. 农产品需求价格弹性的概念。

农产品需求价格弹性又称为农产品需求弹性，是指某种农产品市场需求量对其价格变化反应的敏感程度①。不同农产品的需求弹性存在差异，这种差异通过需求弹性系数来量化评估。需求弹性系数是指需求量变化率相对于价格变化率的比率。用公式表示如下：

$$E_d=\frac{\text{需求量变动率}}{\text{价格变动率}}=-\frac{\Delta Q/Q}{\Delta P/P}=-\frac{\Delta Q}{\Delta P}\times\frac{P}{Q} \tag{13-5}$$

其中，E_d 表示需求弹性系数，Q 表示需求量，$\Delta Q/Q$ 表示需求量变动率，P 表示价格，$\Delta P/P$ 表示价格变动率。

由于需求量变化（ΔQ）与价格变化（ΔP）在方向上相反——价格下降时需求量增加，价格上升时需求量减少，因此需求价格弹性系数 E 本质上应为负值。然而，在实际应用中，为了方便计算和使用，通常对需求价格弹性系数取绝对值。

例如，某市场中，羊肉的销售展现出显著的价格与需求关系。具体来说，当羊肉售价定为每千克 40 元时，市场需求量为 50 万千克。但价格下调至每千克 36 元后，需求量明显增长至 70 万千克。则羊肉的需求弹性系数为：

$$E_d=\frac{(70-50)\div 50}{(36-40)\div 36}=-3.6$$

可以看出，羊肉价格降低 1 个变动率，其需求量将增加 3.6，说明羊肉需求量的变动率大于价格的变动率。

2. 农产品需求价格弹性的种类。

各种农产品的需求价格弹性不同，根据需求弹性系数的大小分为以下几类，如图 13－9 所示。

①当 $E_d=0$ 时，称为需求完全无弹性。即无论价格如何变动，需求量都不会变动，需求曲线表现为一条与横轴垂直的线。

②当 $E_d\to\infty$ 时，称为需求完全有弹性或弹性无限。即当价格为一定时，需求量是无限的，需求曲线表现为一条与横轴平行的线。它表明价格的任何微小变动都会

① 李秉龙，薛兴利．农业经济学［M］．北京：中国农业大学出版社，2015.

引起需求量的无穷大变化。

③当 $E_d=1$ 时，称为需求同一弹性。它表明需求量的变动幅度与价格的变动幅度相同。

④当 $E_d>1$ 时，称为需求富有弹性。需求量的变动幅度超过了价格的变动幅度，需求曲线呈现出较为平坦的形态。

⑤当 $0<E_d<1$ 时，称为需求缺乏弹性。需求量的变动幅度小于价格的变动幅度，需求曲线呈现出较为陡直的形态。

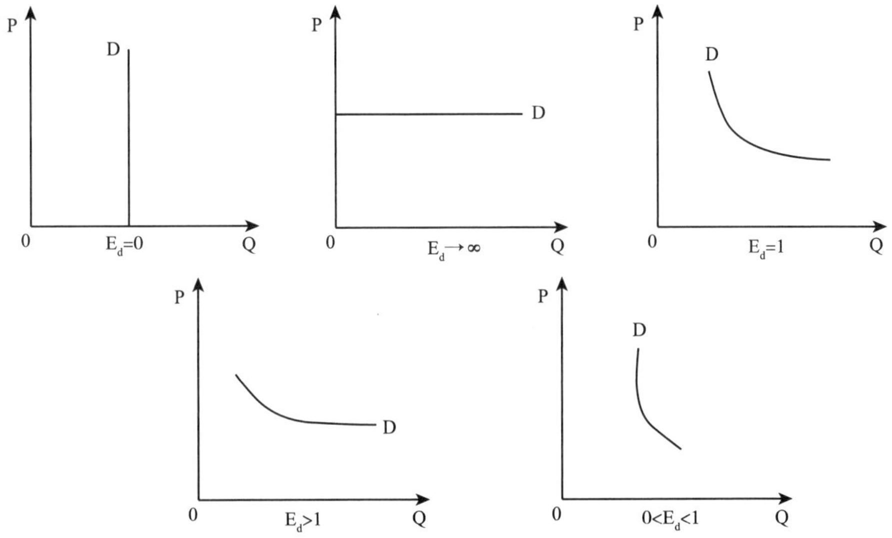

图 13－9　农产品需求弹性类型

（二）农产品供给价格弹性

1. 农产品供给价格弹性的概念。

农产品供给弹性，也就是农产品供给价格弹性，是用于衡量某种农产品市场供给量对价格变动敏感程度的指标。供给弹性系数用于量化这种敏感程度，它是农产品供给量变动率与价格变动率的比值，公式为：

$$E_s=\frac{\text{供给量变动率}}{\text{价格变动率}}=\frac{\Delta Q/Q}{\Delta P/P}=\frac{\Delta Q}{\Delta P}\times\frac{P}{Q} \tag{13-6}$$

其中，E_s 为供给弹性系数，Q 为供给量，$\Delta Q/Q$ 为供给量变动率，P 为价格，$\Delta P/P$ 为价格变动率。

从农产品供给规律的角度来看，当其他条件维持不变，某种农产品的供给量通常会随着其价格的提升而增加，表现出同向变化的趋势。因此，在多数情境下，供给弹性系数（E_s）呈现正值。然而，由于农产品生产和产品特性等因素的影响，供给弹性系数在某些情况下也可能为负。不过，从更长期的时间范围观察，农产品的供给弹性系数普遍呈现出正值特征，即价格上升时供给量增加的趋势更为明显。

2. 农产品供给价格弹性的类型。

供给弹性的大小，可用供给曲线表示，如图 13－10 所示，一般可分成五类：

①当 $E_s=0$ 时，称为供给完全无弹性，表明价格的变化对供给量的变化无影响。

②当 $E_s\to\infty$ 时，称为供给完全有弹性，即当价格为既定时，供给量为无限。

③当 $E_s=1$ 时，称为同一供给弹性，表明供给量变动的幅度等于价格变动的幅度。

④当 $E_s>1$ 时，称为供给富有弹性，表明供给量的变化幅度大于价格变动的幅度。

⑤当 $0<E_s<1$ 时，称为供给缺乏弹性，表明供给量变化的幅度小于价格变动的幅度。

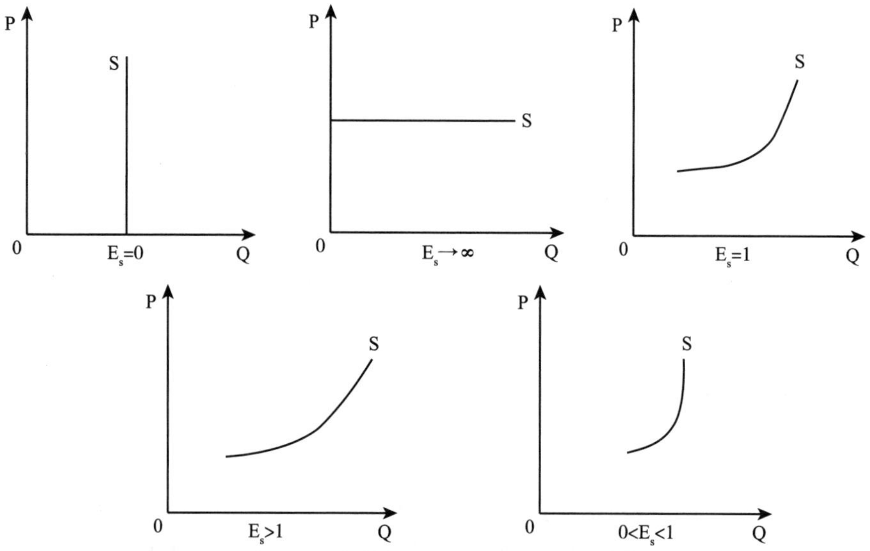

图 13－10　农产品供给弹性类型

本章小结

本章在经济学基本理论基础上，系统地探讨了农产品需求与供给的原理及其在农业经济学中的重要应用。首先，分别介绍了农产品需求与供给的定义，并用图表和图形清晰解释了农产品需求与供给函数表达式；其次，解释了农产品需求与供给的规律，并分别分析了影响农产品需求与供给变动的影响因素；再次，介绍了农产品供求均衡的原理，并分析了农产品需求与供给变化对均衡价格与数量的影响；最后，分别讲解了农产品需求价格弹性和供给价格弹性的概念及类型。

本章参考文献

[1] 李秉龙，薛兴利．农业经济学 [M]．北京：中国农业大学出版社，2015.

[2] 李秉龙．农业经济学 [M]．北京：中国农业大学出版社，2009.

[3] 孔智祥，马九杰．农业经济学 [M]．北京：中国人民大学出版社，2023.

[4] 欧阳旭初．农业经济学 [M]．北京：中国财政经济出版社，2000.

[5] 江占民，王胜利，王可山．农业经济与管理 [M]．北京：中国农业出版社，1998.

[6] 钟甫宁，胡浩．农业经济学 [M]．北京：中国农业出版社，2014.

[7] 赵维清．农业经济学 [M]．北京：清华大学出版社，2023.

[8] 傅新红．农业经济学 [M]．北京：高等教育出版社，2016.

第十四章　农产品市场与价格

学习目标

1. 学习市场和流通的内涵，掌握农产品流通的特点
2. 掌握农产品价格的形成与价格波动
3. 理解产品现货市场和期货市场的内涵，了解不同市场类型的特征

第一节　流通与市场概述

一、市场的含义

市场作为生产和消费之间的联结纽带，存在于任何有商品生产和交换的地方。其含义分为狭义和广义两种：狭义上，市场指的是商品进行交换的具体场所；而广义上，市场则涵盖了商品交换过程中所形成的各种关系的总和①。其主要指生产者、消费者、买卖双方以及中间商之间在商品流通环节中发生的全部交易关系，包括他们相互之间的买卖行为及中间商参与的各类交换活动。

二、流通的含义

流通是指产品从生产领域转移至消费领域的过程，这一过程以货币为媒介，实现产品的交换。流通是连接生产与消费的核心环节，它在缩短生产与消费之间的距离方面发挥着至关重要的作用。在原始生产方式下，生产者所生产的产品主要用于满足自

① 李秉龙，薛兴利．农业经济学［M］．北京：中国农业大学出版社，2015.

身的消费需求。然而，随着社会分工的不断深化，生产者所生产的产品逐渐转变为供他人消费的对象，同时，每个人消费的产品也成为其他生产者的生产对象。这种转变导致生产与消费之间产生了距离。为了弥补这一距离，个人的生产和消费需要通过交换来进行连接，并形成一个不断循环的交换过程，这就是流通产生和发展的背景。

流通在生产和消费之间起到了桥梁的作用，这一过程由信息流、商流和物流“三流”构成。三者相互协作，共同推动产品从生产者向消费者流动。

信息流是一个至关重要的过程，它涉及与交易相关的情报、信息和资料的收集、处理和传递。信息流，作为知识与市场交流的关键桥梁，在引导和控制商流与物流方面发挥着不可或缺的作用。它能够有效反映商流与物流的运作过程，为相关决策的制定提供有力支撑。简而言之，信息流是商流和物流的导向，为它们的顺畅运作提供重要的支持与指导。

商流是产品和货币所有权转移的过程，通过这一过程，产品的价值得以实现。商流涵盖了交易的各个环节，包括看货、洽谈、签约和结算等，确保生产者的产品所有权能够顺利转移到消费者手中，同时消费者的货币所有权也转移到生产者手中。商流是信息流和物流的前提，商流为整个交易过程提供了坚实的基础和支撑，确保交易的顺利进行。

物流是指产品从生产领域向消费领域空间位置转移的活动，包括运输、加工、包装、存储等环节。物流是商流和信息流的基础。

信息流在商品流通中发挥着导向作用，为商流和物流提供指导和支持。商流是产品价值实现和所有权转移的核心过程，通过交易活动将生产者与消费者紧密相连。而物流则扮演着产品转移和交付的基础角色，通过运输、加工、包装和仓储等关键环节实现。信息流则作为这一过程的媒介，通过收集、处理和传递与交易相关的情报、信息和资料，为商流和物流提供关键的决策依据。这三者相互依存、相互促进，共同推动着流通领域的发展。通过商流的供求匹配，保障供给并满足消费者需求，最终实现产品实体的转移和交付。

三、流通的主体和客体

1. 流通主体。流通的主要参与者是多样化的从业者群体，涵盖生产者及其管理组织、批发商、物流服务商、零售商、信息服务提供商以及终端消费者等。流通主体通过相互交易，形成信息流、商流、物流，完成整个流通过程。

生产者及其组织者是流通的初始端，是生产主体，也是流通主体。生产者不仅生产产品自销，还销售产品，获得产品的商业价值，以实现自身的劳动价值。

批发商是从事产品批量交易的个人或者企业，从生产者手里或者是上一级批发商手里购买产品，然后销售给零售商、团体消费者或者下一级批发商，如批发市场里的商户、各类产品批发商等。

物流企业是指从事产品配送、仓储、包装、加工等业务的企业。生产者、批发商或者零售商有时也附带开展配送、仓储、包装、加工等业务，但不属于物流企业。物流企业是指具有专业的物流基础设施设备，专门从事配送、仓储、包装和加工等物流业务相关的企业。

零售商是指从生产者或者批发商手里购买产品，面向个人消费者消费的个人或企业，如超市、百货商店、菜市场的商户等。

市场信息企业是指专门从事促销宣传、产品广告、研究消费者需求、市场调研并对外提供信息服务的企业，如广告设计公司、咨询公司等。

消费者及其组织位于流通的终端，是最终交易的当事者，商品的使用价值在消费者身上得以实现。消费者既是消费主体，也是流通主体。消费者直接面对零售商，消费需求信息通过零售商向上游传递，形成市场信息的核心内容。消费者的购买意愿及购买行为等信息会直接影响上游流通主体的决策。

2. 流通客体。流通客体主要是指市场上的产品。例如，根据产品自身的性质可以分为木制品、塑料制品、皮革制品等产品类别，也可以根据价值的高低分为高档品、中档品和普通产品；还可以根据消费特点分为日常消费品、耐用消费品等。

从现代流通的角度，流通客体可以分为有形产品和无形产品两大类。无形产品是指服务类产品，如音乐演奏、咨询报告、数据分析等。现货市场研究的流通客体主要指有形产品的流通特点及其交易方式。有形产品按照产品性质和用途可以分为消费用品和生产投入品。消费用品是指满足消费者需求的产品，而生产投入品则是指企业生产经营所必需的生产资料，如厂房、原料、设备等。

消费品是生活必不可少的产品，主要包括耐用消费品和日常消费品。例如，房屋、家具、家电等使用年限较长的产品，可长久使用的产品为耐用消费品；日常消费品是指需要经常购买，如米、菜、肉、奶、油、盐等食品类消费品，也包含一些花卉、服饰、厨房用品等非食品消费品。

四、流通的功能

流通的功能是指流通主体在实现产品从生产者向消费者转移过程中所发挥的作

用。依据信息流、商流及物流的不同分类，流通功能可进一步细化为信息流功能、商流功能和物流功能。

1. 信息流功能。信息流功能是指为了消除流通主体之间的信息不对称问题，进行信息交流和信息传递的活动，包括信息传递和信息搜集功能。

信息传递功能是指生产者为了刺激消费者的购买欲望，通过广告等信息企业的协助，向消费者传递产品信息的各类促销活动。其主要采用的方式有电视媒体广告、报纸杂志、户外和店面广告、邮件短信等容易获得的促销手段。

信息搜集功能是指生产者为了在合适的场所、以合适的价格为消费者提供合适的产品，以达到满足消费者需求的目的，生产者自己或者委托第三方搜集和研究市场需求信息的活动。最常见的方式有调查问卷法、现场观察法、人员访谈法、数据分析法等。

2. 商流功能。商流功能是指产品所有权转移的相关活动。商流功能进一步又能分成价格形成功能、结算功能和风险承担功能。从理论上说，价格是由供求共同决定的，市场上的价格是由买卖双方进行交易时形成的，而不是由一方决定的。

结算功能是指买方购买产品后向卖方支付货款的行为。有多种结算的方式，一般来说零售商与消费者的交易通常是以现金结算为主，当然消费者也可以使用电子支付、银行卡或者大额支票结算。另外，生产者与批发商、批发商与零售商之间通常使用赊销方式，即先拿货后付款，按照约定日期通过银行汇款进行结算。

风险承担功能是指流通主体要承担产品流通过程中发生的损失。风险承担功能也称为保险功能，流通主体通过加入保险的方式可以让保险公司承担损失，但这一般只针对大额产品，而小产品的损失只能由流通主体自行承担。

3. 物流功能。物流功能是指流通的基本功能，主要包括运送、仓储、集货等功能。运送是指在流通主体间转移产品的活动过程，包括转移过程中的包装、搬运和装卸等。运送方式有公路运输、铁路运输、水路运输、管道运输、航空运输等，随着高速公路网络的发展，公路运送货物量不断增长，使用大型货运车辆远距离运送发展迅速。

仓储功能是指调节供求，贮藏保管商品，以保证在消费者需要时及时供应，满足市场需求，是克服生产和消费在时间上不一致的主要手段。按照仓储时间的长短分为短期储存和长期储存，短期储存货物属于临时保管和货物周转；长期储存由于时间长、储存成本较高，流通企业需要承担一定的风险。

集货功能主要是指批发商和零售商承担的进货、品种搭配、分拣包装、按需销售等活动，以满足消费者对商品数量和价值的需求。集货功能能够解决大量生产和零散消费的矛盾、产品等级多样和消费者嗜好特定的矛盾。面对零售商在产品数量和质量上的进货要求，批发商需要从多个生产者进货才能满足其需求；零售商也会从多个批发商那里获得不同的品种来满足消费者的多样化需求。

五、农产品流通的特点

农产品与工业产品在生产和流通上具有独特之处，尤其是生鲜农产品如蔬菜、水果、肉、蛋、奶等。考虑到农产品独特属性及其流通的特殊要求，在建设农产品市场时，要充分考量农产品的特点①。农产品流通的特点主要体现在以下几个方面：

1. 易腐性：农产品，尤其是生鲜产品，具有较短的保质期和易腐性。这要求流通环节必须高效，减少在途时间和储存时间，以确保产品质量。

2. 季节性：农产品的生产和供应具有明显的季节性。这意味着市场调节和流通管理要灵活应对，确保供应的稳定性。

3. 地域性：农产品的生产受到地域和气候的强烈影响。因此，农产品流通需要考虑到地域差异和气候变化对生产和供应的影响。

4. 质量标准：农产品流通需要遵循严格的质量标准，以保障食品安全并维护消费者权益。为此，建立高效的监管机制和完善的检验检测体系显得尤为重要。

5. 供应链协同：农产品流通涉及多个环节，包括生产、收购、加工、储存、运输和销售。优化这些环节的协同作用，提高供应链的整体效率，对于农产品市场的健康发展至关重要。

第二节　农产品价格特征及影响因素

一、农产品市场形态与农产品价格演变

1. 市价牌价并存阶段（1949～1952年）。

新中国成立初期，我国农业正处于恢复生产阶段，面临生产技术落后和农产品供给严重短缺的挑战，农产品市场发育水平较低②。为了应对这些挑战，统购统销

---

① 朱道华．农业经济学［M］．北京：中国农业大学出版社，2000.
② 孔祥智．农业经济学［M］．北京：中国人民大学出版社，2013.

体制逐渐确立。1950 年 3 月，中国颁布《关于实施全国国营贸易统一办法的决定》，该决定确立了中央贸易部在全国国营贸易、合作社贸易以及私营商业中的主导角色。为切实执行此决策，中央贸易部自 1950 年 3 月至 1951 年底积极行动，先后设立 8 个国内商业总公司，涵盖粮食、花纱布、百货、盐业、土产石油等重要经济领域。同时，政府间接控制的供销合作社及同业（非政府控制的合作社）迅速扩大，稳定并发展了农产品市场。政府对农产品价格的调控不仅确保了农产品价格的合理波动，还有效遏制了投机行为，保障了农产品的稳定供应，提高了农民的种粮积极性。

2. 计划定价阶段（1953～1956 年）。

1953 年，我国开始重工业发展，实施了五年计划，并进行个体经济的社会主义改造。在这一时期，农业发展相对滞后，农产品市场需求远超过供给。为了预防供销失衡和农产品价格的大幅上涨，国家采取了统购统销政策来管理农产品。从 1953 年下半年开始，国家通过国营企业和合作社来统一收购和销售农产品、设定批零差价、消除私营批发商等措施，将农产品进行计划定价。到 1956 年底，我国基本完成了社会主义改造，自由市场价格逐渐退出市场，标志着我国高度集中的计划经济体制的建立。农产品的供求关系是在市场机制被排除、产品和要素价格被扭曲的情况下进行调节的。

3. 中央与地方计划定价并存阶段（1957～1978 年）。

这一时期的主要特点是中央政府与地方政府定价并存。1958 年中央政府和国务院提出要将更多的管理权限下放到地方。国家将农产品价格分为三类进行管理：第一类为国家计划收购的农产品价格，第二类为国家统一收购的农产品价格（其中部分价格已下放至地方管理），而第三类农产品的价格则由各省、自治区、直辖市负责管理和调整。1961 年，中央政府提出了物价管理权限收归中央，要求加强物价集中管理，计划经济体制发展到了一个严重集权的程度，开始批判自由贸易否定自由市场，农村集市也被取消。

4. 调放结合、以调为主阶段（1979～1984 年）。

长期以来，我国农产品价格体系面临定价偏低、管制严格以及工农产品价格“剪刀差”显著的问题。为应对这些挑战，国家从 1979 年开始采取了一系列价格调整措施。当年，18 种主要农副产品的收购价格得到显著提升，平均涨幅高达 24.8%，同时超购加价幅度也有所增加。1980 年，棉花收购价格进一步上调，并伴随其他 8 种农副产品价格的提升，此外，8 种副食品销售价格也有所上涨，政府为此向城镇居民提供了补贴。到了 1981 年，大豆、豆油、烤烟、南方木材及毛竹的收购价格也相继提高。在接下来的 1982 年至 1984 年间，部分农产品的价格继续得到调整与优化。

5. 调放结合、以放为主阶段（1985 ~ 1991 年）。

1985 年，中央发布了《关于进一步活跃农村经济的十项政策》，其核心在于对农产品统派统购制度和价格体制进行全面调整。依据新出台的政策，除个别特定农产品种类外，国家停止了对农民的强制性派购任务，转而实施了合同定购与市场收购并行的新模式。粮食与棉花的统购统销制度已被废除，取而代之的是合同定购与市场定购机制。其中，粮食的合同定价依据“倒三七”比例进行计算，而棉花的定价则依据不同地区采用不同的比例来确定。

6. 放开市场、加强市场调控阶段（1992 ~ 1997 年）。

自 1992 年起，除了粮食和棉花等六个品种的收购价格以及粮食和木材的销售价格仍受政府定价目录管理外，其他所有农产品的购销价格均已实现市场化。1991 年和 1992 年，粮食销售价格两次上调，从而解决了长期存在的购销价格倒挂问题，其他副食品的价格问题也得以解决。1992 年，生猪和猪肉价格全面放开，标志着副食品购销和价格完全市场化。经过几年的实践，到 1995 年，政策性购销和商业性购销业务成功实现了分离。而在 1994 年和 1993 年粮食收购价格分别提高了 30% 和 41%。截至 1997 年，粮食收购价格基本实现了市场化。1993 ~ 1995 年，棉花价格三次大幅上调，提价幅度分别为 10%、64.9% 和 28.7%。为有效应对农产品价格的波动，国家自 1990 年起着手构建一套全面的主要农产品市场调控体系。该体系涵盖多个方面：一是设立国家专项粮食储备和粮食保护制度，以确保粮食安全；二是建立粮食风险基金与副食品价格调节基金，以应对市场不确定性；三是完善各类批发市场体系，促进农产品的顺畅流通；四是设立农业发展银行，强化财政对农业的支持力度；五是建立健全各种社会化服务体系，以提供更全面的支持等。

7. 进一步完善农产品价格形成机制（1998 ~ 2003 年）。

1998 年，我国粮食流通体制经历了深刻变革，其核心策略是“三项政策、一项改革”。这一改革策略涵盖了多个方面：一是国有粮食购销企业实施顺价销售策略，旨在稳定市场秩序；二是为确保农民利益，实行保护价政策，敞开收购农民余粮；三是农业发展银行负责监管收购资金的封闭运行，确保资金安全有效；四是改革着重推动国有粮食企业自身的转型与升级。在粮食主产区，尽管购销价格已完全由市场决定，但为保护农民利益，仍坚持执行保护价收购农民余粮的政策。

从 2001 年开始，桑蚕鲜茧的收购价格以及干茧的供应价格被赋予了省级价格主管部门的管理权限，允许各省根据自身实际情况来具体确定这些价格。同时，厂丝出厂价格也被放开，进一步增强了市场的灵活性和竞争性。这些改革措施旨在完善农产品价格形成机制，提高市场效率，促进农业和农村经济的健康发展。

8. 全面放开农产品价格（2004 年至今）。

自 2004 年以来，中国全面放开了粮食采购市场，充分发挥了市场机制在资源配置中的决定性作用。在这种情况下，粮食采购价格主要由市场供求关系决定，而国家通过宏观调控手段平衡市场供需。为了保护农民的利益，激发农民对粮食种植的热情，中国从 2004 年开始实施大米最低购买价格政策，并于 2006 年将这一政策进一步推广到小麦。此外，当某些地区的大豆、玉米、棉花、油菜籽等农产品面临价格下跌、销售困难等问题时，政府会采取临时收储措施，确保农民的经济利益不受损失，保障我国粮食市场的稳定与农民的收入安全。

二、农产品价格的形成

哈佛学派基于三分法，构建了一个分析框架，包括市场结构、市场行为和市场绩效三个方面。在这个框架中，市场结构对企业行为具有决定性的影响，进而影响市场绩效。这种政策旨在解决市场结构的不合理问题，提高市场效率，促进经济的健康发展①②。

市场结构是指那些对市场竞争激烈程度和价格形成具有决定性影响的市场组织特性。其核心影响因素包括产品差异化程度、市场集中程度以及市场进入壁垒的高低。其中，市场集中程度是衡量市场结构的重要标尺，主要用于评估某一行业或市场中卖方或买方的相对规模，从而反映市场竞争态势及其结构性特点。同时，过去的价格、当前的价格以及对未来预期价格也会对供给量产生作用，而供给量对价格变化的敏感程度被称为供给弹性。另外，农产品的需求则受到产品价格、相关商品（如替代商品和互补商品）以及消费者可支配收入等因素的影响。这些因素共同决定了农产品的市场需求和价格走势。

农产品价格的形成方式多种多样，常见的有公开透明的拍卖方式、交易双方通过协商确定的契约价格、依据运输成本等因素制定的公式定价，以及政府出台的最

① 孔智祥，马九杰．农业经济学［M］．北京：中国人民大学出版社，2023.

② 孔祥智．农业经济学［M］．北京：中国人民大学出版社，2013.

低收购价或其他形式的行政干预价格。这些方式在农产品市场中发挥着重要作用，影响着农产品的价格水平和市场供求关系。实际上，一种商品的价格往往由多种方式决定。以小麦和稻米市场为例，价格形成机制涉及多个层面。农户和相关企业首先通过签订契约价格来约定未来的交易，这种方式确保了双方在未来某一时间的交易价格和数量。同时，农户也可以选择直接在市场上销售产品，此时价格由市场供求关系决定。当政府实施最低收购价预案时，农产品价格受到政策保护，确保农户的基本收益，而超出保护价的部分则仍由市场自由竞争决定。然而，当市场价格处于较高水平时，政府会通过组织大规模的竞价交易来扩大市场供给，从而降低或稳定价格。这种方式不仅增加了市场供应量，而且通过拍卖价格对当前市场价格产生引导作用。因此，农产品的价格形成是一个多元、动态的过程，受到多种因素和机制的共同影响。

三、农产品价格波动

（一）农产品价格波动

经济指标的月度或季度时间序列通常包含四个变动因素：长期趋势要素（T）、季节变动要素（S）、循环要素（C）与不规则要素（I）。长期趋势要素 T 反映了经济时间序列的长期走向。季节变动要素 S 则以年为单位（12 个月或 4 个季度）呈现规律性循环，受到如气候、节假日或政策等季节性因素的影响。循环要素 C 显示为数年的经济波动周期，这可能涉及诸如经济周期和市场经济等周期性变化。季节变动要素按固定的周期循环，周期长且不稳定。不规则要素 I，也称为随机变动或噪声，其变动无固定模式，常由突发事件（如罢工、事故、自然灾害、战争、政策变动或预测偏差等）引发。对于农产品价格波动而言，季节性波动和循环周期波动尤为引人关注，因为它们对农产品市场的供需关系和价格走势产生重要影响。

1. 季节性波动。

季节性波动是指每年有规律地重复出现的价格形态，这种波动主要源于供给和需求的季节性变化，以及两者之间的相互作用。在农产品市场中，由于大部分农产品的生产和运销都呈现出明显的季节性特征，因此季节性波动尤为显著。以小麦为例，小麦的生长周期，受气候和生物特性的双重影响，通常长达 8 个月。对于不同的小麦种植区域，其生长周期存在显著的差异。例如，南方冬麦区的小麦生长周期相对较短，通常在120天左右。而在北方冬麦区，生长周期则延长至190～210天。西南部的高海拔地区，由于气候条件的特殊性，小麦的生长周期甚至可能超过330天。这种生长周期的不同，使得小麦的供应在一年内呈现出明显的季节性波动，进而对小麦价格产生重要影响。同时，需求方面也可能存在季节变化，如节假日或季节性饮食习惯等因素可能导致需求量的增加。我国小麦的主要产出时间3～9月，在此期间，小麦集中上市，通常会导致价格处于较低水平。而在小麦供应不足时，价格则会相对较高。春节前后是小麦消费的高峰期，此时小麦现货价格通常会上涨。春节过后的一个月内，随着消费量的减少，小麦价格逐渐回落。到了4月、5月，当新旧小麦交替之际，价格可能会有所反弹。随后，价格会在6月、7月的小麦集中收割期降至最低点。此时，由于大量新麦上市以及大米等替代品也处于收割期，市场供应充足，导致价格达到一年中的最低水平。这种状况通常会持续到8月底9月初。因此，季节性波动是农产品价格波动中的重要组成部分。

2. 循环周期。

循环周期是指在某一持续进行的过程中，价格表现出的一种规律性和周期性的波动模式。这一模式的周期长度是通过测量两个波谷或波峰之间的时间跨度来确定的。例如，生猪价格周期，当生猪价格下降到某一水平时，母猪数量减少，包括屠宰母猪和不再保留小母猪作为种猪。这导致市场上可供屠宰的生猪数量减少，进而推动猪价回升。随着猪价的上涨，养猪业变得有利可图，养殖户开始扩大饲养规模，停止屠宰母猪并保留小母猪作为种猪。这会导致生猪的供应量减少，价格上涨。价格的上涨进一步激励养殖户保留更多的小母猪作为种猪，从而加剧了价格上涨的趋势。然而，新增的母猪从生产仔猪到成长为可上市屠宰的生猪需要6～12个月的时间。当这段时间过去后，生猪的屠宰量增加，供应量扩大，导致价格下跌。价格下跌到一定程度时，又会促使养殖户屠宰母猪，从而形成一个循环周期。值得注意的是，生猪的循环周期相对较长，为35～45个月。

（二）蛛网理论

在之前讨论农产品供求均衡形成的过程中，我们并未将时间因素纳入考量。然而，由于许多农产品的生长周期较长，调节这些生产周期长的农产品供给往往需要较长时间。因此，农产品价格的变动会直接影响后续生产周期的产量，进而波及农产品的长期供需平衡。为了深入剖析这一问题，需要将时间维度纳入考量，并运用蛛网理论对农产品的供需均衡进行动态且深入的探讨。蛛网理论是指随着市场价格的波动，供给量和需求量围绕平衡点呈蛛网状波动的理论①。包括以下三种模型：

1. 收敛型蛛网。

当农产品的供给弹性小于需求弹性时，价格变动对供给产生的影响相对较小，而对需求产生的影响则相对较大，进而形成收敛型的蛛网模型。以某一农产品为例，假定首个生产周期的产量为 Q_1。此时，由于供给量超出了需求量，市场呈现供过于求的状态，消费者仅愿支付低于均衡价格 P_0 的 P_1 来购买，从而引发价格下跌。面对这种情况，生产者在接下来的生产周期中将产量调整至较低的 Q_2。随着供给的缩减，市场需求转而超过供给，消费者愿意支付高于均衡价格 P_0 的 P_2 来购买，这进一步促使价格上涨。价格的提升促使生产者在接下来的生产周期中将产量增加至 Q_3。这一过程持续进行，价格逐渐趋近于均衡点 E，最终实现收敛，如图 14－1 所示。

2. 发散型蛛网。

当农产品的供给弹性大于需求弹性时，价格变动对供给产生的效应更为显著，相比之下，对需求的影响则较为有限。在此情境下，所形成的蛛网模型展现出发散型的特性。波动过程与前述情况相似，即价格与产量在连续时期内发生变动，但关键差异在于，这种变动会逐渐加剧，导致价格与产量越来越远离均衡点，形成振荡发散的趋势，无法稳定地回归至均衡状态。因此，在此情境下，均衡状态变得不稳定，甚至可能根本不存在，如图 14－2 所示。

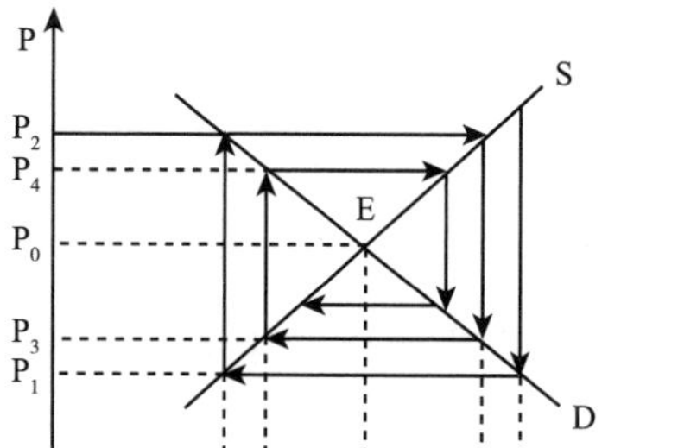

图 14－1　农产品收敛型蛛网模型

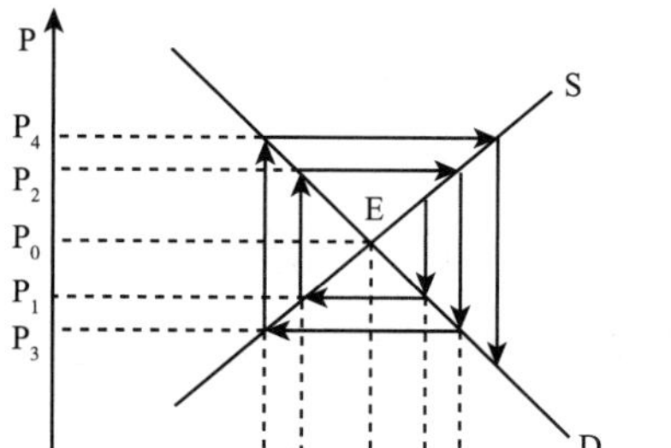

图 14－2　农产品发散型蛛网模型

3. 封闭型蛛网。

若农产品的供给弹性与需求弹性相等，价格变动对供需双方的影响力度相当。在此情形下，蛛网模型展现出封闭型的特征。这意味着，无论价格如何起伏，需求与供给的变化幅度始终保持一致。具体而言，价格下降时，需求的增长恰好抵消供

① 朱道华．农业经济学［M］．北京：中国农业大学出版社，2000.

给的缩减；价格上升时，需求的缩减也与供给的增长相匹配。因此，产量与价格呈现出一种相互对应的波动模式，形成了一个封闭的循环路径，如图 14－3 所示。

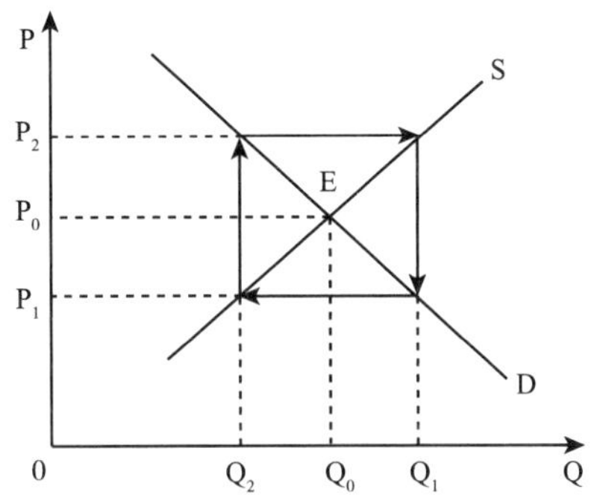

图 14－3　农产品封闭型蛛网模型

第三节　农产品现货市场

一、农产品批发市场

1. 农产品批发市场的定义。

产品批发市场是指将各地的农产品进行集中，再通过加工、贮藏和包装等流程，最终由销售商分销至全国各地。其也称为中心集散市场，是“有形市场”中较为高级的一种形式。其内涵可以从以下两个维度来阐释：一方面，它扮演着农产品大宗交易平台的角色；另一方面，它是为农产品批量交易而设立的一种服务性组织机构。两者紧密相连，共同构建了现代农产品批发市场的体系①。

2. 农产品批发市场的功能。

第一，商品集散功能。这是农产品批发市场的基本功能②。农户所生产的农产品亟待快速销售以实现其市场价值，而农产品批发市场在这一过程中起到了至关重要的作用。该市场能够汇聚来自各地的零散农产品，并在短时间内高效完成交易，随后将农产品分发至各个销售终端。若无此批发市场环节，交易将变得频繁且批量小，导致交易成本高昂、效率低下，影响农产品的流通，使生产者和消费者面临交

① 小林康平．体制转换中的农产品流通体系——批发市场机制的国际对比研究［M］．北京：中国农业出版社，1998.

② 李秉龙，薛兴利．农业经济学［M］．北京：中国农业大学出版社，2015.

易难题，进而引发社会和经济问题。农产品批发市场的吸引力在于其能吸引并整合各地货源和客户，通过批发交易将农产品推广至全国乃至国际市场①。

第二，价格形成功能。农产品批发市场运用现货批发交易的方式运作，使得来自各地的农产品在同一交易平台上展开竞争。同种农产品会根据各自的质量差异进行定价，进而形成一种能够准确体现其价值的市场均衡价格。由于批发市场汇聚了众多的买家和卖家，其交易状态近似于完全竞争，因此价格并非由某一方单独决定。卖家代表供应方，买家代表需求方，交易价格只能在双方的出价达成一致时形成。这也意味着批发市场的价格是交易过程中自然形成的，而非人为设定的。这种批发价格能够公正地反映出市场的供求关系。

第三，供求调节功能。农业生产受到自然环境条件的影响很大，导致了农产品市场供给的不确定性，而消费者对农产品的需求相对稳定。因此，批发市场在农产品供需的中发挥着关键作用。市场价格机制是调整供需、平衡农产品上市的主要手段，批发市场的交易活动和大规模分销可以及时缓解区域供需矛盾。这使得批发市场成为稳定农产品市场、保障供应的重要机制。

第四，信息中心功能。批发市场是买卖双方交易的场所，其信息来源广泛多样。许多批发市场已建立起完善的信息系统，专门负责搜集、整理和传递信息，为市场参与者提供全面的服务。这些市场每天的交易价格，能灵敏地反映供求关系的波动，因此备受经销商关注。此外，部分地区的代表性农产品批发价格甚至被纳入农业部市场信息网，实现全国范围内的信息共享，成为其他交易模式的重要参考。这种信息流通机制不仅指导了农产品的生产和消费，更凸显了批发市场在信息传递中的核心作用。

3. 中国农产品批发市场流通渠道模式。

中国农产品批发市场根据地域特征主要分为产地市场和销地市场两类，体现了中国地域广阔、农村与城市分布相对分散的特点。在整个农产品从生产者到消费者的流通链条中，农产品需要经过产地批发市场、销地市场以及零售市场等多个环节。在这过程中，涉及生产者、产地集货商、经销商、零售商等多个流通主体，共同构建了一个覆盖全国的庞大农产品流通网络。

（1）产地批发市场。产地批发市场位于农产品的主要生产区域，是农户将产品销售给外界的重要窗口，对农业生产具有直接的推动作用。鉴于中国农户普遍采取小规模、分散的经营模式，他们对市场信息的掌握相对有限，且远离消费地市场销

---

① 孔祥智．农业经济学［M］．北京：中国人民大学出版社，2013.

售农产品所承担的成本较高。因此，产地批发市场的设立，特别是在农村地区，数量众多，恰好满足了生产者的销售需求，这种市场类型与中国当前的农业生产现状高度契合。

在多数产地市场，经纪人扮演着重要的角色，他们作为本地人，熟悉货源的数量和质量，成为外地经销商的得力合作伙伴。经纪人不仅协助经销商采购货物，还负责找人进行包装和装车，并为此领取一定的佣金。经销商随后将在产地市场收购的货物运至城市的销地批发市场进行销售，从而获取经销利润。

（2）销地批发市场。销地批发市场一般位于大中城市的郊区，对于保障城市居民的农产品供应和食物安全具有不可替代的作用，因此在城市的建设规划中有着举足轻重的地位。这些市场不仅设施齐全，而且综合功能强大，经营的产品种类繁多，能够满足市民对农产品多元化的需求。

销地批发市场比较复杂，卖家群体丰富多样，主要包含经销商、批发商、果蔬进口销售商以及近郊产地的直销农户等①。买家群体范围广，主要包含超市供货商、城区菜市场的零售商、郊区的批发商、食堂等餐饮业采购人员等。这种市场交易通常是由买卖双方协商进行的。货物一般存放在车内，配有秤，以方便在交易时实现边卖边卸货的模式。一般而言，购买数量越多，获得的价格优惠越大。

（3）经销商，也被称为运销商，是农产品流通领域中的核心力量。他们主要业务是经营和销售农产品，具体做法是将农产品从产地运输到消费地，然后进行销售，以此赚取差价利润。经销商可以是个人或组织，他们在农产品流通中扮演着至关重要的角色。深入了解和研究经销商的组织结构、行为模式以及功能特点，对于全面把握中国农产品批发市场流通的特性和规律具有重要意义。

①经销商的组织构成。经销商的经营模式涵盖了个体、团体及公司化等多种形式，其中个体与团体经营占据了主导地位。在农产品从产地到消费地的运销业务中，确保业务顺畅进行需要适当的人员配置。个体经销商，通常由 3 ~ 5 名家庭成员或亲戚构成，专注于较为单一的农产品品种，利用一辆卡车在产地与消费地之间往返运输与销售。相比之下，团体经销商，也被称为经销大户，规模稍大，由 7 ~ 10 名亲戚、同乡或朋友组成，他们经营的农产品种类更为丰富，且能在多个产地与市场间灵活穿梭进行销售活动。此外，农产品运销业务中还有农业公司的参与。这些公司往往是集生产、加工与销售功能于一身的综合性企业，它们不仅销售自己生产的农产品，还销售经过加工的农产品。

---

① 安玉发，张浩．果蔬协议流通模式研究［M］．北京：中国农业大学出版社，2010.

②经销商的行为模式。经销商在经营活动中常采用一种有序的组织管理模式，该模式的核心在于一个领导者的角色，他全面负责对整个经营活动的监督与管理。其余团队成员则依据领导者的指导和分配，各自承担具体的职责。以一个典型的五人经销商团队为例，团队成员的分工可能如下：两人专注于产地的收货与发货工作，一人负责跟车押运以确保运输安全，而另外两人则转战销地市场，负责销售业务。当业务繁忙、人手不足时，经销商还可以随时雇用临时工来协助完成任务。这种灵活的组织管理方式有助于确保经销商的经营活动能够高效、顺利地进行。

二、农产品零售市场

（一）农产品零售市场的定义

农产品零售市场作为流通链条的终端环节，其核心使命在于直接将农产品销售给消费者，是实现农产品的广泛传递与实际价值的体现。这一过程的关键在于通过零售方式，确保生产出的农产品能够有效地到达消费者手中。从批发市场向零售市场转变。在这个市场中，农产品会经过挑选、包装或初步加工，以符合家庭消费的需求，并最终销售给消费者，满足他们的日常生活需求。

中国的农产品零售市场以农贸市场和超市为主导[①]。在中国农产品零售领域，农贸市场在中小城市及乡镇地区占据核心位置，而大型和中型城市则见证了超市的显著增长，它们正逐步成为农产品零售的主要渠道。这两种市场形态各具鲜明特点，共同塑造了一个多元化的市场格局，有效满足了不同地域及消费者群体的多样化需求。

（二）农产品零售市场的特点

第一，零售市场是商品流通的最终环节，直接面向广大消费者。在这个市场中，卖家主要是零售商，而买家则是消费者。当商品成功销售给消费者后，其流通过程便告结束，不再继续流转。

第二，农产品零售市场呈现出数量众多且广泛分布于居民区的特点。

第三，零售市场提供的商品种类繁多，交易频率高但每次交易量相对较小。

第四，卖家主要由零售商贩构成，他们主要经营鲜活农产品，同时也有农户直接销售自产产品。

---

① 乔颖丽．中国城市生鲜食品超市业态形成机理研究［M］．北京：中国农业出版社，2006.

第五，超市的农产品主要来源于稳定的供应商或配送中心，因此进货渠道相对可靠，产品质量也更有保障。在零售市场中，零售商的主要职责是为最终消费者提供直接服务，满足他们的日常需求。他们不仅要负责进货和销售，还需要协调供求关系，进行存储、加工、拆零、分包等工作，同时向消费者传递相关信息并提供销售服务。零售商在选址、营业时间以及服务内容等方面，致力于为消费者提供便捷的购物体验。产品的使用价值得以实现的前提是农户生产的农产品经过零售商的销售，到消费者手里。此外，零售商在农产品流通渠道中扮演着重要角色，他们不仅是连接生产者和批发商与消费者的桥梁，还是生产者和批发商了解消费者需求的重要途径和窗口。

三、农产品新型产销对接模式与电子商务

（一）新型产销对接模式

新型产销对接模式是指产区农业生产经营者直接与销售地的零售商及餐饮企业进行的交易，这种模式跳过了批发市场等中间环节，也被称为产地直供或产地到消费的直接销售模式。其主要有农餐对接、农社对接和农超对接三种形式。

1. 农餐对接。农餐对接是农产品流通的一种创新方式，鼓励农产品生产经营者与学校、政府食堂、餐饮企业等事业单位建立密切的合作关系。通过签署意向协议，农产品可以从原产地直接供应给这些餐饮单位和集团单位，从而优化流通路径，减少中间环节，提高流通效率。这种对接方式有助于确保餐饮企业等获得稳定的货源供给，同时保证农产品的品质和质量安全。此外，通过减少流通环节，可以降低流通费用和购买价格，为餐饮企业和消费者带来更多的经济效益。

2. 农社对接。农社对接是一种直接将农产品生产经营者与城市居民社区连接起来的产销对接方式。在这种模式下，城市政府和社区会与农产品的直销者展开合作，为其提供销售场所，并可能给予租金优惠或免费使用。直销者则能够以较低的价格向社区居民销售新鲜蔬菜、水果等农产品。这种方式有助于简化农产品的流通环节，降低流通费用，从而让居民能够更方便地购买到价格实惠且新鲜的蔬菜。

3. 农超对接。农超对接是一种创新的农产品流通模式，其核心在于将农产品产地的生产经营者与城市中的连锁超市直接联系起来。通过签订意向性合作协议，双方建立起稳固的供货关系，确保农产品能够直接从产地运抵城市超市，从而削减中间环节，提升流通效率。这种方式的本质在于利用现代流通手段，将分散的小生

产者与多变的大市场有效地对接，从而构建一个适应市场经济环境的产销一体化链条。这不仅有利于农民增加收入，也能满足消费者的多样化需求，同时为商家带来稳定的货源和供应链优势，实现农民、商家和消费者的共同利益。

（二）农产品电子商务

农产品电子商务是一种创新的商业模式，它将电子商务等现代信息技术深度融入农产品的生产与销售流程中。这种模式能够改进农产品的信息收集与处理机制，保障信息的高效流通。通过构建在线交易平台，农产品电子商务为农产品生产者和经营者提供便捷的销售、采购及电子支付服务。该模式利用互联网的便利、广泛和互联特性，推动了快速而稳定的网络商务信息交流与业务往来，极大地促进了农产品流通的现代化与便利化。

农产品电子商务革新了传统的流通模式，它以产销对接为基础，利用网络平台进行交易，为农产品的流通开创了新路径。其突出优势在于，买卖双方可以直接在透明的电子平台上交互，去除了中间环节，大大降低了交易费用。借助电商平台自有或第三方的物流体系，农产品能够迅速送达消费者手中，满足其即时需求。这不仅提升了农产品的流通速率，也为消费者带来了更多选择和便捷体验。

（三）农产品电子商务的主要模式

农产品电子商务的核心在于电子商务平台，这是一个专为农产品交易提供洽谈服务的在线平台。它建立在互联网之上，形成一个虚拟的网络空间，进行商务活动。电商平台在整合信息流、物质流和资金流方面发挥着关键作用，确保它们能够有序、关联且高效地流动。电子商务平台处于农产品电子商务系统的核心地位。基于这一平台，农产品生产者和供应者作为卖方，与消费者和需求者作为买方进行互动。买卖双方在平台上进行线上交易，包括浏览产品、洽谈产品价格、完成交易等步骤。随后，通过线下的物流配送，将农产品从生产经营者手里转移到消费者手中，完成整个交易过程。这种线上线下的结合，为农产品交易提供了更加便捷和高效的方式。

根据在电子商务平台从事交易者的身份性质，一般将电子商务模式分为以下几种类型：

1. 企业对消费者（B2C）。B2C（Business to Customer）电子商务模式是指企业直接将产品或服务置于电子商务平台之上，通过提供详尽的信息和便捷的服务来吸引消费者进行选购。这种模式是目前最为普遍和常见的电子商务形态。

2. 消费者对消费者（C2C）。消费者对消费者（Consumer to Consumer，C2C）电子商务是一种通过特定网站为消费者之间搭建直接进行电子商务活动的平台。在这个平台上，商品和信息得以直接从消费者传递到另一消费者，为买卖双方提供了一个极为便利的交易渠道。卖家可以轻松地在网站上展示并发布自己的商品信息，而买家则可以随时随地浏览并选择心仪的商品进行购买。这种模式为消费者创造了一个自由、便捷的交易环境，极大地简化了买卖双方的交易过程。

3. 企业对企业（B2B）。企业对企业（Business to Business，B2B）电子商务是一种通过电子商务平台实现企业间产品、服务及信息交换的商业模式。在这一模式下，供应方企业可以在电子平台上展示产品信息，以吸引更多客户的关注并促成交易；而需求方企业则可以在平台上搜索所需商品及销售厂家的相关信息，实现在线洽谈和购买。这类网站并不直接拥有产品或经营商品，而是作为一个中立的平台，将供应商和采购商汇聚在一起，为企业间提供交易机会，从而推动商业合作的实现。

4. 线上与线下（O2O）。线上与线下（Online to Offline，O2O）电子商务模式结合了线上与线下的优势，使企业通过网络平台吸引客户，并引导他们在线上进行预约和支付，以购买线下的商品和服务。随后，客户会前往企业的实体店面享受所购买的服务。实施 O2O 模式的企业通常都拥有线下实体店，并且保证线上商城与线下实体店的商品和服务价格一致。随着二维码、微信等技术的普及，O2O 模式在餐饮、农业观光、体验消费以及团购等领域得到了快速发展，为消费者带来了更加便捷和丰富的购物体验。

第四节 农产品期货市场

一、农产品期货市场的定义

农产品期货市场是市场制度的一种革新①②，其含义有狭义和广义之分。从狭义角度看，它特指进行农产品期货买卖的场所；而从广义角度看，它代表了随市场经济发展而围绕农产品期货合约产生的经济联系。此类交易活动需要在规定地点，遵循既定规则和流程开展。因此，农产品期货市场形成了一个全面的组织架构，包

① 张辰利. 农产品期货与农业生产［M］. 北京：金盾出版社，2012.

② 中国期货业协会. 期货市场教程［M］. 北京：中国财政经济出版社，2013.

括期货交易所、结算机构、交易公司、交易者及监管机构等要素。

1. 期货交易所。期货交易所是一个专门从事标准化期货合约交易的专业平台。它可以实施公司制或会员制，并通过自我管理和公司章程来维持市场秩序，无论它是否是一个营利性机构。期货交易所不直接参与期货交易，也不拥有期货合约的实物资产，但它有许多关键的责任，包括提供交易设施和场所、设置市场规则和交易制度、监控交易行为、设计和推出期货合约、监控市场风险等。郑州商品交易所成立于1990年，是中国首个期货交易所，同时也是中国中西部地区的唯一一家。该交易所的交易品种涵盖了强筋小麦、白糖、甲醇等多种期货。

2. 期货结算机构。期货交易结算机构在期货市场中占据核心地位，负责执行至关重要的结算工作。其核心使命包括执行结算任务、确保交易履约以及管理市场风险，作为期货交易所中的独立第三方发挥着关键作用。

3. 期货交易公司。期货交易公司作为依法设立的中介机构，核心职责是代表客户在期货市场进行交易。客户委托是其行动的基础，所有交易均按客户指令进行，并以公司名义完成，以此收取相应服务费用。每个交易者的期望都是资产保值与增值，期望能直接在交易所操作。而期货交易具有高风险性，使得交易所实施了严格的会员制度，限制了会员数量，只有会员才能交易。这限制了市场规模的扩大。为平衡这一矛盾，交易所允许部分会员作为代理，接受非会员客户的委托进行交易，进而催生了期货交易公司的角色。

4. 期货交易者。期货交易者是指那些承认并恪守期货交易市场规定的人员，他们按照规定从事合法的交易活动。期货交易者依据参与市场的不同动机，主要可划分为两大类别：期货投机者和期货套期保值者。期货投机者主要是那些寻求投资回报的组织或个人，他们运用资金参与期货交易来实现这一目标。而期货套期保值者则是为了降低因市场变动所带来的现货市场价格波动风险，通过购买期货合约来达到这一目的。

5. 期货监督管理机构。期货监督机构是一个政府监管与自律管理相结合的机构，其主要目标是应对期货市场中的“市场失灵”现象。它通过运用法律、经济和行政等多种手段，对期货市场参与者的行为进行监管、引导和管理。

政府监管机构是基于相关法律法规设立的，其目的在于维护各方合法权益及社会公共利益，通过监管各参与者的行为来保障期货市场的平稳运行与良好秩序，对期货市场实施全方位的管理与监督。国内期货市场的政府监管机构是中国证监会以及派出机构（证监局）。自律性管理机构是以政府监管机构为核心的期货市场监管体系的重要组成部分，自身也是政府监管对象。

二、农产品期货市场的特性

1. 交易对象的特殊性。农产品期货合约是农业期货交易市场的核心交易对象，并由期货交易所依法统一制定并受到法律约束。它们详细规定了在未来某一特定时间和地点交付规定数量农产品的标准化条款，构成了市场交易的主要内容，并在交易所平台上进行集中竞价交易。值得注意的是，期货合约与现货合约之间存在着明显的差异。

第一，标准化与非标准化的区别。具体而言，农产品期货合约是一种高度标准化的合约形式，它详细规定交易数量、合约期限、产品质量标准、交货地点、每日价格波动上限、报价单位、交易时间范围、最小价格变动单位以及最后交易日等在内的各项细节。相反，农产品现货合同则展现出更大的灵活性，其条款由买卖双方依据各自的具体需求和意愿进行直接协商并共同确定。

第二，价格决定方式的区别。农产品期货合约的显著特征是，尽管它详细规定了众多条款，但农产品价格仍保留了其灵活性，成为唯一未被标准化的部分。然而，这一价格是在期货交易所这一平台上，通过公正、公平、透明且具有竞争性的交易过程形成的。与之相对，农产品现货合同的价格则是通过买卖双方的直接协商来确定，这一过程赋予了双方更多的自主性和灵活性。

第三，有无签约者的区别。在期货合约中，除价格外，所有的标准化条款都是在交易所内预先确定的，因此并不需要一个具体的纸质合同来确认。但在农产品现货合同中，所有条款均需要由买卖双方商定，并在合同中明确签署，以确保双方的权益得到保护。若要将现货合同转让给第三方，通常需要经过公正的背书程序。然而，农产品期货合约的转让则无须进行背书。

2. 交易产品的特殊性。农产品现货市场广泛覆盖了流通领域的多种农产品，其交易范畴十分广泛。而农产品期货市场的交易对象则更为具体，这些农产品需具备代表性，并满足一定条件，才能进行贸易，如质量标准、产量稳定性等，以确保期货交易的顺利进行。

一方面，农产品若要进入期货市场进行交易，首要满足的两个基本条件之一便是其品质等级须易于实现标准化。这是因为，标准化的品质等级便于交易后进行等级划分和品质评估，从而符合期货合约对产品品质的标准化规定。其次，农产品必须具备良好的储存性和运输性，这样才能确保在合约规定的交割日期内完成交付，满足期货合约对交割日期标准化的需求。但是，随着活牛、活羊、活猪等畜产品在交易环节中现金结算的运用，在一定程度上突破了能够长期储存并适合运输的要求对农产品进入期货市场的制约。

另一方面，农产品要进入期货市场交易，现货市场需要满足两大核心要素。首先，相关农产品的现货市场应趋近于完全竞争状态，这是确保价格发现机制有效运作的基础。其次，该现货市场需要达到成熟且健全的程度，以便交易者和投资者能充分利用期货市场，有效应对现货价格波动风险，或寻求风险中的盈利机会。

3. 交易目的的特殊性。农产品现货市场的主要目标是实现实物交付和所有权转移，实现农产品的价值。与农产品期货市场不同，其核心目的是通过期货合约交易，避免与农产品所有权相关的价格波动风险，或寻求风险资本的潜在利益。这两者在交易目的上存在显著差异，体现了现货市场与期货市场不同的功能和角色。

4. 交易场所和交易方式的特殊性。农产品期货市场的交易场所独具特色，所有交易活动均须遵循既定规则，在高度组织化的平台上统一进行，严禁分散交易。期货交易所实施严格的会员制交易模式，非会员无法直接入市交易，而需要借助会员单位（即期货公司）作为中介参与。相比之下，农产品现货市场的交易方式则显得更为灵活多变。现货交易既可以在如生鲜食品批发市场这样的集中场所进行，也可以采取更为分散的形式。通常，现货市场交易不受固定场所限制，且以分散交易为主要模式。

三、农产品期货市场的功能

1. 发现价格功能。农产品期货市场凭借一套独特的交易机制和规则，凸显了其价格发现功能的优势。在这一机制下，期货交易所作为交易平台，汇聚了大量交易者针对相同农产品进行买卖活动。通过公开、公平、公正的竞争性交易环境，期货市场得以形成一个真实、连续且具有权威性的未来价格信号。这个价格信号不仅全面融入了各类市场信息，而且随着市场条件的动态变化，逐渐趋同于未来某一时刻农产品现货市场的均衡价格。因此，期货价格被视为对未来现货价格的有效预估，构成了农产品期货市场价格发现机制的核心要素。

在仅有现货市场的情况下，农产品生产者会依据现货市场价格来预估未来农产品的价格，构成了一种静态的价格预期机制。用公式表示为：$P_t = f(Q_t)$，$P_{te} = P_{t-1}$，本期价格 P_t 取决于本期农产品的产量，本期的价格 P_{te} 等于上期价格 P_{t-1}，这与仅有农产品现货市场的情况相比，农产品期货市场存在着一种较为合理的预期价格机制。即生产者从期货市场获取反映农产品未来供求的价格信息，利用期货平均价格形成合理的价格预期，调整生产活动。用公式表示为：$Q_{ts}=f(P_{te})$，$P_{te}=P_{tf}$，本期产量 Q_{ts} 取决于本期预期价格 P_{te}，P_{te}（本期预期价格）$=P_{tf}$（本期期货价格），期货价格建立在供求关系之上的，能够比较合理地反映未来供求。与现货市场的不同是，在期货市场中，市场需求也受到期货市场价格的影响，$Q_{td}=f(P_{te})$，本期需求 Q_{td} 取决于本期期货价格 P_{tf}，并随之不断调整。这样就使得市场供求在期货价格引导下，得到事先调节，从而提前向新的均衡点移动。通过这种超期的期货价格机制调节能够有效克服现货价格失真和生产滞后的缺点。

2. 回避风险功能。回避风险功能是指对风险厌恶者采取一定措施，分散或转移交易，以尽量减少不良影响。

农产品现货市场中存在很多风险，如违约风险、政策风险等，从某种意义上来说，价格风险是一种最大的风险。由于供给的形成包括形成期和缩减期，农产品现货市场存在价格局限，且价格机制的调节具有滞后性。这导致现货市场经常出现周期性波动，尽管存在均衡状态，但仅通过价格的涨跌来调节需求只能实现短期的均衡。在现货市场中，农产品的所有权转移和风险转移是同时进行的，因此一旦产生价格风险，很难规避。价格波动风险给生产者、经营者和消费者带来了显著的不确定性，对各方利益造成潜在威胁。这种波动不仅可能阻碍生产者的简单生产和扩大再生产，还可能导致经营者无法在覆盖经营成本的价格下实现正常盈利。因此，降低这种风险对于稳定市场、保障各方利益至关重要。总体而言，价格波动风险损害了生产者和经营者的利益，从而产生了客观上对规避现货市场价格波动风险的强烈需求。

现货市场中还存在一些自然灾害等风险，可以通过一些途径得以回避，如购买保险，但保险公司对价格风险一般是不予受理的，所以价格风险回避更加有必要。对于生产周期较短的农产品，生产者可以通过观察现货市场价格或采用紧密的纵向一体化经营模式来降低价格波动风险。然而，对于生产周期较长的农产品，现货市场的供求机制自发调节往往容易导致价格波动。由于这类农产品在现货市场面临更高的价格风险，因此需要建立预先的调节和回避机制以应对。期货市场为农产品的生产者、经营者和需求者提供了这样的平台和机会，有助于他们降低价格波动风险，从而实现生产经营的稳定。

四、农产品期货市场的作用

1. 减缓价格波动。在期货市场顺利运作的情境下，如果现货市场存在农产品短缺，它将推高现货价格，进而引导期货价格相应上涨。这种价格上涨信号对生产者产生刺激，促使其增加供给。当期货市场的投机者认为价格很高时，他们就会以高价出售期货合约，这实际上增加了对市场的供应，缩小了供求差距，从而遏制期货价格的过度上扬，并起到稳定现货价格的作用。在这过程凸显了期货市场在调控农产品价格波动、促进市场稳定方面的关键作用。当现货市场农产品供过于求时，会导致现货价格与期货价格同步下滑。这种价格下调会激发消费者的购买意愿，增加市场需求。同时，期货市场中的投机者在认为价格已跌至较低区间时，会积极买入农产品期货合约，从而增强市场需求，减轻供求矛盾，防止期货价格进一步下跌，并有助于现货价格逐步回升。农产品期货市场通过其价格发现功能，能够调节未来供求关系，避免价格的大幅波动，使市场运行更加平稳。这一机制在维护农产品市场稳定、保障生产者和消费者利益方面发挥着重要作用。

2. 有助于政府宏观调控。农产品期货市场在政府的宏观调控中具有重要地位，主要是由于其拥有价格发现和风险规避功能。政府可以利用期货市场揭示的未来供求关系和价格信息，为重要农产品的制定和调整政策和措施提供准确的依据。同时，政府发布权威的未来供求与价格信息，有助于引导期货市场交易行为，从而强化其价格发现功能。期货市场的有效运行对现货市场的生产、加工、流通环节具有积极影响，从而推动整个农产品供求市场的优化调整。这种方式有助于政府以较低的成本实现政策目标，提高宏观调控的效果。农产品期货市场不仅为政府提供了重要的决策支持，还促进了市场的稳定运行，对农业生产者和消费者而言具有重要意义。

3. 锁定生产经营成本或利润。农产品生产周期较长，且受自然和经济因素双重影响，使得农产品生产者常常面临价格波动的风险。无论生产者还是中间商，都可能遭遇生产资料价格上升和农产品价格下跌的问题。然而，在高效运作的农产品期货市场中，其具备的价格发现与风险规避功能为生产者提供了一种途径，使他们能够在现货与期货市场之间建立风险缓解机制。生产者通过巧妙的期货与现货业务组合，能够有效降低现货市场价格波动带来的风险。当期货市场充分发挥其效能时，生产者可以依赖期货市场提供的可靠远期价格信息，进行远期合约交易及套期保值操作。这一策略使他们能够精确锁定农产品或其生产资料的成本，不仅稳定了生产和经营活动，还保障了生产者获得稳定的经济回报。

4. 引导农产品生产和农业种植结构调整。当农产品期货市场有效展现其价格发现功能时，其价格机制和信息机制大幅增强了市场信息的引导作用。这些即时更新的信息迅速反馈到现货市场，为生产者提供了根据期货市场预测未来价格的机会，从而合理调配资金。促使社会资源的配置更加高效，避免了因现货市场价格反应滞后可能导致的资源浪费。这种机制确保了市场的高效运作和资源的充分利用。

在市场经济环境下，单纯依赖政府的行政命令来调整农业种植结构已经无法满足现实需求，需要借助更多的市场工具来引导农户和农业企业做出决策。农产品期货市场是一个信息汇聚地，其中包含大量的供求信息和众多预测、投资专家。期货价格能客观反映未来市场供求趋势，成为代表性强的价格指数。因此，农产品期货价格对生产者制定种植和生产计划具有显著影响。同时，也是调整种植结构的重要依据，为农户和农业企业在市场经济中做出明智的决策提供了有力的支持。

5. 促进农业产业化发展。在产业化管理中，企业和农民作为主体，都受到现货市场价格波动风险的影响。为了避免和转移这些风险，在确保预期经营利益稳定的同时，需要利用期货市场的风险规避功能。通过期货市场，主体能够有效地对冲价格风险，保护自身利益，并实现更稳健的经营。

中国的农业生产主要以家庭的小规模方式进行，这使得订单农业成为中国实现农业产业化经营的关键方式。订单农业对于解决农产品销售难、增加农民收入、优化农业结构、推动农业产业化进程、提高农产品竞争力等方面具有显著作用。然而，其发展过程也面临一些挑战，如价格风险缺乏有效转移途径、农产品标准不统一、履约率较低、农产品质量不稳定等问题，这些都阻碍了订单农业的推广。

订单农业所面临的难题，可通过农产品期货市场的有效运作得到一定程度的缓解。首先，期货市场能够为订单农业提供价格参考，从而有助于转移价格风险。其次，期货市场可以提高订单农业的履约率。通过期货市场，加工和经营企业能够更准确地安排生产计划，并通过套期保值来锁定生产，从而转移订单价格风险。再次，期货市场的标准化合约和交割检验机制有助于引导农户重视农产品质量，推动他们注重提升产品品质。最后，期货价格为农产品生产者提供了合理且有效的价格依据。与现货市场相比，期货市场提供多个到期合约，能够反映未来价格变化，因此可作为确定订单价格的可靠依据。

五、农产品现货市场与农产品期货市场的关系

1. 农产品期货市场功能的产生与现货市场的需求。从制度演进的视角来看，农产品期货市场的出现与发展，是对现货市场不确定性增加、交易成本降低和风险

管理的迫切需求的回应。这一进程体现了市场经济体制不断完善与深化的重要制度变革。因此，农产品期货市场的功能产生与现货市场的发展需求紧密相连，共同推动着市场体系的完善与发展①。

2. 农产品期货市场功能的发挥需要现货市场具备的条件。从历史与逻辑的双重维度审视，农产品期货市场源自现货市场，并随着现货市场内部矛盾的演进而不断成长。现货市场构成了期货市场发展的基础，两者相互依存发展。结合理论与现实，农产品期货市场需要紧密贴合现货市场的实际需求，充分发挥其职能，助力现货市场的稳定运行。期货市场并非现货市场的替代选项，而是作为促进现货市场成熟与完善的补充力量存在。此外，期货市场的功能实现还依赖于现货市场的健全发展、高度的市场竞争环境等因素。

3. 农产品期货市场功能的发挥能促进现货市场发展与完善。农产品现货市场与期货市场之间存在相互依存且相互促进的紧密联系。虽然现货市场的发展对期货市场功能的实现起着关键作用，但期货市场也对现货市场具有显著的正面影响。通过其风险管理、价格发现和资源配置等独特功能，期货市场能够有效地调节和引导现货市场的运作，进而推动农产品现货市场的不断完善与发展。这种双向互动、相互促进的关系，共同促进了农产品市场的整体健康与进步。

本章小结

流通过程是由信息流、商流和物流组成的，农产品流通具有许多特点。农产品批发市场是现货市场的主要形式，在农产品流通中发挥商品集散、价格形成、供求调节以及信息中心的功能。农产品零售市场以农贸市场和超市为主导。随着社会与互联网的发展，新型产销对接模式与电子商务得到快速发展，是农产品现货市场重要新型形式。农产品期货市场已成为许多国家农业企业与农户识别风险，进而在比较稳定的市场中合理安排避险的重要工具。它是一种市场制度的革新，在交易方式、交易对象、交易场所与交易机制等方面都有着与现货市场不同的特点。期货市场最主要的功能是发现价格与回避风险，也是农产品期货市场最重要与最主要的功能。农产品现货市场与期货市场之间存在相互依存且相互促进的紧密联系。农产品期货市场产生于现货市场不确定性增加、交易成本降低和风险管理需求的回应，农产品期货市场功能的发挥能促进现货市场发展与完善。

---

① 乔娟，李秉龙，康敏．中国农产品期货市场功能与现货市场关系研究［M］．北京：科学出版社，2008.

本章参考文献

[1] 李秉龙，薛兴利．农业经济学［M］．北京：中国农业大学出版社，2015.

[2] 朱道华．农业经济学［M］．北京：中国农业大学出版社，2000.

[3] 孔祥智．农业经济学［M］．北京：中国人民大学出版社，2013.

[4] 孔智祥，马九杰．农业经济学［M］．北京：中国人民大学出版社，2023.

[5] 小林康平．体制转换中的农产品流通体系——批发市场机制的国际对比研究［M］．北京：中国农业出版社，1998.

[6] 安玉发，张浩．果蔬协议流通模式研究［M］．北京：中国农业大学出版社，2010.

[7] 乔颖丽．中国城市生鲜食品超市业态形成机理研究［M］．北京：中国农业出版社，2006.

[8] 张辰利．农产品期货与农业生产［M］．北京：金盾出版社，2012.

[9] 中国期货业协会．期货市场教程［M］．北京：中国财政经济出版社，2013.

[10] 乔娟，李秉龙，康敏．中国农产品期货市场功能与现货市场关系研究［M］．北京：科学出版社，2008.

第十五章　农产品国际贸易

学习目标

1. 掌握农产品国际贸易的基本理论
2. 理解 WTO 有关农产品贸易的基本规则
3. 了解中国农产品国际贸易现状

第一节　国际贸易的基本理论

国际贸易指的是全球各国及地区间在商品、服务和技术方面进行的交流互动。其形成与发展基于两大基本条件：一是存在可用于交换的剩余产品，即商品；二是国家或政治实体的建立。更为关键的是，国际贸易的兴起与发展是由社会生产力的提高和社会分工的深化所推动的。历经 18 世纪至 20 世纪的国际贸易实践积累，古典贸易理论体系逐渐成型，其中，亚当·斯密的绝对成本理论和大卫·李嘉图的比较成本理论构成了该体系的重要支撑，它们深刻揭示了国际贸易的起源、基础以及参与国际贸易对国家利益的深远影响。20 世纪上半叶，新古典贸易理论产生并发展，其中，赫克歇尔与俄林的要素禀赋理论是理论的核心。20 世纪 50 年代，里昂惕夫悖论对已有国际贸易提出了挑战，进而引起主流学派的反思，逐渐形成了自然学说、劳动熟练说等重要学说。第二次世界大战后，国际贸易实践突破了传统理论的解释和预见范畴，催生了国家竞争优势等现代国际贸易理论，进一步丰富了国际贸易的理论体系。

一、绝对成本学说

国际劳动分工和国际贸易理论最早由英国著名的经济学家亚当·斯密（Adam Smith，1723～1790）提出。同时，亚当·斯密也是古典经济学派的主要创始人之一。在亚当·斯密的时代，英国的工业革命逐渐开始，经济实力不断增强，新兴的工业资产阶级迫切要求资本主义在国民经济各领域快速发展。在当时的背景下，重商主义政策盛行，政府倾向于鼓励出口并限制进口。然而，这种政策对工业的自由发展和对外贸易的扩大构成了严重障碍，导致难以实现寻求海外廉价原材料和开拓更大产品市场的愿望。1776 年，亚当·斯密在其经典著作《国富论》中，从工业资本的角度出发，对重商主义进行了深刻的批判，并积极推崇自由经济理念。在国际贸易领域，他提出了绝对成本理论，为国际贸易理论的演进奠定了坚实的基础。

绝对成本学说主张当一个国家在生产某种产品上的成本低于其他国家时，该国应当专注于生产该产品。各国通过分工合作，各自生产并出口具有绝对成本优势的产品，同时进口不具有优势的产品，这种贸易模式能够使双方国家都获得利益。成本绝对学说强调了国际贸易中的绝对成本优势以及分工的重要性。

如果一个国家生产某种商品的成本低于其他国家生产同样商品的成本，那么该国应当生产并出口这种商品。比如非洲的马里生产花生的成本（包括土地、劳力、资金等费用）比与他进行国际贸易的国家成本低，马里就应该生产花生出口，这样贸易就发展了。因此，各国应当积极参与国际分工合作。当各国都专注于生产具有绝对成本优势的产品，并在国际市场上进行交换时，双方均可获得利益。为了简化经济分析，我们设定了两个产品：红酒和毛呢以及两个国家：英国和葡萄牙。另外，我们假设每个国家在生产每单位产品时的成本保持不变，并且仅考虑劳动力这一生产要素。在这一框架下，各国可以根据自身的成本优势和资源条件来制定生产策略，从而实现国际贸易的双赢局面，如表 15－1 所示。

表 15－1　　绝对优势比较（分工前）

国家	红酒		毛呢	
	产量（单位）	所需劳动力（人/年）	产量（单位）	所需劳动力（人/年）
英国	1	120	1	70
葡萄牙	1	80	1	110

当一个国家在某个产品的生产上具备优势，而在另一个产品上处于劣势时，这为国际分工和交换奠定了基础。以英国和葡萄牙为例，英国在毛呢生产上成本较低，而葡萄牙在红酒生产上更具优势。因此，英国选择专门生产毛呢以换取葡萄牙的红酒，而葡萄牙则专注于生产红酒以换取英国的毛呢。这种分工和交换模式使得两国都能从国际贸易中获益。表 15 –2 说明了通过分工，英国在现有的劳动力上毛呢的数量比分工前增加了，葡萄牙生产的红酒也比分工前数量也增加了。再假设国际贸易条件为，一个单位的毛呢换一个单位的红酒，在两种产品交换后，葡萄牙的红酒和英国的毛呢在国内的消费都增加了。由表 15 –2 和表 15 –3 可知，绝对成本优势说明了自由贸易能够促进国际分工并能使每个国家增加财富。

表 15 –2　绝对优势比较（分工后）

国家	红酒		毛呢	
	产量（单位）	所需劳动力（人/年）	产量（单位）	所需劳动力（人/年）
英国			2.7	190
葡萄牙	2.375	190		

表 15 –3　绝对优势比较（交换结果）

国家	红酒产量（单位）	毛呢产量（单位）
英国	1	1.7
葡萄牙	1.375	1

总的来说，亚当·斯密的绝对成本学说强调了社会分工和国际分工在资源利用方面的重要性，旨在促进贸易双方的共同利益。该理论的前提是，贸易参与国至少应具备一种低成本的国际贸易产品，这一假设在生产条件各异的国家和地区中具有合理性和适用性。这意味着，各国可以通过集中精力生产和出口具有绝对成本优势的产品，同时进口没有自身优势的产品，从而优化资源分配，使贸易效益最大化。然而，绝对成本理论也有其局限性，它只涵盖了国际贸易中的一个特殊情况，并不能充分解释国际贸易的多样性和复杂性。在现实贸易中，如果一国经济不发达，生产两种产品都处于劣势，这种贸易是否还会存在？显然，绝对成本学说无法回答这一现实问题，还需要其他理论进行解释。

二、比较成本学说

英国经济学家大卫·李嘉图（David Ricardo，1772 ~ 1823）在《政治经济学与赋税原理》一书中提出了比较成本学说，这是对亚当·斯密理论的深化和拓展。大卫·李嘉图观察到，亚当·斯密未能全面考虑一个关键要素：即使一个国家在所有产品生产成本上均高于另一国，国际贸易依然可以实现双方的互利。他进一步指出，国家应专注于生产劳动成本相对较低的产品，而非仅限于绝对成本低的产品。这种分工和贸易模式有助于各国实现劳动资源的节约和优化配置，从而获取实际利益。这一观点为国际贸易理论带来了新的视角和思考方向①。

为了解释这一理论，大卫·李嘉图沿用了亚当·斯密英国毛呢和葡萄牙红酒的例子。假设两国在进行贸易之前都在生产红酒和毛呢，其各自的生产成本如表 15－4 所示。

表 15－4　　　　比较成本学说（分工前）

国家	红酒		毛呢	
	产量（单位）	所需劳动力（人/年）	产量（单位）	所需劳动力（人/年）
英国	1	120	1	100
葡萄牙	1	80	1	90

如果按照亚当·斯密的绝对成本学说，在表 15－4 中的情况，这两个国家不能发生贸易，因为英国在红酒和毛呢两种产品上都没有绝对优势。但是，大卫·李嘉图证明，即使英国在两种产品都没有绝对优势，双方仍然可以进行互利的国际贸易。尽管英国在生产红酒和毛呢方面的成本都高于葡萄牙，但它在一些产品的相对成本方面仍有优势。具体来说，英国红酒的生产成本是葡萄牙的 1.5 倍，而毛呢的生产价格是葡萄牙的 1.1 倍。这表明，英国在毛呢生产方面比红酒更有效，因此在毛呢生产方面具有相对的相对优势。相比之下，葡萄牙的红酒价格仅为英国的三分之二，而毛呢的成本为英国的 90%，这表明葡萄牙在红酒生产方面具有更明显的优势。

从以上假设的数量来看，在国际分工之前，年度内两国共生产 2 个单位的毛呢和 2 个单位的红酒。在实行国际分工之后，英国毛呢的总产量为 2.2 单位（英国的总劳动量除以英国生产毛呢的单位劳动量 (100＋120)/100＝2.2），葡萄牙红酒的总产量为 2.125 单位（同英国毛呢的计算），如表 15－5 所示。

① 陈武．比较优势与中国农业经济国际化［M］．北京：中国人民大学出版社，1997.

表 15-5 比较成本学说（分工后）

国家	红酒		毛呢	
	产量（单位）	所需劳动力（人/年）	产量（单位）	所需劳动力（人/年）
英国			2.2	220
葡萄牙	2.125	170		

比较成本理论为国际贸易理论的进步构建了稳固的基础。其深远影响在于，无论国家处于经济发展的哪一层次，拥有何种产业结构或经济实力，都可以通过运用比较成本原理来识别自身的比较优势。这种相对优势不仅为国家提供了明确的生产和贸易方向，还是实现贸易利益的关键所在。

为了使比较成本学说有效运作，需要满足以下十个条件：第一，贸易仅涉及两个国家和两种商品；第二，生产要素必须得到充分利用；第三，要素市场必须是完全竞争的；第四，不存在运输费用；第五，所有劳动都是同质的；第六，成本不受规模变化的影响；第七，消费者的偏好保持稳定；第八，收入分配不发生变化；第九，贸易条件固定，且以物物交换为主要方式；第十，技术必须保持不变。但是，这 10 个条件要同时存在几乎是不可能的，所以比较成本学说的应用范围和程度都是有条件的，因而也是有限的。

三、要素禀赋学说

1919 年，瑞典经济学家伊利·赫克歇尔（Eil Filip Heckscher，1879～1952）提出了区域贸易理论，这一理论被视为对比较成本理论的补充。随后，1933 年，赫克歇尔的学生俄林进一步发展并深化了这一理论，并在其著作《区域贸易与国际贸易》中进行了详尽阐述。因此，该理论后来被广泛称作赫克歇尔—俄林定理，亦称要素禀赋理论①。在阐述自身观点的过程中，赫克歇尔—俄林理论首先对比较成本理论进行了批判性分析。

比较成本理论呈现出静态且单一化的国际分工和专业化视角，其基础在于固定（非可变）生产力的前提，这与现实世界的动态变化并不相符。此外，该理论在计算成本时忽略了地租这一重要因素。赫克歇尔—俄林定理预设了生产中资本与劳动等生产要素的组合比例固定不变，但这与实际情况存在显著偏差。此外，该理论还

① 赵伟．国际贸易——理论政策与现实问题［M］．大连：东北财经大学出版社，2004.

假定各类劳动工资的比例保持恒定，然而，现实中不仅各国间的工资水平存在显著差异，而且不同行业或专业领域内的工资也经常发生变动。更重要的是，该理论过于侧重从供给角度分析国际贸易，却忽视了需求变化对国际贸易的深远影响。实际上，需求的变化能够显著影响产品的成本和价格，从而直接影响一国的进出口贸易。

在指出比较成本学说的局限后，赫克歇尔—俄林定理为国际贸易提供了新的视角。该定理强调，国际贸易的互利性源于各国要素禀赋的独特性。由于多种因素影响，各国在要素资源上存在差异，有的要素丰富，有的则相对稀缺。因此，各国应专注于出口那些利用本国丰富要素生产的产品，并进口那些依赖本国稀缺要素生产的产品。这种基于要素禀赋的贸易模式有助于各国优化资源配置，提升生产效率，最终促进国际贸易的互惠互利。

要素禀赋理论的核心逻辑是：国际贸易的直接动力在于各国同一产品价格的不统一，这种价格差异反映了生产成本的不同。成本差异的背后，是要素价格的差异，这源于各国要素供给量的不同。这种差异实质上凸显了各国在要素禀赋上的独特性。因此，国际贸易的本质是一个基于各国要素禀赋差异的资源优化配置过程，通过国际贸易，各国能够更有效地利用自身丰富的要素资源，实现互利共赢。在特定时间内，一国内部产品和生产要素的价格由供求关系决定，这涉及消费者偏好、个人收入、要素禀赋和物质条件等四个关键因素。当一国某要素供给相对丰富时，其价格较低，导致使用该要素生产的商品成本也较低。相反，供给较少的要素价格较高，相应产品的成本也较高。因此，各国应根据其要素禀赋优势来进行国际贸易，出口密集使用其丰裕要素的商品，进口密集使用其稀缺要素的商品。

要素禀赋学说建立在一系列严谨的假设条件之上，这些条件构成了其理论框架的基础。具体而言：第一，它设定了一个简化的“2－2－2”贸易世界模型，即仅涉及两个国家、两种生产要素（劳动与资本）以及两种产品的交换。这一设定有助于抽象出国际贸易中的核心要素，便于理论分析。第二，该理论假定产品市场和生产要素市场都是完全竞争市场，即市场中不存在垄断势力，价格完全由供求关系决定，并且不存在关税和运输成本的障碍。这样的市场环境确保了资源的有效分配和价格的公平性。第三，关于规模报酬不变的假设，它是指在生产流程中，无论生产规模如何变化，单位产品的成本都维持恒定。这一条件简化了生产函数的分析过程，使得理论推理更加明确和直观。第四，要素禀赋理论的前提是每个国家的要素资源是既定且可量化的，同时假定要素的密集程度不会发生反向变化。这意味着每个国家都拥有一种相对丰富的生产要素（劳动或资本），并据此生产相应的密集型产品（劳动密集型或资本密集型）。第五，为了保持生产函数的可比性，该理论假设两国同一产品的生产函数相同，且均为一次齐次函数。这意味着在相同的生产要素投入下，两国能够生产出相同数量的产品，且生产规模的变化对产出有同比例的影响。第六，偏好相同的假设简化了需求侧的分析，使得理论能够专注于供给侧的要素禀赋差异对国际贸易的影响。第七，为了避免极端情况对理论有效性的干扰，要素禀赋学说假设这两个国家都不是完全专业化生产。这意味着每个国家都会生产两种产品，尽管其中一种可能是主导产品。第八，国际贸易平衡的假设意味着在长期内，两国的进出口总额相等。这一条件虽然在实际中可能难以完全满足，但在理论分析中有助于保持模型的稳定性和一致性。

批评家们认为，上述假设条件与国际经济现实并不完全吻合，这导致了对赫克歇尔—俄林理论的诸多质疑。诺贝尔经济学奖得主瓦西里·列昂剔夫开展了一项极具影响力的研究，其结果显示，美国出口的资本密集程度平均而言低于其进口，这一现象与赫克歇尔—俄林理论的预测相矛盾，被学术界称为“列昂剔夫悖论”。该悖论促使人们深入反思比较利益的本质来源，并激发了国际贸易理论发展的新动力。然而，尽管面临挑战，赫克歇尔—俄林理论在 20 世纪 80 年代仍被视为国际贸易领域的基石。

四、比较优势理论的新发展

赫克歇尔—俄林理论主张，资本充裕的国家通常倾向于出口资本密集型商品并进口劳动密集型商品。然而，到了 20 世纪 50 年代，列昂剔夫却发现了一个反常现象：美国出口的资本密集程度反而低于其进口，这与理论预期相悖，该现象被后人称为“列昂剔夫悖论”。这一发现引发了人们对传统理论的质疑，促使学者们从 20 世纪 60 年代末开始探索新的解释方法，以揭示影响贸易与生产格局的多元因素①。

1. 熟练劳动说。该学说指出，美国在教育、在职培训和医疗保健方面投入了大量资金，并致力于提高熟练劳动力的质量。这些努力不仅提高了劳动力、专业人员、管理人员和官员的服务质量和决策能力，还凸显了美国在科技领域丰富的熟练劳动力资源。因此，美国出口商品中熟练劳动的含量较高，超过了进口商品，这成为其国际贸易竞争力的重要支撑。

---

① 李秉龙，薛兴利. 农业经济学［M］. 北京：中国农业大学出版社，2015.

2. 自然资源产业说。自然资源产业说强调，深入研究美国自然资源产业结构对于理解其贸易格局至关重要。这一观点建立在美国自然资源相对稀缺的基础上，其自然资源产业，特别是采矿和初级加工业，呈现出高度的资本密集性。为保护国内资源和资本积累，美国不出口有限资源。相反，它进口高度资本密集型的自然资源产品，以满足国内市场需求。

3. 国内需求说。国内需求理论提出，尽管国内市场的消费或投资是产品未来可能出口的先决条件，但它并不足以保证出口的实现。一个国家在满足其国内需求和偏好之后，才可能考虑将市场拓展至国际层面。该理论还深入阐释了两国间需求结构的相似性对贸易合作潜力的关键作用：需求结构愈相似，两国间的贸易合作空间就越大；相反，若差异显著，则贸易往来的可能性会相应减小。一般而言，这种需求结构的差异主要由各国的收入水平所决定，因此，收入水平接近的国家之间往往更容易形成密切的贸易关系，并拥有更大的贸易规模。

4. 产业内部贸易说。产业内部贸易说着重指出“差异产品”在国际贸易中的重要性，这些产品因风格、质量、使用特性或品牌名称上的细微差别而成为性能相近的替代品。规模经济不仅在大规模生产中体现，也体现在同一厂商生产不同差异性产品的过程中。由于每个国家都存在一部分消费者偏好偏离主流口味，因此，各国倾向于专门生产某一特定类型的差异性产品。这种消费偏好的差异导致对相似但具有不同特色产品的进口和出口需求，从而构成了产业内部贸易的主要动因。

五、国际贸易的新理论

1. 跨国公司与政府在国际贸易中起到重要作用。

对贸易格局的传统预言，被某些产业巨大规模经济的出现和某些特大型公司的出现所挫败。古典理论认为公司贸易影响价格的力量，只要有多家公司一起经营，就不必把战略性行为考虑进去，所有公司都被认为是价格的接受者。然而，随着产业的逐渐集中，大公司对市场行为和市场结构的影响日益显著，为公司和政府在全球市场上建立竞争优势提供了机会。

2. 国际贸易源自规模经济效应与运输成本的降低。

保罗·克鲁格曼将国际贸易与经济地理学中与之前完全不同的研究领域综合在一起，认为国际贸易主要是源自规模经济效应和运输成本的降低。消费者的多样化需求推动了世界市场向大规模生产转变，取代了传统的小规模生产模式。在大规模生产环境下，同行业公司生产的类似产品形成了激烈的竞争环境。产业内贸易促进了产品的规模化和专业化生产，从而实现了产品的低成本和多样性。规模经济效应和运输成本的降低为我们揭示了全球城市化趋势的原因，即类似的经济活动趋向于集中在特定地区。低运输成本推动了这一自我强化的进程，同时城市人口的增长也进一步促进大规模生产和多样化的产品发展。这种现象反过来又进一步刺激了人口向城市的迁移。

3. 国际贸易产生的条件是分工经济大于交易费用。

自20世纪80年代，杨小凯①等提出了新型古典贸易理论，主张国际贸易和国内贸易都是专业化经济与降低交易成本之间冲突的结果。贸易是调和生产专业化与消费多样化之间矛盾的核心机制，但在交易过程中伴随着一定的成本。若专业化所带来的收益不足以弥补这些交易成本，贸易活动将无法持续，人们将被迫回归自给自足的状态。贸易能够产生的经济前提是，劳动分工所产生的经济收益必须高于交易成本，如此，个人才能通过专注于不同的生产领域，并依靠贸易活动来满足自身多样化的消费需求。随着交易效率的不断提升，贸易的范围逐渐从地区性扩展至全国性，进而达到国际性水平。当多样化消费带来额外利益时，交易效率的提高将进一步促进商品种类的增加。这一理论框架为深入理解商品化程度、经济一体化水平、专业化程度、经济结构多样性以及生产集中度等组织结构问题提供了宝贵的视角和洞见。

第二节 WTO有关农产品贸易的基本规则

世界贸易组织（WTO）是一项旨在建立国际贸易规范的多边条约。在乌拉圭回合谈判之前，农产品贸易不受多边贸易规则的限制，成为商品贸易的一个特殊例外。但是，自1995年1月1日起，世贸组织开始取代关贸总协定的职能并正式运作。与此同时，《乌拉圭回合农业协议》（简称《农业协议》）这一关于国际农产品贸易的重要公约也开始实施。该协议的核心使命在于消除国际农产品贸易中的扭曲因素，推动贸易自由化进程，并保障农产品贸易能在公正且公平的国际环境中稳健前行。

2001年11月9日至13日期间，于卡塔尔多哈召开的第四届世界贸易组织部长

① 杨小凯等. 新贸易理论、比较利益理论及其经验研究的新成果［J］. 文献综述. 经济学（刊），2001（1）：19-44.

级会议，经过审议，批准了《中国加入世界贸易组织议定书》。同年 11 月 11 日，中国政府在会议上郑重签署了该项协议。紧接着，在 12 月 11 日，中国正式成为世界贸易组织的一员①②。

一、扩大市场准入，消除非关税壁垒

各国普遍运用关税和非关税壁垒，如进口配额和进口许可制度调节农产品的进口。然而，农产品贸易的自由化需要逐步减少这些限制。鉴于不同国家面临着不同的经济形势和环境，完全取消进口限制是一项具有挑战性的任务。因此，各国需要在可行的范围内逐步放宽进口限制，以促进农产品贸易的自由化。《农业协定》的目标是提供市场准入，逐步放宽进口限制，促进农产品贸易自由化和公平竞争。

1. 取消非关税壁垒，降低关税税率。

消除非关税壁垒的措施包括取消进口配额及进口许可证制度等。不过，若某成员方决定不将非关税措施转化为关税措施，则其需要承诺以较低的关税引入一定数量的外国商品。在转换过程中，存在一些特殊情况。《农业协定》规定了三个例外情况：一是为了保持国际收支平衡，尤其是允许发展中国家保留非关税措施作为关税的特例；二是依据 1994 年关贸总协定或其他世贸组织协议所采取的措施，尤其是与农业不直接相关的非关税措施，可获得豁免；三是成员方有权选择暂时维持非关税壁垒，同时需向其他成员方保证最低限度的市场准入。

2. 削减进口关税，扩大市场准入机会。

《农业协议》详细说明了降低混合关税的幅度。在该协定生效后的头六年里（1995～2000 年），发达国家不得不以 1986～1988 年的平均税率为基础，将其农业进口关税降低 36%。在发展中国家，在今后 10 年（1995～2004 年）内，这一降幅要求为 24%。对于每种农产品，发达国家至少需要降低 15%，发展中国家需要降低 10%。最不发达国家不受这种限制，可以自行决定是否调整关税。在计算关税减让时，依据产品是否受非关税措施影响及关税是否受约束来确定计算基础。若产品未受到非关税措施的制约，其关税减让将基于所规定的约束关税水平来计算；而若关税未受约束，则将以 1986 年 9 月 1 日的关税水平作为基准来计算相应的减让幅度。

---

① 孙东升. WTO 与中国农产品贸易［M］. 北京：中国农业出版社，2001.

② 张汉林等. WTO 与农产品贸易争端［M］. 上海：上海人民出版社，2002.

进口关税在各国调控进口产品及保护国内农产品生产中发挥着关键作用。《农业协议》虽然为削减关税设定了具体目标，但这仅是农产品自由化进程的一个起点。为了持续推进农产品自由化，需要不断进行多边贸易谈判。若新一轮谈判能够成功实现农产品进口关税的进一步降低，将为自由化进程注入新的活力。

3. 关税配额水平的约束及其非歧视性实施。

当某些农产品的进口涉及双边协定时，一些国家和地区可能会选择与其他国家签署此类协定。然而，这些协定中可能有很高的具有约束力的关税，这将对有关国家和地区产生不利影响。为了平衡这种影响，需要为这些国家和地区设定更高水平的关税限制。此外，为了确保国内市场的稳定，满足国内消费者的需求，这些国家和地区还需要进口一定数量的农产品。这种具体的进口安排被称为“关税配额”。在“关税配额”范围内，进口可以享受较低的进口关税，而不是较高的最惠国税率。通常，将“关税配额”下的关税税率控制在 0 ~ 23% 的范围内，以促进国内市场的稳定和农产品的平稳流通。

4. 规定最低市场准入机会。

为了解决一些国家和地区在实施非关税措施方面存在的难题，《农业协定》允许进口国设立最小限度的市场准入机会，以促进农产品的进口数量，加强进口自由化。但是，应满足以下条件：首先，根据 1986 ~ 1988 年的数据，产品进口量必须小于国内消费的 3%；其次，1986 年以来不受出口补贴；最后，如果产品是初级产品，则必须采取有效的生产限制。这些条件共同确保了最低市场准入机会的有效实施。

5. 特殊保障条款。

《农业协议》为了减轻关税化可能导致的进口激增对进口方造成的不利影响，特别纳入了保障条款。在执行协议期间，一旦关税化产品的进口量急剧上升或价格显著下跌，成员方有权采取征收附加税的措施来应对这种市场冲击。而启动这一保障条款的依据，是成员方所设定的价格与数量的触发标准。在已经按照关税化要求进行操作的前提下，成员方可以利用这一条款来限制进口，从而防止进口量激增或价格大幅下跌对国内市场造成冲击。

特殊保障机制包括两种情形：一是“数量触发”，适用于进口量急剧增加的情况。当某年的进口量超过过去三年的平均水平时，成员方可利用此条款进行进口调控。但是，应当指出的是，征收的最高附加税税额是约束关税的三分之一，这一措施只适用于本年度。二是“价格触发”，它用于应对进口产品价格的大幅下跌。只有当进口价格低于 1986 ~ 1988 年平均进口价格的 10% 时，成员方才可以激活本条款。但重要的是，“数量触发”和“价格触发”这两种情形是互斥的，即成员方只能选择其中之一来应对，不能同时使用。

二、削减出口补贴，促进公平竞争

出口补贴被视为政府政策中导致贸易扭曲最为严重的措施之一。在乌拉圭回合谈判启动之前，尽管工业领域的出口补贴已受到实际约束，但在农产品出口补贴方面的成果却相对有限。然而，乌拉圭回合在削减农产品出口补贴方面取得了显著突破。根据《农业协定》的规定，成员方需要作出承诺，减少享受补贴的农产品出口数量，并相应削减相关的财政预算开支。与此同时，该协议明确禁止对在基准期间不接受出口补贴的农产品实施新的补贴，以进一步规范国际贸易秩序。

三、削减和规范国内支持，完善竞争机制

《农业协定》对国内农业支持政策的不同影响进行了分类，并对各种政策提出了具体要求。首先，成员方被要求削减“黄箱”政策，因为该政策造成了巨大的贸易扭曲。其次，“绿箱”政策对市场扭曲影响不大，它允许成员方在不承诺做出让步的情况下继续实施。第三类政策被称为“S&D”政策，即特殊及区别对待政策，其目的在于支持对发展中国家的投资补贴，以及对低收入和资源匮乏群体的投资补贴，并激励成员方停止对非法麻醉品种植的支持。此外，“蓝箱”政策则涉及在生产限制计划下直接向生产者付款，且不受任何让步或上限的限制。

1. “绿箱”政策、“S & D”政策和“蓝箱”政策。

《农业协议》定义了三种农业支持政策：“绿箱”“S&D”和“蓝箱”。其中，“绿箱”政策指政府承担费用的农业计划，不增加消费者负担且不影响生产者，涵盖一般性服务、与生产无关的收入支付、安全储备费用、自然灾害救济、环保计划、粮食援助、结构调整援助以及地区援助等。而“S&D”政策主要支持发展中国家的农业生产者，包括投资补贴、资源贫乏补贴、鼓励放弃非法麻醉品种植的支持。至于“蓝箱”政策，涉及某些国家和地区在生产限制计划下，基于固定面积、产量（低于基期85%）或牲畜头数向生产者直接付款。这些分类旨在明确政策性质和影响，推动农业市场健康发展。

2. 国内支持减让。

《农业协议》定义了“黄箱”政策，指除了特定几类外的国内农业支持政策。

这些政策需要被削减，因为它们是由纳税人和消费者承担的，并可能导致资源不公平和扭曲。通常包括直接支付（特定农产品）、市场价格支持、营销贷款和各种补贴。为了量化这种支持，引入了综合支持量（AMS）概念。但是，如果发达国家对某一特定农产品的国内支助不超过该产品产出的5%，发展中国家的10%，这些支助可以减让，但不计入综合支持量。

四、规范卫生和植物检疫措施，严防设置非关税壁垒

乌拉圭回合谈判中，卫生与植物检疫措施作为一个核心议题，因紧密关联农产品谈判而备受瞩目。这些措施最终被整合进独立的《卫生与植物检疫措施协议》（SPS）法律文件中，构成了乌拉圭回合最终成果的关键一环。该协议适用范围广泛，涵盖了所有可能对国际贸易产生影响的动植物卫生检疫举措。其核心宗旨在于维护人类、动物及植物的生命健康权益，同时力求减少对国际贸易造成的不必要阻碍与歧视现象。

这些措施必须以科学为依据，严禁不公平的歧视。协议的执行要参考国际标准、建议和准则，需要随着科学进步不断更新和完善。此外，协议鼓励各国积极参与相关国际组织及其附属机构，以推动全球标准的协调统一。在制定检疫措施时，成员方应全面考量科学依据、基于风险评估，生产流程、检验技术、病虫害非疫区状况、生态环境条件、其他检疫和处理方法等因素。

第三节　中国农产品的国际竞争力

一、中国农产品国际贸易格局的演变

中国作为全球农产品生产与消费的重要国家之一，但在国际农产品贸易中的参与度却相对较低。尽管过去二十年见证了中国国际农产品贸易的一定增长，但在整体贸易份额中的比重却呈现出下降趋势。自20世纪90年代中期以来，农产品在进出口总额中的占比已经缩减至不足10%。1990～1999年，中国农产品的对外贸易规模持续扩大，并保持顺差态势，尽管这一顺差规模并不稳定。然而，根据WTO的国际贸易数据，2000～2006年，中国农产品国际贸易连续出现逆差，且逆差趋势仍在不断扩大。

中国农产品贸易规模的变化呈现出三大明显特点：第一，过去20年间，中国农产品贸易的增长势头在全球范围内十分强劲；第二，中国在全球农产品贸易中的占比持续上升，凸显了中国在国际农产品贸易中的重要地位；第三，值得关注的是，中国已从农产品的净出口国转变为净进口国。

观察到农产品进出口结构的变化，我们发现一个显著趋势：多种因素共同促使农产品贸易结构发生转变。依赖土地资源的农产品，如粮食、棉花、油料等，其出口比例有所下降，而进口量却持续攀升。与此同时，劳动密集型产品如动物产品、园艺产品及加工农产品的进出口占比在不断提升。这一变化的主要驱动力是经济发展，它加速了技术进步与资本积累，为产业升级提供了强大动力，从而加剧了对土地等自然资源的竞争与需求。此外，农业劳动力就业机会的增加与收入水平的提高，也相应地提升了农业劳动力的机会成本。这些因素的共同作用，促使国内资源逐渐从农业转向资本密集型和技术密集型产业，进而削弱了农业的比较优势地位。

二、中国农产品国际贸易的结构特征

1. 中国农产品国际贸易的地区结构特征。

自1990年起，中国农产品的出口市场结构一直保持稳定，主要出口地集中在亚洲国家及美国，在这些国家的贸易比重由1990年的63%逐步上升至2012年的70%以上，呈现出持续增长的趋势。相比之下，中国农产品进口市场的结构发生了显著变迁。尽管北美国家和澳大利亚持续占据进口的主导地位，但巴西的进口增速尤为突出。与此同时，来自欧洲及亚洲其他国家和地区的进口量却有所减少。值得注意的是，前五大进口市场在中国农产品进口贸易中的占比已从1990年的不足60%大幅跃升至2012年的75%以上。而中国农产品的出口市场则主要集中在亚洲、欧洲和北美地区。2011~2012年，前五大出口市场分别是日本、欧盟、东盟、美国和中国香港，总出口额达到437.4亿美元，同比增长4.7%，占该年度农产品出口总额的69.2%。然而，由于欧洲债务危机的冲击，2012年中国对欧盟的农产品出口同比减少了6.7%。与此同时，为了满足国内对大豆的巨大需求，2012年中国主要的农产品进口来源转向了美洲，特别是主要的大豆生产国。美国、巴西、东盟、欧盟和澳大利亚，进口总量达797.8亿美元，同比增长18.2%①。

① 数据来源：2014年中国农产品贸易发展报告。

2. 中国农产品国际贸易的产品结构特征。

1990～2012年，我国农产品的贸易规模和比重经历了显著的变化。1990年，纺织纤维类、蔬果类、肉类、水产类和动植物原料类农产品在出口中占据重要地位。然而，随着国际贸易的发展，这些产品的出口规模与比重均有所变动。近年来，我国水果、蔬菜、肉类、水产品、动植物原料等农产品的出口规模持续扩大，其在农产品出口总额中的比例也逐渐增加。特别是2012年，我国主要出口农产品由水果和蔬菜、纺织纤维、谷物、油籽转向谷物、水产品和水果、蔬菜。这一变化反映了我国农产品出口贸易的日益集中，部分农产品的出口规模更加集中。

三、加入WTO后中国在农业方面的主要承诺及对农产品贸易的影响

1. 中国加入WTO在农业方面的主要承诺。

农产品关税减让。中国根据谈判承诺，逐年稳步降低各类农产品的关税，并实施了相应的约束措施，以此推动了农产品的关税削减进程。2000～2012年，农产品的平均关税水平持续下降，从起初的21.3%减少至15.2%。在这一关税下调的过程中，大部分农产品的关税减让承诺已在2004年得以实现。尤为值得一提的是，水果、葡萄酒、肉类及奶制品等特定农产品的关税降幅尤为显著，这充分展现了中国在农产品贸易领域内所秉持的开放立场和所采取的积极措施。

对于重要农产品，中国实施了关税配额管理制度。自加入世贸组织以来，中国遵循世贸组织农业协定，废除了对主要农产品的数量管制，转而采用关税配额管理。该制度涵盖了小麦、大米、棉花、玉米、大豆油、糖和羊毛等商品，其中配额内关税保持在1%～10%，而配额外关税则高达10%～65%。中国还承诺允许非国有进口商参与关税配额的分配，并确保在国有企业未购买全部配额时，剩余配额能够转给私营进口商。不过，值得注意的是，中国在粮食、糖、棉花和石油等一般贸易进口商品上，仍然维持了国有贸易和专营权的做法。为确保关税配额管理的透明性、统一性、公平性、可预测性及非歧视性，中国郑重承诺将明确公布关税配额的发布与发放时间，确保这些信息能够充分反映消费者和最终用户的需求。同时，中国将采取措施，避免任何阻碍配额充分利用的情况发生，并为未能及时使用的配额提供再分配的机会。

国内支持的限制。根据中国加入世贸组织的规定，中国仍保留在农业政策中提供具体和非具体支持（即“黄箱”补贴）的权利，占具体产品和农业生产总值的

8.5%。同时，“绿箱”政策的使用不受限制，为中国政府提供增加农业支出的机会。这意味着中国政府可以灵活运用各类农业支持政策，以促进农业发展和提升农业生产效率。简而言之，中国在农业政策上具有相当的灵活性，能够通过“黄箱”和“绿箱”政策来促进农业发展。

非关税措施的取消。在加入世贸组织后，中国根据该议定书的规定，逐步取消了一些针对农产品的非关税措施，包括配额和许可证。具体来说，烤烟、烟草、羊毛以及糖等非关税措施在加入世贸组织后立即被废除，而橡胶等非关税措施在2004年被逐步取消。此外，中国还取消了小麦、玉米、大米、稻谷以及豆油、棕榈油、花生油等多种食用油的单一许可证要求。

出口补贴的消除。中国已郑重声明，将严格遵循《农业协议》的条款，停止对农产品实施出口补贴政策。同时，中国承诺其国家和地方所属的国有贸易企业在经营活动中将全面履行世界贸易组织（WTO）的相关责任。此外，中国各级管理部门确保不会向企业提供任何违反 WTO 规定的资金支持或其他形式的优惠待遇，包括但不局限于不对出口损失进行补偿。

卫生与动植物检疫的限制。在中国加入世贸组织后的30天期限内，世贸组织全面接纳了中国在卫生与动植物检疫领域的法律、规章及措施，这些举措蕴含了广泛的承诺，并遵循国际标准、指导原则及建议。同时，中国政府已正式宣告，将严格遵循世贸组织关于卫生与动植物检疫的法律法规，以保障国际贸易的公正性和透明度。

2. 中国加入 WTO 对农业和农民所产生的影响。

第一，提高了中国农产品市场的开放程度。中国在加入世贸组织的过程中，显著提升了农产品市场的开放水平，为此做出了重大让步与承诺。具体而言，农产品关税经历了大幅度下调，从1992年的54%显著下降至2001年的17.9%，整体降幅高达66%。在降税过程中，73%的农产品关税削减超过了60%，而一些关键农产品如油菜籽的关税降幅更是达到了93%，其他重要产品的降税幅度也超过了50%。加入世贸组织后，关税从2001年的17.9%降至2012年的15.2%，降幅16%。这些减让远超《农业协议》要求，比其他成员承诺大得多。中国农产品的关税平均减少是发达成员方的两倍，是发展中成员方的三倍。关税结构简单，大宗农产品关税配额较大，配额内关税为1% ~5%，配额外最高为65%。但事实上，随着一些高关税农产品进口越来越少，低关税产品进口多，如棉花、大豆和食用油关税只有1%、3%和9%，中国农产品的实际进口关税远低于承诺的水平，和2004年的实际加权平均关税不到8%①。

① 数据来源：中华人民共和国商务部。

中国已成为全球范围内农产品开放程度极高的国家之一。在小麦、棉花、大米、糖、玉米、羊毛及食用油等农产品领域，中国的配额位居世界前列。尤为突出的是，大米、棉花、食用油及羊毛的配额占据了世界总配额的显著份额。自2005年起，中国在小麦和玉米上的关税配额已经大幅超出了世贸组织所规定的最低市场准入门槛。此外，中国棉花的实际进口量也大大超过了承诺的进口配额量，近几年的实际进口量持续大幅上升。

第二，农产品进口剧增，压低了国内市场价格，使农民的利益受损。尽管农产品贸易自由化推动了中国农产品国际贸易的快速发展，但其进出口增长却呈现出不平衡状态。根据WTO贸易统计数据，中国在1999年农产品贸易尚能实现22亿美元的顺差。然而，从2000年起，贸易结构发生了根本性变化，进口额超越了出口额，导致出现了31亿美元的逆差。此后，这一逆差逐年扩大，2003年增至83亿美元，到了2004年更是跃升至181亿美元。这一趋势反映出农产品进口的大幅增长已经对国内农业的发展空间造成了压缩影响。

大量进口资本或劳动密集型的农产品，已经给中国农业产业结构的调整带来了空间上的挤压。例如，过去在中国西部地区，细羊毛产业曾被视为“软黄金”，得到大力发展，并成为农民增加收入的重要途径。但近年来，随着羊毛市场的开放，国内细羊毛产业遭受了进口产品的强烈冲击，导致大部分市场份额被进口产品占据。此外，国内某些高端农产品市场，如高档牛肉和水果等，也面临着外国产品的激烈竞争，市场份额被不断抢占。

第三，中国农产品出口仍然面临着较高的市场准入壁垒。尽管乌拉圭回合后农产品进口关税普遍降低，但中国农产品出口仍遭遇较高的市场壁垒。这主要归因于中国农产品主要销往日本、韩国和欧盟等设有高关税壁垒的国家。商务部数据显示，中国农产品所面临的出口贸易壁垒高达31.6%，是全球平均水平的两倍之多，位列所研究的国家和地区之首。

随着农产品贸易自由化的推进，乌拉圭回合《农业协议》已大幅削减并限制了农产品关税，使得关税壁垒在保护国内农业方面的作用日益减弱。同时，传统的数量限制壁垒和差别税等非关税壁垒也通过关税措施被逐步废除。在此背景下，技术性贸易壁垒作为一种隐蔽、低透明度且难以监管与预测的保护手段逐渐崭露头角，并成为发达国家保护其国内市场的核心策略。尽管国际技术标准的统一能在一定程度上减少部分技术壁垒，但随着科技的不断进步以及对安全环保要求的提升，新的技术壁垒将持续涌现并不断更新，成为国际贸易中的主要壁垒形式，对农产品出口的限制越发严峻。

卫生与植物卫生措施（SPS）对中国农产品出口构成了显著挑战。欧盟、美国、日本等发达国家通过设置技术性贸易壁垒，如提高标准、增加检验检疫项目和频繁变动法规，对中国农产品出口造成了限制。尽管中国农产品在全球贸易中的地位持续上升，但 SPS 措施仍是其出口面临的一大难题。据统计，全球约 70% 的 SPS（卫生与植物检疫措施）通报涉及中国农产品，这些措施主要着眼于维护人类和动植物的健康与安全。在 2002 年与 2013 年的总通报中，食品安全与动物健康成为关键焦点。不过，我国农业的基础条件相对薄弱，特别是在畜禽养殖业方面，主要表现为小规模家庭经营模式占主导，且整个行业的生产条件较为局限。这一情况导致中国的畜禽产业在食品安全与动物健康领域面临着来自发达国家现代化农场的激烈竞争，进而加剧了卫生与植物卫生（SPS）措施对中国农产品出口的制约。

各国依据各自的法律法规和标准，针对我国在农产品贸易中的出口产品实施了多样化的限制与规定。作为全球主要的农产品出口大国，美国已构建了一套全面的食品安全监管框架。因此，中国农产品若欲顺利打入美国市场，就必须严格遵循《食品、药品和化妆品法》等相关法律法规，以满足其严苛的市场准入条件。与此同时，美国对中国农产品的限制尤为严格。相比之下，日本对中国农产品的管理正逐步向生产环节延伸，导致中国农产品在日本受阻的情况有所减少。此外，韩国对中国农产品的进口规模也相当可观，但近年来中国农产品在韩国遭遇阻碍的比例也相对较高。

第四，农产品市场进一步开放的压力在加大。随着多哈回合谈判的深入以及中国与多个国家自由贸易区的建立，全球及中国的农业贸易自由化程度持续加深。总体而言，相较于中国加入 WTO 时的重大影响，多哈回合谈判对中国农业的影响相对较小。其主要原因为：首先，中国加入 WTO 后，农产品关税已大幅降低，成为 WTO 成员中关税最低的国家之一，且没有发达国家所面临的减少农产品出口补贴和削减国内支持的压力；其次，多哈回合贸易政策的变动对中国农产品产生的负面影响有限，并不会对所有缺乏比较优势的农产品都产生不利影响。相反，多哈回合将削减发达国家对农产品的国内生产补贴和出口补贴，从而提高农产品的国际市场价格，这对中国具有比较优势的农产品将产生积极影响。

加入世贸组织后，中国积极启动了自由贸易区谈判。在数年间，中国迅速与多个国家和地区展开了谈判，包括东盟、海湾合作委员会、南部非洲关税联盟、智利、澳大利亚、新西兰、巴基斯坦以及韩国等。目前，已与东盟、智利、巴基斯坦、新西兰、韩国、澳大利亚等国家和地区签署了自由贸易协定，并已开始实施相关项目。在这些已建立或即将建立的自由贸易区中，大多数农产品已经实现或将实现零关税。这将使中国在热带水果（如从东盟进口）、奶制品（如从新西兰进口）、小麦（如从澳大利亚进口）、羊毛及牛羊肉（如从澳大利亚和新西兰进口）等农产品上处于竞争劣势，对国内相关产业造成不利影响。但同时，这也为中国北方的水果和蔬菜等农产品出口带来了新的机遇。

本章小结

本章围绕农产品国际贸易的理论与实践展开系统论述。在梳理国际贸易理论体系的基础上，重点介绍了绝对成本学说、比较成本学说、要素禀赋学说等古典国际贸易理论。但由于严格的假设条件，这些传统的理论难以深入解释错综复杂的国际贸易现象。结合列昂剔夫之谜，熟练劳动说、自然资源产业说、国内需求说、产业内部贸易说弥补了传统理论的不足，拓展了比较优势的内涵。同时，国际贸易新理论从跨国公司、规模经济、交易成本视角，形成了更加贴近现实的解释框架，国际贸易理论发展呈现多元化趋势。国际贸易的正常开展离不开规则保障，本章对 WTO 农产品贸易规则进行了简要阐述。并在中国农产品的国际竞争力方面，重点介绍了其演进过程、结构特征以及中国加入 WTO 后在农业领域的主要承诺及其对农产品贸易产生的影响。

本章参考文献

［1］陈武．比较优势与中国农业经济国际化［M］．北京：中国人民大学出版社，1997.

［2］赵伟．国际贸易——理论政策与现实问题［M］．大连：东北财经大学出版社，2004.

［3］李秉龙，薛兴利．农业经济学［M］．北京：中国农业大学出版社，2015.

［4］杨小凯等．新贸易理论、比较利益理论及其经验研究的新成果［J］．文献综述．经济学（刊），2001（1）：19－44.

［5］孙东升．WTO 与中国农产品贸易［M］．北京：中国农业出版社，2001.

［6］张汉林等．WTO 与农产品贸易争端［M］．上海：上海人民出版社，2002.

第五篇

农业保护与发展

第十六章　农业支持与保护政策

学习目标

1. 掌握农业支持保护政策的含义与实施依据
2. 理解农业支持保护政策的类型
3. 学习农业保险的类型与对象，了解保险责任与赔偿

第一节　农业支持保护的依据

农业保护政策在制定和执行时须基于特定的社会经济理念。如果没有这样的基础，农业保护政策就可能会偏离社会经济的发展方向，这将使政策目标难以实现，甚至可能导致更严重的效率损失和复杂的社会经济问题。随着社会和经济的持续进步，农业保护政策的理论基础也在不断地变化和调整中。因此，没有一套农业保护政策理论能够适用于所有的场景和条件。关于已执行的农业保护政策是否有科学和合理的理论依据，这已经变成了推动农业保护政策向更科学方向发展的一个关键要素[①]。关于某些国家在经济发展到某一特定阶段后为何会实施农业保护政策，国内外的学者们已经从多个不同的视角进行了详尽的研究和探索。

农业支持和保护的依据主要包括以下几个方面。

一、粮食安全

粮食安全的核心在于两个方面：一方面，作为人们主要的食物，粮食的产量必

① 李秉龙，薛兴利．农业经济学［M］．北京：中国农业大学出版社，2019.

须能够满足人们的基本需求；另一方面，在保障数量的同时，粮食的质量也必须达到安全标准，确保人们吃得安全放心。总体而言，粮食安全意味着要确保人们能够充分获得高质量的食物，持续满足其对美好生活的追求。粮食安全不仅仅关注粮食的数量，还包括粮食的质量、可获得性、稳定性和可持续性等方面。确保粮食安全是维护人类生存和发展的重要基础，也是实现全面扶贫、促进可持续发展的重要保障之一。

粮食安全的概念最早源于20世纪初期，当时社会上普遍关注的是粮食产量的问题。随着人口的增长、粮食生产技术的发展以及全球经济的变化，人们逐渐意识到粮食安全不仅仅是增加粮食产量，还需要考虑粮食的质量、分配、消费和生产方式等方面。20世纪末至21世纪初，随着全球化进程的加速和粮食供应链的国际化，粮食安全问题受到了更加广泛的关注。

农业支持和保护是确保国家粮食安全的重要手段之一。通过提供补贴、贷款、减免税收等方式支持农业生产，增加农业产量，维护国家粮食供应稳定，保障人民的口粮安全。粮食安全的提出主要是为了解决以下几个问题：

1. 全球人口增长：随着全球人口的不断增加，对粮食的需求也在增加。如何确保粮食供应能够跟上人口增长的步伐，成为一个重要的挑战。

2. 粮食供应的不稳定性：自然灾害、气候变化、战争和政治动荡等因素可能导致粮食供应的不稳定，从而影响到人们的生活和社会稳定。

3. 粮食质量与安全：食品安全问题的出现引发了对粮食质量和安全的担忧。人们希望获得的不仅是数量上的充足，还包括质量上的保障，以免受到有害物质的侵害。

4. 农业可持续发展：粮食安全不仅需要考虑当前的需求，还需要考虑未来的需求。因此，如何通过可持续的农业生产方式来保障粮食供应，成为一个重要的议题。

二、农民利益

农业支持和保护主要针对农民群体，旨在保护他们的利益和权益。农业是许多发展中国家的主要经济支柱，农民是农业经济的基础，需要得到合理的支持和保护，以提高他们的收入和生活水平。农民利益涉及农村居民在农业生产和生活中所拥有的权益和利益。这些利益包括以下几个方面。

（一）经济利益

农民依靠农业生产维持生计，因此经济利益是他们最基本的关注点之一，包括通过农业生产获得的收入，以及他们对土地、水资源和其他生产资料的所有权或使用权。经济利益直接影响着农民的生活水平和生计稳定性。通过农业获得的收入支持日常生活和家庭开支，同时也决定了他们对生产资料的获取和利用方式①。因此，经济利益在农民的生活中扮演着至关重要的角色，决定着他们的经济状况和生活质量。

（二）土地权益

对于大多数农民而言，土地是他们最重要的生产资料之一。因此，保障农民的土地权益，包括土地所有权和土地使用权，对于维护他们的利益至关重要。

土地所有权指的是农民对土地的拥有权，包括对土地的使用、收益和处置权利。拥有土地所有权意味着农民对土地有完全的控制权，可以自由决定土地的使用方式和未来发展计划。这种权益不仅仅是经济上的，还具有社会和文化上的重要性，因为土地在农村社区中常常代表着家庭的传承和身份认同②。

土地使用权则是指农民对土地的使用权利，即农民在一定期限内使用土地进行农业生产或其他经济活动的权利。尽管土地使用权通常是由政府或其他土地所有者授予的，但对农民来说同样至关重要，因为它确定了他们的生计来源和生产活动的基础③。

维护农民的土地权益不仅有助于保障他们的经济利益，还有助于促进农业生产的稳定和可持续发展。土地权益的保障可以鼓励农民投入更多的时间和资源来改善土地的管理和保护，从而提高土地的生产力和长期可持续利用能力。因此，土地权益在农民的生计和农业发展中起着至关重要的作用。

（三）劳动权益

农民通常需要通过自己的劳动来参与农业生产，因此保障他们的劳动权益至关重要，包括劳动报酬、劳动条件、劳动保护等方面的权益。劳动报酬是指农民通过自己的劳动所获得的经济回报，直接影响着他们的生计水平和生活质量。保

① 张维庆. 社会主义改革概论［M］. 北京：中共中央党校出版社，1988.

② 任保平等. 西部资源富集区新农村建设的经济学分析［M］. 北京：中国经济出版社，2009.

③ 夏琛舸. 新旧企业所得税法对照讲解［M］. 辽宁：东北财经大学出版社，2008.

障合理的劳动报酬意味着农民能够获得公平的回报，激励他们更加努力地从事农业生产。劳动条件涉及农民在工作过程中的环境和条件。良好的劳动条件不仅可以提高农民的工作效率，还可以保护他们的身体健康和安全。这包括提供适当的工作设施、工具和设备，确保劳动环境的安全和卫生。劳动保护也是保障农民劳动权益的重要方面，主要包括法律法规和政策的保护，以确保农民在工作中受到公平对待，不受歧视，并享有基本的劳动权利，如工作时间、休假和社会保障等。

（四）社会保障

农民在社会保障方面的权益也需要得到关注和保障，包括医疗保障、养老保障、失业保障等各项福利[①]。医疗保障确保了农民在生病或受伤时能够获得及时的医疗服务和经济支持，从而保障了他们的健康和生产能力。养老保障则为农民提供了退休后的经济支持，确保他们能够享受晚年生活并免于贫困。失业保障则在农民失去工作或收入来源时提供经济援助，帮助他们渡过难关，重新就业或重返生产。这些社会保障措施不仅增强了农民的生活稳定性和安全感，也有助于提高其生产积极性和投入度，从而促进农业生产的持续发展。

（五）教育和培训

提供优质的教育和培训机会，对于农民来说是至关重要的，能够帮助他们提升自身素质和技能，有助于保障他们的利益。通过教育，农民可以获取更广泛的知识和信息，提高农业生产的科学化水平，更有效地利用资源，应对各种挑战和机遇。通过接受专业培训，农民有机会掌握最前沿的农业科技和管理手段，从而增强他们的生产和管理技巧，进一步提升农业生产的整体效率和品质。这些教育和培训措施不仅有助于提高农民的生产能力和竞争力，还可以促进农业现代化和可持续发展，推动农村经济的蓬勃发展和社会的进步。

（六）环境权益

农民享有良好的生态环境和资源保护的权益，既关乎他们当前的福祉，也惠及子孙后代。因此，保护农村环境和资源，减少环境污染和资源浪费，也是保障农民利益的重要内容之一。

---

① 尹成杰．粮安天下：全球粮食危机与中国粮食安全［M］．北京：中国经济出版社，2009.

总的来说，保障农民利益是促进农村经济社会发展和实现农业现代化的重要任务之一。政府、农业组织和社会各界应当共同努力，通过政策、法律、技术和资金支持等手段，保障农民的各项权益，促进农民增收致富，实现乡村振兴和可持续发展。

三、农村发展

农业支持和保护有助于促进农村经济发展和社会稳定。农村地区通常面临就业机会有限、基础设施不完善等问题，通过支持农业生产和农业企业发展，可以创造就业机会，提高农民收入，促进农村地区的发展。农村发展是指农村地区在经济、社会、文化等各个方面的进步和改善。农村发展不仅关乎农村居民的生活质量和幸福感，也是国家整体发展战略的重要组成部分。以下是农村发展的几个关键方面。

（一）农业现代化

农村发展的核心是农业现代化，包括提高农业生产水平、推动农业产业结构调整、加强农业科技创新、推广现代化农业技术和管理方法等，以提高农业生产效率、增加农民收入、促进农村经济持续发展[①]。农业现代化的具体内容我们将在第十八章详细展开讨论。

（二）农村基础设施建设

健全农村基础设施是农村发展的基础。它涵盖了道路、桥梁、水利设施、电力、通讯等多个方面，构成了农村地区的基础设施网络。这些基础设施的建设不仅能够改善农村地区的交通运输条件，使农产品更便捷地进入市场，也能提升水利灌溉系统的效率，增加农田灌溉面积，进而提高农业产量和质量。同时，电力和通讯设施的完善能够为农村地区带来更稳定的能源供应和更便捷的信息交流渠道，促进农村经济社会的全面发展。因此，完善农村的基础设施不只是提高农村的生产和生活水平的核心策略，也是促进农村经济和社会进步以及实现乡村振兴战略的关键支撑。

---

① 何菊芳. 公共财政与农民增收［M］. 上海：上海三联书店，2005.

（三）农村产业发展

推动农村产业的发展被视为促进农村经济增长和农民收入增加的关键手段。通过发展农村特色产业、农副产品加工业、乡村旅游等产业，可以促进农村经济结构优化和产业升级。农村特色产业的培育与壮大不仅有利于挖掘和发展当地优势资源和特色产品，还能提升产品附加值，拓展市场销售渠道，进而增加农民的收入来源。同时，发展农副产品加工业不仅能够提高农产品的附加值，还能够创造就业机会，促进农村劳动力的转移就业，增加农民的就业机会和收入。进一步地，推动乡村旅游业的发展能够最大化地利用农村丰富的自然与文化资源，从而吸引更多的游客前来观光，同时也能促进当地农民收入的提升和乡村经济的持续发展。因此，发展农村产业不仅有助于增加农民的收入水平，还能够推动农村经济的持续健康发展，实现农村经济的全面繁荣。

（四）农村社会事业

加强农村教育、卫生、文化、就业等社会事业建设是改善农民生活条件和福利待遇的关键举措，有助于提升农村居民的文化素质和生活品质。在教育方面，可以加大对农村教育的投入，改善学校条件，提高教师水平，推动农村教育的均衡发展，让农村孩子接受更好的教育。在卫生方面，可以建设更多的卫生设施，提供更好的医疗服务，普及健康知识，提高农民的健康水平。在文化方面，可以举办各种文化活动，建设文化设施，传承和弘扬农村文化，丰富农民的文化生活。在就业方面，可以推动农村产业发展，吸纳更多农民就业，提高农民的收入水平。因此，加强农村社会事业建设是提升农村居民文化素质和生活品质的有效途径。

（五）农村生态环境保护

强化农村生态环境保护和资源管理是确保农村水土资源、生物多样性和生态系统稳定的重要措施，从而实现农村的可持续发展。在生态环境保护方面，可以采取一系列措施，如加强水源地保护、防治水土流失、合理利用农田和森林资源、推动农村生态恢复和改善。通过科学的资源管理，可以提高土地利用效率，防范过度开发和滥用资源的现象，确保农村资源的可持续利用。保护农村的生物多样性包括加强自然生态系统的保护、植树造林、推动生态农业等举措，以维护农村生态平衡和生物多样性。通过这些综合性的措施，可以建立起更为健康、稳定的农村生态系统，为农民提供持续的生态服务[①]。同时，有助于实现农村的可持续发展，为后代留下更为丰富、健康的自然环境。

（六）农村治理体系建设

进一步健全农村基层治理体系，是加强农村自治组织建设和提升村民自治能力的必然要求，旨在提高农村治理效能和民主监督水平，确保农民合法权益得到充分保障。在完善农村基层治理体系方面，可以加强村级自治组织的建设，提升其服务水平和管理能力，使其成为有效代表村民利益的平台。同时，要加强对村民自治能力的培养，通过开展培训、宣传等活动，提升村民对自治事务的参与度和决策能力，推动农村治理向民主化、法治化方向发展。在农村治理效能和民主监督水平提升方面，建立健全村务公开制度，加强对村级财务和决策的监督，确保农村事务的透明度和公正性。同时，应加强对农村干部队伍建设，提高其廉洁从政意识和服务意识，确保农民的合法权益不受侵犯。综上所述，完善农村基层治理体系是促进农村自治发展、提升农村治理水平的关键举措，有助于实现农村社会稳定和长期可持续发展。

农村的进步是一个综合性的项目，它需要政府、社会的各个领域以及农民的共同参与和付出。通过制定科学合理的政策措施，加大投入力度，推动农村经济社会全面发展，实现城乡共同富裕和社会稳定繁荣。

四、“市场失灵”

“市场失灵”指市场机制未能有效配置资源以实现社会福利最大化，即市场未能达到期望的经济效果[②]。“市场失灵”可能导致资源配置不当、社会福利降低，需要政府或其他机构介入来修正或改善市场运作。从“市场失灵”视角看，实施农业支持保护政策的重要性主要体现在以下几个方面。

（一）农业的外部性

外部性是指某一经济行为对第三方产生的影响超越直接参与方的交易范围，并且这种影响往往不能通过市场手段得到充分的内化。外部性可以是正面的，即正外

① 中国保健协会，中共中央党校．中国保健服务产业发展报告 No.1［M］．北京：社会科学文献出版社，2012.

② 刘红杰．市场失灵与人力资源管理［J］．山西财经大学学报，2024，46（S1）：160－162.

部性，也可以是负面的，即负外部性。

农业生产会产生正外部性，如生态系统服务（水源保护、气候调节）、景观美化、文化遗产的保护等。这些效益不仅与从事农业生产的个体直接相关，而且对整个社会产生积极影响。

农业生产活动可能带来一系列负面的外部效应，如引发环境问题、水体污染、土壤退化和空气污染等。这些问题不仅会对农民和农业企业产生直接的负面影响，还可能对周边社区的健康和生活质量产生负面效应。

农业产生的外部性一般不能通过市场机制内部化。例如，农业生产可能导致土地退化、水资源污染等环境问题，而这些成本通常不由农民承担，而是由整个社会承担。因此，政府需要通过农业支持保护政策来纠正这种“市场失灵”，以确保农业生产考虑到其外部性的真实成本。

（二）农业的公共产品性

公共物品的内涵演变与定义解析，在经济学范畴内大致划分成以下几类：亚当·斯密在《国富论》里将个人无法独立完成必须依赖政府提供的服务划分为公共服务。穆勒在他的作品《经济学原理及其在社会哲学中的运用》中借助灯塔的实例阐述了国家通过税收来确保提供此类产品的方式。萨缪尔森认为公共物品是指全体社会成员共同使用的集体消费资源。社会群体中的个体能够共同使用该产品。任何人的开支都不会削弱其他社群成员对该商品的使用。根据公共选择理论奠基人布坎南的阐述，所有由组织及社群决议、出于各种目的经由团体机构供给的物资或服务，被归类为公共物品。公共服务往往具备非独占性与非对抗性两项关键属性。在农耕范畴，农业的公共产品特性指的是在农业生产过程中所产生的一些收益或产物，对整个社群均产生正面效应。此外，单独农户很难通过市场向其他社会成员收取费用。

农业生产过程一般会产生公共产品，如农村景观、生物多样性、农村文化等，这些对整个社会都具有重要意义，但个体农民无法通过市场获得足够的回报。因此，政府需要通过农业支持保护政策来提供激励，以维护和促进这些公共产品的生产。

（三）农业的弱质性

“弱质性”通常用来描述一种经济体系或产业的脆弱性或竞争力相对较弱的特征。在农业领域，“农业的弱质性”指的是农业产业相对于其他行业的经济脆弱性和竞争力不足的情况。“农业的弱质性”表现在多个方面：

第一，市场竞争力低，农产品通常属于基础性生活必需品，需求弹性相对较小。这使得农产品价格变动对市场需求的影响程度较小，农民往往难以在市场上获得足够高的价格。与其他产业相比，农业企业在市场上的竞争力较低。

第二，生产周期长，农业生产受到季节、气候等因素的影响，导致生产周期相对较长，这增加了农业经营的风险和不确定性。与快速周转的制造业相比，农业生产的周期性特征使其更容易受到市场波动的影响。

第三，受自然条件的影响较大，农业生产受到土地、气候、水资源等自然条件的限制，这些因素对农业生产的影响往往比其他产业更为显著。不利的自然条件可能会导致农作物减产、灾害损失等，增加农业生产的风险。

第四，技术与管理水平不足，在一些地区，农业生产仍然采用传统的种植和养殖方式，技术水平和管理水平相对较低。缺乏现代化技术和管理手段可能限制农业生产的效率和竞争力。

可见农业产业相比工业产业，市场竞争力较弱。主要是因为农业生产周期长、受自然条件和气候影响较大，同时市场价格波动较为频繁。在这种情况下，市场往往无法提供足够的风险管理机制，政府需要通过农业支持保护政策来保障农户的收入、确保农产品的稳定供给。

（四）农业的不稳定性

由于季节性、气候变化、自然灾害等因素引起的农产品产量的波动，使得农业产业往往面临市场波动和价格不稳定的问题。这种不稳定性可能导致农民收入波动剧烈，从而影响其生计和投资决策。因此，政府需要通过农业支持保护政策来提供稳定性，减少价格波动对农业生产者和整个经济的负面影响。

综上所述，从“市场失灵”的角度来看，实施农业支持保护政策对于纠正“市场失灵”、提供公共产品、保护农民权益、稳定农业生产具有重要意义，有助于确保农业产业的可持续发展和整体经济的稳定。政府在“市场失灵”的情况下可以通过政策手段来纠正，如税收、补贴、法规制度等。修正“市场失灵”有助于提高社会经济效率、公平性和可持续性。

农业支持和保护的另一个理论基础是“市场失灵”。农业市场存在许多特殊性和不完全竞争的问题，如天气风险、价格波动、不对称的信息和外部性等因素会导致农产品市场无法有效运作。因此，政府通过农业支持和保护来纠正“市场失灵”，确保农业生产的可持续性和稳定性。

需要指出的是，农业支持和保护的具体形式和程度在不同国家和地区之间存在差异。一些国家实施较为严格的农业保护主义政策，包括限制进口农产品、提供补贴和关税保护等，以保护本国农民的利益。然而，某些国家可能更加倾向于自由贸易和市场开放，鼓励农业现代化和效率提高。这些政策的选择取决于各国的经济和社会情况，以及其对农业发展的战略目标和考虑。

第二节　农业支持保护政策

农业支持保护政策是各种旨在增加农业生产者收入或提高农业生产要素收益政策的总和①。这些政策旨在提高农业生产效率、促进农民收入增长、确保粮食稳定供应，并帮助农民应对农业生产、加工和销售过程中可能面临的各种挑战。农业支持保护政策主要包括以下几个方面。

一、价格支持

价格支持是指政府采取一系列措施干预市场机制的作用，确保某种商品或服务的价格不低于一定水平。在农业领域，价格支持是指政府通过各种手段来维护农产品价格的政策。价格支持通常在农业领域最为常见，但也可能在其他行业中出现。

在农业领域，政府实施价格支持的主要方式包括设立最低价格保障、提供直接补贴以及实施进口关税和配额等措施。最低价格保障旨在确保农产品价格不低于一定水平，直接补贴则通过向农民提供支付或补贴来维持生产和价格的稳定，而进口关税和配额则通过限制外国产品的进入，以保护国内农产品的价格水平。价格支持的目的不仅仅是保护农民的收入，维护农业的稳定和确保国家粮食供给，还包括减轻农业生产过程中的不确定性，促进农业现代化发展，增强农村经济的活力，以及确保农村地区的社会稳定。政府通过这些措施来缓解农业生产中的风险，提高农民的生产积极性，推动农业向更高效、可持续的方向发展。

尽管价格支持政策可能对农民和农业产生积极影响，但也可能存在一些负面影

① 杨巧妮，张宁宁，芦千文．深化农业支持保护政策改革：欧美镜鉴与推进策略［J］．世界农业，2023（11）：5－18.

响，包括市场扭曲、高额成本和国际贸易影响。因此，在设计和实施价格支持政策时，政府需要权衡各种利益，并采取措施来减轻负面影响，确保政策的有效性和可持续性。

二、补贴政策

补贴政策是指政府为特定的行业、公司或个体提供的财务、资源或其他种类的援助。在农业领域，农业补贴政策是指政府向农民或农业相关企业提供现金补助、减免税收、农业用品补贴或者提供其他形式的支持，以达到鼓励农业生产、维护农业经济稳定和促进粮食安全等目标。

政府的农业补贴政策多种多样，形式包括但不限于现金补助、价格支持、农业用品补贴、农业保险补贴以及基础设施建设和改善。在现金补助方面，政府向农民提供现金或支票，以弥补其在农业生产中的成本或损失。在价格支持方面，政府通过设定最低价格或收购农产品来维持价格水平，确保农民获得稳定的收入。此外，政府还向农民提供农业生产所需的种子、化肥、农药等物资的补贴或减免，以及通过补贴农业保险费用来帮助农民应对自然灾害和其他不可抗力因素的损失。同时，政府也投资农村基础设施建设，如灌溉系统、道路、仓储设施等，以提高农业生产效率和农产品的流通能力。

三、贷款和信贷政策

农业方面的贷款和信贷政策是指政府或金融机构针对农业生产者和相关企业所制定的贷款和信贷政策。这些政策旨在提供资金支持，帮助农业生产者和农业企业应对经营风险和市场波动。农业贷款与信贷政策主要包括以下几个方面。

（1）低利率贷款：政府或金融机构为农业生产者提供低利率的贷款，以降低其资金成本，鼓励农业领域的投资。

（2）灵活的还款条件：针对农业生产的季节性特点，贷款机构可能会制定灵活的还款条件，如延长还款期限或者根据农业生产周期调整还款安排。

（3）信用担保：针对信用记录较差或缺乏抵押品的农民，政府或金融机构可提供信用担保服务，以减轻其融资难题。

（4）专项贷款项目：鉴于农业生产的特殊需求，政府或金融机构可能设立专门的贷款项目，用于支持农业技术创新、设施建设、农产品加工等方面的投资。

（5）政府补贴：为了鼓励金融机构向农业生产者提供贷款，政府可能会提供一定程度的贷款利息补贴或风险补偿。

在农村金融服务网络的建设方面，政府有可能会采取措施加强这一网络的建设，以提升农民在获取金融服务时的便捷性和可接触性。

通过这些贷款和信贷政策，政府和金融机构能够在一定程度上满足农业生产者的资金需求，促进农业现代化、提高农业生产效率，从而推动农村经济发展和增加农户收入。

四、关税和进口限制

关税和进口限制是国家用来管理国际贸易的重要工具，旨在调节国内市场，保护国内产业，促进经济发展，也是一种外交和政治手段。

农业领域的关税和进口限制旨在保护国内农业产业、维护农民利益以及确保国内粮食安全。这些政策主要包括关税调整和配额管理。政府可能会通过提高进口农产品的关税率来控制其进口量，并设定进口农产品的配额限制，以限制特定产品的进口数量，从而保护国内农产品市场不受外部竞争过度侵害。此外，政府还可能采取其他贸易壁垒措施，如技术性贸易壁垒和反倾销措施，以限制进口农产品的竞争。

政府通过设定关税、配额和其他贸易限制措施，保护国内农产品免受外国竞争的影响，维护国内农业生产者的利益。关税和进口限制等措施是为了平衡国内外农产品的竞争，确保国内农业的稳定发展和农民的利益，同时确保国内粮食供应的稳定。然而，这些政策也可能导致国际贸易摩擦和贸易争端，因此需要在国际贸易规则框架下进行谨慎的平衡和协调。

五、市场干预

市场干预是指政府或其他行政机构通过采取各种措施来影响市场运作和资源分配的行为①。农业市场干预是指政府通过各种政策手段介入农业市场，以调节供求关系、稳定价格、保障农民利益和确保国内粮食安全。这种干预通常包括以下几个方面。

---

① 赵伟．干预市场——当代发达市场经济政府主要经济政策理论分析与实证研究［M］．北京：经济科学出版社，1999.

一是政府通过价格支持政策来干预农业市场。价格支持可以通过设定最低价格或收购农产品来维持价格水平，确保农民获得合理的收入。政府收购农产品的行为不仅提供了价格支持，还稳定了市场价格。二是政府通过直接补贴农民或提供农业用品的补贴来干预农业市场。直接补贴包括现金支付或提供种子、化肥、农药等农业生产所需的物资。这类补助措施有助于农民减少生产成本和提升生产效能，进而扩大农产品的供给。三是政府通过市场调节和管理机制来干预农业市场，包括设立市场信息发布系统、建立农产品储备库、管理进出口贸易等手段，以平衡市场供求关系，稳定价格波动，保障农产品市场的稳定和农民的利益①。这些干预措施旨在确保农业生产的稳定发展，促进农民收入增长，维护国家粮食安全。

六、科技和研发支持

农业领域的科技和研发支持是指政府、企业以及研究机构为促进农业现代化、提高生产效率和产品质量而进行的技术创新和研究开发工作。科技与研发支持通常包括以下几个方面。

首先，政府通过投入资金支持农业科技研发。这些资金用于开展农业生产技术研究、新品种选育、农业机械化和自动化技术开发等项目。政府资金的注入可以促进农业科研机构和高校加大对农业相关生产技术的研发，推动农业科技水平的提升。

其次，政府通过出台政策支持农业科技创新。这些政策可以包括税收优惠、知识产权保护、科技成果转化等方面，为农业科技企业和研究机构提供良好的创新环境，激发其进行更多的科技研发工作②。

此外，政府还会通过建立农业科技推广体系，将科研成果快速、有效地推广到农业生产实践中。涉及创建农业技术示范站、促进农业技术的培训、实施科技示范推广等多项活动，旨在协助农民掌握先进的农业生产技术，从而提升农业生产的效率和产出。

总体而言，农业科技和研发支持旨在推动农业生产方式转型升级，提高农产品质量和产量，增强农业的抗风险能力，促进农民收入增长，实现农业可持续发展。这些农业支持保护政策的实施可以在一定程度上提高农业生产的效率和质量，增加

---

① 《金融市场》编写组．金融市场［M］．重庆：西南财经大学出版社，1993.

② 马尚平，张世龙．城乡资源配置的评价与分析［M］．浙江：浙江大学出版社，2013.

农民收入，保障粮食安全，促进农村经济发展。然而，这些政策也可能存在一些负面影响，如扭曲市场价格信号、导致资源浪费、增加财政负担等，因此需要在政策制定和执行过程中进行平衡和调整。

第三节 农业保险

农业保险是一种金融手段，其主要目的是确保农户、农场主与农业企业不会受到农业相关风险的侵害。它可以帮助农业生产者应对自然灾害、气候变化、疾病、虫害以及市场波动等风险，减轻其因灾害而导致的损失，促进农业生产的稳定和可持续发展。

一、保险类型

农业保险涵盖多个方面，不同类型的农业保险应对不同的农业风险。作物、畜禽、设备、收入、指数、林业、渔业与地租保险是常见的农业保险类型：

（一）作物保险

作物保险是一种广泛应用的农业保险形式，专注于保护农作物免受多种自然灾害和生态威胁的影响，包括但不限于洪水、干旱、风暴、疾病和虫害。保险公司在农田受到实际损失时，会根据损失的程度向农户提供赔偿，以确保农业生产的可持续性和农民的经济利益。

（二）畜禽保险

畜禽保险旨在保护农户免受因疾病、意外事故、自然灾害等原因导致的畜禽损失的影响。这种保险形式涵盖养殖动物的死亡、受伤或患病等情况。通过提供经济赔偿等方式，帮助缓解农户应对由于畜禽损失而可能导致的经济压力，维护其养殖业的稳定经营。

（三）设备保险

设备保险专注于农业机械和设备，如拖拉机、收割机等。该保险类型旨在保障因农业生产设备损失、损坏或盗窃而导致的经济损失。通过设备保险，农业生产者能够确保其关键设备的正常运转，提高生产效率，同时降低因设备问题而可能导致的生产中断风险。

（四）收入保险

收入保险关注的是农户的整体收入，不限于特定农产品或资产。该保险形式在农业面临市场波动、价格下跌等风险时提供保障，保障农民的总体收入，确保农户能够维持稳定的经济状况。这种保险有助于提高农业社区的抗风险能力。

（五）指数保险

指数保险是一种创新的农业保险形式，通常基于特定的气象指标或农业生产指数。如果预先定义的指数达到触发条件，保险公司将支付赔偿，而农户无须提供详细的损失证明。这种保险减轻了农户获得赔偿的手续烦琐性质，更加便利和高效。

（六）林业保险

林业保险专注于保护森林和林木免受火灾、虫害、风灾等自然灾害引起的损害。通过提供保险保障，这种形式的保险有助于维护和保护林业资源，确保森林的可持续发展。

（七）渔业保险

渔业保险针对养殖和捕捞业务的风险，包括船只损失、渔业设备损坏以及捕捞收益的波动。通过提供保险保障，渔业保险有助于减轻渔民面临的经济风险，确保渔业活动的可持续发展。

（八）地租保险

地租保险是为农地租赁关系提供的一种保险形式，确保在特定情况下，农地租赁双方都能够得到保护。这种保险有助于平衡租赁关系中的风险，确保土地所有者和承租人都能够在面临不可预测的情况下获得经济保障。

这些农业保险类型可以独立存在，也可以组合使用，以便更全面地覆盖农业生产中的多种风险。

二、保险对象

农业保险的保险对象通常包括以下方面。

（一）种植业保险

1. 种植业保险主要面向农作物，专门为各类粮食作物和经济作物提供保障。农作物保险主要针对的是水稻、小麦、大豆、高粱、玉蜀黍、棉花、烟叶、茶叶、桑树、麻类、甘蔗、药材、烤烟以及蔬菜等各类粮食作物和经济作物。通常，可以将其分类为生长期的农作物保险和收获时期的农作物保险。

2. 生长期农作物保险。在特定的地域和自然环境中，为农作物从播种、发芽到成熟阶段提供了全面的风险保护措施。

3. 收获期农作物保险。收获期农作物保险旨在为农作物从初次收获到初步加工和仓储这一阶段提供一段时间的风险保障。

（二）畜牧业保险

畜牧业的保险涵盖了牲畜的养殖、家禽的饲养以及经济性的兽类驯化等方面。畜禽养殖保险主要针对人工饲养的家畜和家禽，通常被划分为牲畜保险和家禽保险两大类。

1. 关于牲畜的保险，是为了应对牲畜在养殖过程中可能遭遇的疾病、天然灾害或突发事故所带来的死亡或残疾的风险而设立的保险。基于各种牲畜的养殖风险，主要将传染性疾病以及部分的自然灾害和突发事件作为保险责任，以最大限度地减少因人为原因带来的风险。

2. 关于家禽的保险，是为那些经过长时间的驯化和培育，能够供应肉、蛋、羽绒等产品或其他功能的家禽所提供的保险。鉴于家禽通常是通过高密度的大规模养殖来进行养殖的，因此保险责任主要覆盖了包括疾病、自然灾害以及意外事故在内的各种综合风险①。

（三）水产养殖保险

水产养殖保险可分为淡水养殖保险和海水养殖保险两类②。

---

① 胡苗忠，叶梦琪．农村金融实务［M］．浙江：浙江工商大学出版社，2013.

② 才凤玲．金融基础知识［M］．北京：中国金融出版社，2012.

1. 淡水养殖保险。淡水养殖保险主要是为确保鱼类、河蚌、珍珠等淡水养殖动物在遭遇自然灾害或其他非人为原因导致的意外死亡时得到保障，通常不会为因疾病导致的死亡提供保险覆盖。

2. 海水养殖保险。关于海水养殖的保险，主要是为那些利用海水资源进行人工养殖的养殖者所提供的一种保险方案。现阶段，海洋养殖保险涵盖了对虾养殖和扇贝养殖等多个保险项目。沿海的浅海和滩涂地带是海水养殖的主要集中地，它们面对的主要风险包括台风、海啸、不正常的海潮、海水淡化或污染等，这些都可能导致保险受益者的损失或死亡。保险责任主要包括因自然灾害引发的损失、缺氧和漂浮死亡等情况，对于疾病和死亡的风险通常需要特别的约定①。

（四）林木保险

林木保险主要针对的是人为种植的人工林和果树林，不涵盖未开发的原始林或自然形成的森林。

1. 林木保险。林木保险覆盖了林木在其生长阶段可能遭受的各种灾害，如火灾、虫害、风害、雪灾和洪水等。现阶段，我国只提供火灾责任的单一保险，但在未来，保险责任的覆盖范围预计会逐渐扩大。林木保险的期限可以基于生长阶段来设定，或者选择每 1 年进行一次定期的承保并进行续保。保险的金额可以依据造林的成本或分级来设定。

2. 果树保险。基于该地区主要树种所面临的自然灾害，可以选择单独的灾害或综合责任作为保险责任，但通常不涉及病虫害。果树的保险可以细分为果树的产量保险以及果树的死亡保险。果树产量保险主要是为确保果树在结果期的产出，但通常不涵盖果树的初果和衰老时期；保险的有效期是在果实完全成熟后可以进行采摘的时段。果树死亡保险的保险期限一般是 1 年②。

（五）应用条件

农业保险的应用条件因地区、保险产品类型和保险公司的政策而有所不同。通常情况下，农业保险的保险对象需要满足以下基本条件。

1. 识别与评估风险。保险公司通常会对保险对象的风险进行评估和识别，主要包括确定作物、畜禽、设备或其他农业资产面临的自然灾害、疾病、盗窃等风险。

---

① 胡苗忠，叶梦琪．农村金融实务［M］．浙江：浙江工商大学出版社，2013.

② 成秉权，房前屋后都是宝：巧用农家资源致富经［M］．辽宁：东北财经大学出版社，2012.

2. 合法所有权或使用权。保险对象通常必须具有合法的所有权或使用权。例如，如果一块土地被用作农业生产，农业保险通常要求土地所有者或农民拥有合法的土地使用权。

3. 符合保险产品规定的范围。不同类型的农业保险产品可能有不同的适用条件和覆盖范围。保险对象需要符合具体保险产品的规定，如作物保险可能要求种植的作物品种、种植面积等符合保险合同规定。

4. 符合要求的农业管理实践。有些农业保险可能要求保险对象采取特定的农业管理实践，以减少风险或提高农作物、畜禽等资产的价值。例如，作物保险可能要求农民按照建议的种植密度、施肥、灌溉等农业实践来管理作物。

5. 合理的保险费用支付能力。保险对象需要有能力支付相应的保险费用。这意味着农户或农业生产者需要具备一定的经济实力来购买保险，并且能够按时支付保险费用。

总的来说，农业保险的应用条件旨在确保保险对象符合保险公司设定的风险管理标准，并且能够在保险合同期间按时履行保险责任。因此，农业保险公司通常会对保险对象进行评估，并根据评估结果确定是否符合保险要求。

三、保险责任

农业保险通常覆盖自然灾害（如洪水、干旱、风暴等）、疾病和虫害、市场风险等造成的损失。保险公司根据合同约定承担相应的赔偿责任①。农业保险的保险责任主要包括以下几个方面。

1. 种植业保险责任。由自然灾害（除政府蓄洪外）所造成的暴雨、洪水、内涝、风灾、雹灾、冻灾、旱灾以及病虫鼠害等不可抗力因素对投保农作物造成的损失。

2. 养殖业保险责任。其包括重大病害、自然灾害和意外事故等所导致的投保个体直接死亡所造成的损失。重大病害包括能繁母猪和肉牛等可能发生的疾病，自然灾害和意外事故包括暴雨、洪水、风灾、雷击、地震、冰雹、冻灾、泥石流、山体滑坡、火灾、爆炸、建筑物倒塌、空中运行物体坠落等。

3. 物化成本保险责任。在保险有效期内，如果因为暴雨、洪涝、风灾、雹灾、低温冻害或干热风等因素直接导致保险标的损失率超过20%（包括20%），则需注

① 中央财政养殖业保险保费补贴管理办法 . 2008.

意；在干旱、流行性或爆发性的病虫草鼠害中，如果以村庄为单位，以损失率达到或超过30%为准；在地震、泥石流、山体滑坡和火灾等突发事件中，根据实际发生的面积等因素，保险公司需要根据本保险合同的条款进行赔偿。

4. 完全成本保险责任。在保险的有效期内，可能会遭受暴雨、洪水、内涝、风灾、雹灾、冻灾、旱灾和地震等多种自然灾害的影响；火灾、泥石流和山体滑坡等突发事件；广泛的病虫草鼠害等因素会直接导致保险作物遭受损失，如果损失率达到或超过10%，则应根据保险合同的条款进行赔偿。

5. 自然灾害风险：包括洪水、干旱、风暴、冰雹等自然灾害对农作物、畜禽和农业设施造成的损失。保险公司在这些情况下承担赔偿责任，赔偿金额根据保险合同约定的方式确定。

6. 疾病和虫害风险：包括作物疾病、畜禽疾病以及农作物、畜禽受到虫害侵袭造成的损失。保险公司根据保险合同约定，承担相应的赔偿责任。

7. 市场风险：针对农产品价格波动导致的收入减少风险。保险公司可能会根据市场价格指数或其他约定方式，对农业收入损失进行赔偿。

8. 设备损坏风险：保险公司可能承担农业设备损坏或丢失的风险，包括拖拉机、收割机等农业机械设备。

9. 林业保险责任：针对森林和林木的损失，包括因火灾、虫害、风灾等引起的损害。保险公司在这些情况下承担相应的赔偿责任。

10. 畜禽保险责任：针对畜禽死亡、生病等情况的赔偿责任。保险公司可能会根据畜禽数量和损失情况，对畜禽养殖者进行赔偿。

农业保险的保险责任根据不同的保险产品和合同条款而有所不同，被保险人在购买保险时应仔细阅读保险合同，了解保险责任的范围和限制。

四、保费与赔偿

（一）保费

保费是指保险合同约定的一定期限内，被保险人向保险公司支付的费用，以换取保险公司承担可能发生的风险或给付合同约定的保险金。保费的数额通常由多个因素决定，包括被保险物的价值、风险程度、保险期限以及保险公司的费率等①。

① 吴定富．保险基础知识［M］．北京：中国财政经济出版社，2005.

1. 在农业保险中，保费是农民为其农作物或农业财产购买保险保障所支付的费用。农业保险的保费通常根据被保险农作物的类型、面积、生长季节、历史损失数据、地理位置等因素来确定。保费的金额可能会因为保险公司对于特定区域或特定作物的风险评估不同而有所不同。通常情况下，农民支付的保费越高，保险保障的范围和金额就越大。

2. 农业保险的保费通常根据农产品类型、种植面积、历史损失数据、险情等因素确定，保险公司根据农户遭受的实际损失进行赔偿。

3. 保费的数额通常取决于多个因素，包括但不限于以下几点：

（1）保险对象的类型：不同的农业保险产品覆盖不同的风险，涵盖的农业资产种类和规模不同，因此保费根据这些因素而有所差异。

（2）风险评估：保险公司会对被保险农户的风险进行评估，风险越高，保费越高。

（3）保险金额和限额：如果农户选择更高的保险金额或保险限额，保费通常会相应增加。

（4）历史索赔记录：农户过去的索赔记录也是保险公司确定保费的因素之一。

（二）赔偿

赔偿是指在保险合同约定的条件下，当保险事件发生导致被保险人遭受损失时，保险公司按照合同的约定向被保险人或受益人支付的一定金额的金钱补偿①。赔偿的目的是使受损失的一方在经济上得到补偿，尽可能恢复到保险事故发生前的状态。农业保险赔偿是指在农业保险合同规定的范围内，当发生覆盖的风险事件导致损失时，保险公司向被保险人提供的经济补偿或其他形式的保险利益。

在农业保险中，赔偿通常涉及以下几个方面。

1. 农作物损失赔偿。这是最常见的农业保险赔偿类型。当农作物因为保险合同中规定的风险事件（如自然灾害、病虫害等）遭受损失时，保险公司会根据损失的程度和保险合同的条款向农民或农业企业支付赔偿金。

2. 畜牧业损失赔偿。对于养殖业的保险，当畜禽因疫病、自然灾害等保险责任范围内的因素导致死亡或生病时，保险公司会依照保险合同的规定进行赔偿。

3. 农业设施损失赔偿，包括农业生产设施（如温室大棚、灌溉系统等）因自然灾害或其他保险责任范围内的事件损坏或毁坏时的赔偿。

---

① 吴定富. 保险基础知识［M］. 北京：中国财政经济出版社，2005.

4. 赔偿金额的确定通常基于保险合同中的约定，可能涉及对损失程度的评估。在某些情况下，保险公司可能会派遣评估人员实地考察损失情况，以确定赔偿金额。农业保险的赔偿流程和标准因保险产品和保险公司而异，但其核心目的是帮助农民或农业企业减轻因不可抗力因素造成的经济损失。赔偿的相关要素包括：

（1）赔偿条件：农业保险合同中会明确规定何种情况下可以触发赔偿责任，如自然灾害、疾病、虫害等。

（2）赔偿金额：根据合同约定，保险公司将提供的赔偿金额，可能是实际损失的全额、部分赔偿或按照特定的计算方式确定的金额。

（3）索赔程序：被保险人通常需要按照保险合同规定的程序提交索赔，以获取赔偿，包括及时通知保险公司、提供相关文件和证明等。

五、农业保险的可持续发展

农业保险不只是帮助农业生产者减少风险，还能增强农业生产的稳健性，推动农村的经济增长，并助力农业的现代化进程以及农民收入的稳定提升。

农业保险的可持续发展至关重要，需要通过以下关键要素实现：一是要确保农民能够负担得起的合理保费，政府可通过补贴或低息贷款方式提高参与度；二是要有完善的风险评估机制，借助先进技术和数据分析工具精准估计农作物收成和损失情况；三是要设计灵活的产品保险方案，适应不同地区和农作物需求；四是要建立紧密合作关系，政府、保险公司、农业机构和国际组织共同研发创新产品，协力应对自然灾害和气候变化；五是要提供技术支持，利用遥感、人工智能和区块链等提高保险效率；六是要加强宣传与教育，提高农民对农业保险的理解和接受度；七是要有灵活的风险管理策略，与其他策略结合以降低农业保险压力，提高整体农业系统的抗风险能力。农业保险的可持续发展需要政府、保险公司、农民和国际组织的共同努力，共同促进保险市场的发展，以实现农业保险长期可持续发展。

本章小结

农业支持与保护政策作为社会经济发展到一定阶段的产物，实施农业支持与保护政策旨在保障粮食安全、维护农民权益，为农业经济稳定增长提供多维支撑。政府对农业制定支持与保护政策的依据主要涵盖四个维度：粮食安全需要、农民利益保护、农村发展目标以及“市场失灵”问题。此外，政府通过价格支持、财政补贴、贷款信贷、关税限制、市场干预和科技研发等工具提升了农业发展效率，保证农户收入稳定。但是，政府必须平衡政策制定与执行间的关系，尽可能规避市场价格扭曲信号、资源浪费和财政压力。农业保险是农业发展至关重要的因素，其作为风险管理机制，覆盖种植、畜牧、水产、农用设备以及市场和自然环境波动等多方面，通过动态保费评估和赔偿机制分散损失。而未来农业保险的可持续发展需要依托技术赋能、精准风险评估体系以及政府、企业和农民等多方协同治理。

本章参考文献

[1] 李秉龙，薛兴利．农业经济学 [M]．北京：中国农业大学出版社，2019.

[2] 张维庆．社会主义改革概论 [M]．北京：中共中央党校出版社，1988.

[3] 任保平等．西部资源富集区新农村建设的经济学分析 [M]．北京：中国经济出版社，2009.

[4] 夏琛舸．新旧企业所得税法对照讲解 [M]．辽宁：东北财经大学出版社，2008.

[5] 尹成杰．粮安天下：全球粮食危机与中国粮食安全 [M]．北京：中国经济出版社，2009.

[6] 何菊芳．公共财政与农民增收 [M]．上海：上海三联书店，2005.

[7] 中国保健协会，中共中央党校．中国保健服务产业发展报告 No. 1 [M]．北京：社会科学文献出版社，2012.

[8] 刘红杰．市场失灵与人力资源管理 [J]．山西财经大学学报，2024，46 (S1)：160 - 162.

[9] 朱启臻，鲁可荣．农业的公共产品性与农业服务体系建设 [J]．中国农业科技导报，2007 (01)：90 - 94.

[10] 杨巧妮，张宁宁，芦千文．深化农业支持保护政策改革：欧美镜鉴与推进策略 [J]．世界农业，2023 (11)：5 - 18.

[11] 赵伟．干预市场——当代发达市场经济政府主要经济政策理论分析与实证研究 [M]．北京：经济科学出版社，1999.

[12]《金融市场》编写组．金融市场 [M]．重庆：西南财经大学出版社，1993.

[13] 马尚平，张世龙．城乡资源配置的评价与分析 [M]．浙江：浙江大学出版社，2013.

［14］胡苗忠，叶梦琪．农村金融实务［M］．浙江：浙江工商大学出版社，2013.

［15］才凤玲．金融基础知识［M］．北京：中国金融出版社，2012.

［16］成秉权，房前屋后都是宝：巧用农家资源致富经［M］．辽宁：东北财经大学出版社，2012.

［17］吴定富．保险基础知识［M］．北京：中国财政经济出版社，2005.

第十七章　农业产业结构

学习目标

1. 掌握农业产业结构的内涵与特征
2. 理解农业产业结构的形成条件与演变规律
3. 了解中国产业结构的演变与调整

第一节　农业产业结构的内涵及特征

一、农业产业结构的内涵及基本关系

（一）农业产业结构的内涵

农业产业结构也称为农业生产结构，是指在一定地域（国家或地区或农业企业）范围内农业各生产部门及其各生产项目在整个农业生产中相对于一定时期、一定的自然条件和社会经济条件所构成的特有的、比较稳定的结合方式[①]。简单来说，农业产业结构是农业产业部门和部门内部的组成及其之间的比例关系。

（二）农业产业结构的基本关系

无论农业的产业部门如何发展，农、林、牧始终是农业生产的关键部门。农业部门之间存在错综复杂的联系，但其核心和本质都是通过农业、林业和畜牧业之间

① 李秉龙，薛兴利．农业经济学［M］．北京：中国农业大学出版社，2019.

的相互联系来展现的。

农、牧结合的客观基础源自它们之间的物质互换性。在农业各个生产环节之间，都有着相互依赖的物质能源转换的关系，其中，农业和畜牧业两部门的结合是最具代表性的表现。种植业是农业一个重要部门，种植业的崛起推动了畜牧业及其他相关的农业领域的发展。因此，农业各个部门始终由种植业部门主导。

在农业领域，畜牧业扮演着关键的角色，它能把无法直接使用的有机物质转换成具有丰富营养和经济效益的畜禽产品。同时，它也能把动物的粪便以及无法使用的部分转换成高品质的肥料，并回归到土壤中，为种植业的发展提供适宜的环境。

农牧业的持续发展离不开林业的积极贡献。更为关键的是，林木和植物群落在其生命周期中触发了一系列环境因素的变化，包括但不限于大气温度的调整、空气湿度的增加、大气结构的改变、风速的减缓以及水土保护等，为农牧业的生产和发展提供优质的生态环境。

二、农业产业结构的特征

农业产业结构的特征取决于国家的发展水平、地理条件、经济政策以及人口和劳动力等因素。一般来说，农业产业结构具有以下几个常见的特征：整体性、多样性、动态性和多层次性。

（一）整体性

农业产业结构具有整体性，是指农业各产业部门相互关联、相互依存，构成一个有机整体。无论是农业的基础部门如农、林、牧，还是各个细分的产业部门，它们共同组成了农业产业的总体框架。整体性反映了不同产业之间存在密切的协调与合作关系，彼此之间相互影响，形成了一个相互支持的系统。

（二）多样性

农业产业结构具有多样性，表示农业内部存在多种不同类型的产业。农、林、牧等基础部门及各衍生的产业呈现出丰富多样的面貌。这种多样性既表现在不同产业的经营方式、生产特点、市场需求上，又包括农产品的多样性。多样性使得农业能够适应不同地域、气候和市场需求，提高了整个农业系统的稳定性和灵活性。

（三）动态性

农业产业结构具有动态性，即在时间和空间上不断发生变化和演进。这种变化既受到外部环境的影响，如气候、市场需求、技术创新等，也受到内部因素的影响，如农业政策、生产成本、劳动力状况等。农业产业结构的动态性表现为不同产业部门的兴衰、转型和适应能力的变化，这使得农业系统具有自我调整和发展的能力。

（四）多层次性

农业产业结构的多层次性不仅体现在其内部结构的复杂性上，还表现在其与外部环境的多层次联系中。在内部组织上，农业产业包含多个层面，从基础的农、林、牧、渔等生产领域到农产品加工、物流运输、销售等上下游产业环节，形成了复杂而密切相连的产业网络。不同层次的环节相互依存、相互影响，共同构成了农业产业的整体运行系统。

同时，农业产业也与国际市场形成了多层次的联系与合作。随着全球化的推进，农业产业的国际化程度不断加深，国际贸易、跨国投资等形式成为农业产业发展的重要组成部分。农产品的出口与进口、技术的引进与转移、跨国公司的投资与合作等活动，使得农业产业在国际舞台上也呈现出多层次的发展格局。

多层次性既是农业产业的特征，也是其面临的挑战之一。在制定产业政策和发展规划时，需要充分考虑各层面因素，并加强内外部的协调与合作，以促进农业产业结构的优化和发展。同时，应注重提升农业从业者的综合素质和适应能力，以更好地适应多层次、多变化的产业环境。

第二节　农业产业结构的形成条件与演变规律

一、农业产业结构的形成条件

农业产业结构的形成受到多种因素的综合影响，这些因素在农业发展过程中扮演着至关重要的角色①。

---

① 陈娆．农业经济管理［M］．北京：高等教育出版社，2012.

第一，自然条件是农业产业结构形成的基础。不同地区的气候、地形、土壤类型等自然条件直接影响着农作物的生长环境和畜牧业的发展潜力。例如，在气候温暖湿润的地区，适宜种植水稻等作物，而干旱地区则更适合发展畜牧业。

第二，经济条件也是影响农业产业结构的重要因素之一。资金投入、土地资源利用、交通运输等经济条件直接决定了农业生产的规模和技术水平。投入较多的地区可能更容易发展规模化、现代化的农业生产方式，而资源匮乏的地区可能更倾向于传统的小农经济模式。

第三，科技水平的提升也对农业产业结构产生深远影响。先进的农业技术可以大幅提升农作物和畜禽的产量、品质和抗性，促进农业产业向高效、高产、高质的方向发展。例如，农业机械化、生物技术、信息技术等的应用，可以有效提高农业生产的效率和质量。

第四，市场需求也是农业产业结构调整的重要驱动因素。随着消费结构和生活方式的变化，市场对农产品的需求也在不断变化。农业产业结构会随之调整，以适应市场需求的变化。例如，随着人们健康意识的提升，有机农产品、绿色食品等的市场需求逐渐增加，推动绿色农业产业的发展。

第五，劳动力水平也在一定程度上影响农业产业结构的形成。技术含量高、劳动密集度低的农业产业更易受到技能较高、劳动力成本较高的地区青睐，而劳动密集型的农业产业则更适合劳动力资源丰富、成本较低的地区。

第六，生产力水平是农业产业结构形成的重要基础。高生产力水平意味着更高的产出与效益，可以支撑更先进的生产方式和技术，从而推动农业产业结构向现代化、科技化方向发展。综上所述，自然条件、经济条件、科技水平、市场需求、劳动力水平和生产力水平等因素相互作用，共同影响农业产业结构的形成和调整。

二、农业产业结构的演变规律

农业产业结构并非静止不变，而是处于持续不断的变化之中。一个国家、一个地区或一个企业的产业结构的形成和演变，表面上似乎受到人们的主观意愿和选择的影响，但实际上却受到多种客观因素的限制。唯有在个体的自我决定和客观法则完全吻合的情况下，决策方案才可以达到预设的结果。受多元化要素交织的驱使，农业行业的构造转型展示了某种程度的走向①。

---

① 张忠根，农业经济学［M］，浙江：浙江大学出版社，2010.

（一）农业产业结构中畜牧业所占比重逐步增加

从需求弹性的视角看，居民对谷物类食品的需求弹性较小，对畜禽蛋白类食品的需求弹性则相对较大。随着人们收入水平的提高，对于优质食物的消费量也会持续上升。这种需求的转变必然会导致农业产业布局的改变，由最初的以种植业为主导，逐步演变成种植业和畜牧业共同发展，最后朝着以畜牧业为主导的方向进行。从发达国家农业现代化的进程来看，可以清楚地看到农业产业结构的变化，其中最明显的变化是畜牧业的生产比重逐步增加，其发展速度远远超过了种植业，使得畜牧业在整个农业产业结构中占据了重要的地位。在畜牧业领域，供应低脂肪和高蛋白的畜牧产品的比例也在逐渐上升。

（二）种植业中饲料比重增大

随着居民收入水平的提升，消费者对优质食品的需求逐渐增强，尤其是对动物性食品的需求表现出较强的弹性。相比之下，植物类食品的需求增长较为平稳。这一变化推动了农业产业结构的转型：最初以粮食作物为主的种植业逐渐向以畜牧业为主的方向发展。进而导致饲料生产的作物比重逐步上升。农业现代化的发展过程在许多发达国家中得到了体现，畜牧业的比重显著增大，且其发展速度显著超过了粮食作物的生产。饲料作物的增长反映了畜牧业发展对农业产业结构的深刻影响，表明农业生产向更高效、更专业的方向演进。

（三）种植业中经济作物比重增大

随着社会经济的发展，对于如棉花、天然橡胶、糖类、中草药等原材料性经济作物的需求也在逐渐上升。在农业生产中，经济作物的地位正在逐步提升，可能是因为经济作物的经济效益超过了一般的粮食作物。由于经济作物的需求量持续增加，种植该作物的农户可以获得更高的收入，因此，在农业产业中经济作物的比重逐步增大。这种趋势反映了农业结构的变化，以及市场需求对种植业的影响。随着经济作物在种植业中所占比重的增加，农业产业结构也在不断调整，以适应经济发展和市场需求的变化。

（四）农业区域专业化和产业集聚

随着社会经济的持续壮大和科技的飞速发展，可以观察到农业生产在区域层面呈现出更为专业化的发展趋势。农业区域专业化，是指在特定的范围内，某一类或某一农业产业由于拥有比较和竞争的优势，从而实现了显著的发展，并逐渐成为该地区的主导产业。专业化发展不仅有利于充分利用地区自然资源和经济技术条件，提高农产品的产量和质量，也是实现农业现代化的重要标志之一。

在农业区域专业化的基础上，常常会形成农业产业集聚。农业产业集聚是指，在特定区域内，农户、企业以及相关支持机构因为彼此之间的共性或互补性，聚集在一起，并通过相互关联和合作，形成一个有机的网络体系①。也可以理解为，在某一特定地域内，众多的农户、专业合作社、企业以及科技和金融服务机构，都围绕着该区域的专业优势产业，集中地进行农用生产资料的供应、资金和技术服务、产品的储存和加工、品牌的塑造和营销，以及农业产业化经营等多个现代农业产业的发展模式。农业区域的专业化和产业集聚会产生积极的外部效应，包括大规模的经济效益、广泛的经济效益、产品价值的提升和工作机会的增加、资源和制造元素的整合效益、主导一种业务的多元经营协同效益，以及经济、社会和环境的长期可持续效益。不仅有助于推动当地农业的持续增长，还能增加农民的经济收益，从而促进农村经济的繁荣与可持续性。

（五）粮食生产受国家政策约束

粮食生产在国家经济中扮演着至关重要的角色，其重要性体现在满足人们基本生活需求、支持其他农业部门发展以及维护社会经济稳定等方面。首先，粮食是人类生存和发展的基本需求之一，没有充足的粮食供应将威胁到人们的生存和健康，因此，保障粮食生产的稳定和充足对社会的稳定和人民的幸福至关重要。其次，种植业之外的农业产业部门如畜牧业和渔业，都依赖于充足的粮食供应作为基础，畜牧业需要饲料作物，而渔业则需要大量的饲料来喂养养殖的鱼类。此外，粮食安全也是维护社会经济稳定的重要因素之一，粮食短缺或价格波动可能导致社会动荡和不稳定，甚至引发粮食危机。鉴于粮食生产的重要性，许多国家采取了一系列保护性政策措施来支持和保护粮食生产，如关税和价格保护、农业投入要素和基础设施建设补贴、粮食储备等。因此，粮食生产在农业中具有基础性地位，其保障和发展对国家经济和社会的稳定和发展至关重要，各国政府都会采取措施来保护和支持粮食生产，以确保粮食供应的稳定和充足。

---

① 韩海彬，杨冬燕. 农业产业集聚对农业绿色全要素生产率增长的空间溢出效应研究［J］. 干旱区资源与环境，2023，37（06）：29 -37.

（六）林业保护日益重视

在农业产业结构的演变过程中，国家在林业方面给予了最大程度的保护和支持力度。森林不仅仅具备重要的经济功能，还在生态和社会文化领域发挥着关键作用。从经济角度看，森林主要提供多种林产品，以满足人类的物质需求。森林在全球农业和生态系统中占据着重要的地位。森林生态系统的功能包括调控气温、滋润水源、抵御风沙侵蚀、维护土地、优化土质、清洁空气、预防水质污染、稳定碳排放、提升环境质量等众多的生态保障作用，它的价值是无法取代的。同时，森林还具备吸尘、吸毒、降低空气污染、减低噪声等功能，成为人们休闲和旅游的重要场所，从而产生了丰富的社会文化功能。只有在数年乃至数十年的投入下，才可以充分利用森林的经济价值。尽管单个受益者的数量有限，但其在生态和社会文化方面的作用却展现出了显著的积极影响，为整个社区和生态系统带来了的益处。一个普遍的看法是，只要森林的覆盖面积超过30%，就能帮助农业建立一个稳健的自然生态系统。因此，许多国家的政策主要关注的是如何支持和保护林业，同时也要确保森林覆盖面积的稳定性和增长。这将有利于保证森林的拥有者和管理者的行动满足社会及生态进步的需求。

第三节　中国农业产业结构的演变与调整

一、中国农业产业结构的演变

（一）改革开放前的中国农业产业结构的特征

新中国成立前，中国的农业产业结构呈现出几个显著特征。首先，在封建农业体制下，土地主要被地主阶级和富农垄断，而农民则被迫成为佃农或贫苦农民，他们缺乏土地所有权，生活在社会边缘。这种不公平的土地分配导致社会资源的不合理配置，加剧了社会阶级分化和不稳定。其次，农业技术水平低下。农业生产主要依赖于传统的农耕方式和简单的手工业工具，缺乏现代化的农业技术和科学管理手段，导致了农业生产效率低下和农产品产量不足，难以满足人口增长和社会发展的需求。此外，农村社会结构的分化也很明显，地主富农占据大部分土地和资源，农民面临贫困和剥削，这种分化加剧了社会的不公平现象，阻碍了农村社会的稳定和发展。最后，农村经济以自给自足为主，农民生产的粮食和手工业产品主要用于本地消费，与外部经济联系较少，导致了农村经济的封闭性和局限性，使农民的收入和生活水平难以提高。综上所述，新中国成立前的农业产业结构主要表现为封建农业体制、低下的农业技术水平、农村社会结构分化以及自给自足经济，制约了中国农业的发展和农民生活质量的提高。

新中国成立后（1949～1979年），发生了一系列关键的农业发展事件。首先，进行了土地改革和农业合作化，废除了封建土地制度，重新将土地分配给农民。随后，农业合作化运动逐渐展开，形成了农村集体经济组织，这一措施有效提高了农民的生产积极性。其次，政府通过建设“粮食主产区”鼓励特定地区发展粮食生产，以确保国家的粮食安全。再次，中国在20世纪50年代后期实施国家化的农业经济体制，引入人民公社制度，在“文化大革命”期间，这一制度面临问题，因而于1978年进行了农村经济体制改革。最后，新中国着力建设农村基础设施，包括水利工程、公路、学校等，有效提升了农村的生产力和居民生活水平。

改革开放前，中国农业产业结构以封建农业为主，农民贫困，生产水平低下。随着新中国的成立，通过土地改革和农业合作化，农业取得了一些成就，但在后期也面临了一些问题，为农村经济体制的改革奠定了基础。

观察新中国农业产业结构的部门序列结构，可以发现其比例关系并没有达到和谐的状态。虽然已经提出了农、林、牧、副、渔五大产业并行发展的观念，但在实际操作中，种植业仍然占据主导地位，形成了一种片面的产业结构，而林、牧、副、渔等多个行业依然处于次要的地位。在农作物种植领域，尽管已经提出了包括粮、棉、油、糖、茶、茧、菜、果、麻、烟、药、杂在内的12个发展方向，但实际上，粮食生产一直受到更多的关注，而经济作物的发展则相对缓慢。农业的产业结构在很长一段时间内都停留在“一种种植一种粮食”的初级阶段，这种状况破坏了农业生产中的内部协同和互补，从而导致了农业整体的发展受到影响。

从资源使用模式的视角出发，农业活动主要集中在有限的耕地上，大约有三分之二的土地上的天然资源并没有被充分地利用。这样的组织结构也使得农业劳动力的丰富优势没有得到充分的利用，过剩的劳动力主要集聚在粮食生产这一领域，从而导致农业劳动生产率持续下滑。在各种不同的发展环境和需求下，主要以粮食生产为核心的产业布局严重制约了中国农村各个区域在自然资源和社会资源方面的比较优势得以充分利用。

从经济运行的效果来看，在传统的计划经济体制下，单一的农业产业结构无法有效地组织生产，也无法满足社会对农产品的需求，导致了农业发展与国民经济的发展不协调。虽然粮食是农业生产的核心，但我们的粮食供应依然面对着广泛的压力和紧张。棉花、油料和水产品的平均供应量也出现了下滑。与此同时，由于农产品的生产规模和商品化水平都相对较低，这大大限制了农民的收入增长。单调的农业生产模式也引发了对大量自然资源的不当使用，从而对农业的生态环境带来了损害。

（二）改革开放后的中国农业产业结构的特征及变动原因

自改革开放以来，中国农业产业结构的基本调整特点主要体现在产值结构的转变上。种植业的产值份额急剧减少，而畜牧业的产值份额则显著增加。尽管渔业在20 世纪 80 ~ 90 年代经历了显著的增长，但其产值份额仍然稳定在 10% 左右。在农作物种植领域，粮食作物的种植面积和其产值所占的比例正在逐步下降，而经济作物的占比则在快速上升。在主要的粮食作物种植中，粮食和饲料粮的种植开始逐步区分开来，这导致了种植业的构成从原先的粮食与经济作物的双重模式转变为粮食、饲料与经济作物的三重模式。

改革开放后，中国农业产业结构变动的主要原因是多方面因素的共同作用。微观经济体制的创新、宏观政策的科学化、社会主义市场经济制度的建立以及加入世界贸易组织使农产品贸易趋向自由化，都对农业结构产生了深远的影响。具体表现在以下几个方面。

科技支撑方面，自 20 世纪 80 年代以来，中国农业产业结构适应市场需求向效益型的转变，主要基于科技进步。通过科技助农，农业从依赖资源转向了科技驱动，这不仅提升了土地的产量和粮食供应，还为资源向其他农业领域的转移提供了有利条件。畜禽育种、饲料加工和饲养技术的进步提高了畜禽的生长速度和品质。各类农业技术的推广和运用提高了农业产业结构调整中资源的配置效率。

从制度激励的角度看，家庭承包制度的改革为农业经营实体提供了更多的行为选择机会，为农业的进一步发展提供了激励机制，并确保资源在生产活动中得到有效分配。通过经营体制的改革，农民被确认为独立的商品生产者，这为农业产业结构的转变提供了坚实的制度支撑。

政策优化方面，国家逐步减少对农业的计划管理手段，特别是减少了对种植和养殖的指令性计划，放开了农产品价格控制。农户能够根据自身自然经济条件和农产品的比较优势安排生产。国家的农业政策逐渐由计划管理向宏观控制和提供公共产品和服务转变。

市场诱导与需求拉动方面，农村改革特别是社会主义市场经济的确立，使市场在优化农业产业结构中发挥了重要作用。农产品价格的变化成为结构调整的风向标，各种需求变动成为农民关注的焦点，需求拉动成为变动的基本力量。

这些因素共同作用，促成了改革开放后中国农业产业结构的变动，使得农业生产更加适应市场需求、科技进步和国际竞争的要求。

二、中国农业产业结构的调整

（一）中国农业产业结构调整的重要性

在保障市场制度供应稳定的前提下，我国政府构建了一个能够灵活适应市场变化的农业产业结构及运作机制。基于此，政府已制定并执行了一系列积极而有效的农业产业政策，鼓励农业生产者根据市场的实际需求来组织生产活动，从而不断地促进农业产业结构向有利于经济持续发展的方向进行优化和升级。因此，在农业产业结构的调整中，关键是要通过以市场为导向的改革手段，来达到农业生产活动的动态优化。中国农业产业结构调整具有多方面的重要意义和价值。首先，它有助于提高农业竞争力，通过优化产业结构、提升生产效率和产品质量，使农产品更符合市场需求，增强其竞争力。其次，调整产业结构可以促进农民增收致富，培育新的经济增长点，提高农产品附加值，增加农民收入来源，推动农村经济健康发展。此外，优化农业产业结构有助于实现农业的可持续发展，通过有效利用资源、保护环境，推动农业向生态友好型和可持续发展方向转变，实现经济、社会和生态效益的统一。最后，调整农业产业结构还能提升国家粮食安全，增加粮食生产效率和品质，保障国家粮食安全，有效应对粮食生产的挑战。同时，通过促进农村三次产业融合发展和区域协调发展，调整农业产业结构也能推动农村经济的现代化和多元化，促进区域经济的均衡发展。

（二）农业产业结构调整的基本原则

中国农业产业结构调整的基本原则①包括以下内容。

1. 市场导向原则。在进行农业产业结构的调整时，应以市场的需求为核心，深入考虑市场的供给和需求状况，并指导农业生产者根据市场的反馈来调整他们的种植和养殖模式，从而增强农产品的市场竞争力和市场份额。

---

① 刘凌霄．农业产业结构调整的理论方法及应用研究［D］．北京交通大学，2016.

2. 因地制宜原则。考虑到中国广袤的土地、气候和地形地貌等条件的多样性，农业产业结构调整应当因地制宜，根据不同地区的自然条件和资源禀赋，合理安排种植、养殖和农业生产布局，实现资源的最优配置和产业的高效发展。

3. 协调发展原则。农业产业结构调整应当注重协调发展，避免片面追求某一种农产品的发展而造成其他农产品供给不足或资源浪费的问题。要推动农业各个部门和谐发展，确保农业的生产、处理、分销和销售环节能够无缝对接，从而提高整个农业产业链的盈利和市场竞争力。

4. 效益最佳原则。在农业产业结构调整过程中，应当优先考虑提高农业生产的效益和经济效益。通过调整农业结构，优化资源配置，提高农产品的质量和产量，实现农业生产的效益最大化，为农民增收、农村经济发展提供坚实支撑。

（三）农业产业结构调整的目标与方向

1. 农业产业结构调整的目标。农业产业结构调整的目标是实现农业经济的高质量发展，提高农业竞争力和可持续发展能力，保障粮食安全，促进农民增收致富，推动农村三次产业融合发展，促进区域协调发展。

从需求方面来看，农业产业结构调整的目标是更好地适应消费者需求和市场趋势。随着社会生活品质的不断提升和消费习惯的转变，人们对农产品的质量、安全性以及多样性的需求也在持续增长。因此，在调整农业产业结构的过程中，必须密切关注市场需求的动态变化，加强与消费者之间的有效沟通，同时调整生产和产品的结构，以满足消费者日益多元化的需求。提升农产品在市场上的竞争力是农业产业结构调整的核心目标，要到达这一目标离不开供给与需求。

从供给方面来看，调整农业产业结构旨在优化资源配置，提高生产效率和品质，增加农产品供给。通过引入先进技术和管理模式、调整种植结构和养殖方式以及改善农产品加工技术，可以提高农产品的产量和质量，满足不断增长的市场需求。同时，调整产业结构还可以提高农产品的附加值，拓展农产品的市场份额，增加农业收入。

因此，调整产业结构可以更好地满足市场需求，农业产业结构调整的目标在供给方面是通过优化资源配置和提升生产效率，以满足不断增长的市场需求①。包括调整种植结构、养殖结构和农产品加工等环节，以提高农产品的质量和数量，并增加农产品的附加值。农业行业可以更有效地满足国内和国际市场的要求，从而增强

---

① 刘凌霄．农业产业结构调整的理论方法及应用研究［D］．北京交通大学，2016.

农产品的市场竞争力和市场占有率。

2. 农业产业结构调整的方向。农业产业结构调整必须注重拓展农业的多元功能，推动农业结构不断优化和升级①。

（1）推动粮食的稳定增长。我们始终遵循国内粮食基本自给的原则，并逐渐建立一个供应稳定、调控有效、运行高效的粮食安全保障体系。确保粮食的种植面积保持稳定，平衡粮食生产的稳定性、结构的调整及增加农户收入。引导农户优化粮田种植结构，提高单产、优化品种、改善品质，因地制宜发展粮食、经济、饲料作物等多样化种植。依靠科技进步提高粮食产量和效益，实施粮食作物种子工程，选育优质高产种，应用先进适用技术和综合病虫害防治技术，提高技术推广水平。同时，提升粮食生产机械化水平，推进粮田规模经营，提高粮食产业化水平。加强耕地保护和农田基础设施建设，提升农业综合生产能力。加大农业技术推广力度，普及良种良法，广泛开展技术培训和服务②。

（2）发展健康养殖业。我国的畜牧业现正处于从注重数量转向追求高质量与高效益的关键阶段。因此，推动现代健康养殖业的发展已经成为一个主要的发展趋势。健康养殖业的核心理念是安全、高品质、高效率和环境友好，它强调在数量、品质、收益和生态方面的均衡发展，并追求产品得到社会的广泛认可、经济回报高以及生产模式的可持续性。为了推动健康养殖业的发展，需要改变传统的养殖观念，调整养殖方式，积极实施健康养殖，强化饲料的安全管理，确保养殖产品的质量和安全性，增加动物疫病的预防和控制投资，强化基层兽医队伍的建设，完善重大动物疫情的监测和应急处理机制，以及建立和完善动物标识和疫病追溯系统。水产养殖业要推广优良品种，加强病害防治，提高健康养殖水平。充分发挥标准化养殖场的示范带动作用，大力推广新技术、新经验。加强科技推广和技术培训，提高养殖业生产水平。

（3）大力发展特色农业。特色农业通过充分利用区域内独有的农业资源，来培养具有特色的农产品，从而推动农业走向现代化。为发展有特色的农业，要充分利用当地的自然和文化优势，培养主导产品，并对区域布局进行优化。为满足各种物质和文化的需求，要发展各类物质和非物质的产品及产业，尤其是园艺、特色养殖以及乡村旅游产业。注重创立特色品牌产品，实行全程标准化管理，提高产品质量。特色农产品的原产地独特性是保证产品质量的前提，必须建立健全特色农产品

---

① 谢宝禄．黑龙江省产业结构调整问题研究［D］．中国社会科学院研究生院，2017.

② 2007 年中央一号文件。

地理标志保护法律法规，实行依法保护，提高产品知名度和信誉。

（4）推进生物质产业发展。生物质产业利用可再生有机质生产生物产品、生物燃料和生物能源，是拓展农业功能、促进资源高效利用的朝阳产业。随着化石能源逐渐枯竭，人们将目光聚焦到可再生清洁能源及能源多元化上，生物质能源应运而生。为了推动生物质产业的进步，需要更快地开发，如农作物秸秆等生物质资源，同时启动生物气化和固化成型燃料的试点项目，并鼓励秸秆转化为饲料。应加大对生物质产业技术的研发、展示、储存和推广力度，同时鼓励利用如荒山、荒地等资源，以促进生物质原料作物的种植。加速出台有助于生物质产业增长的支持政策。

本章小结

农业产业结构是农业各产业部门及其内部组成之间的比例关系与相互作用体系，其核心关系体现于农、林、牧三者的协调共生。本章从内涵特征、形成演变规律及我国实践三个方面系统梳理了农业产业结构的基本框架。农业产业结构具有整体性、多样性、动态性和多层次性四大特征，强调各产业部门需要协同发展以适应资源约束与社会需求。其内涵不仅涵盖农林牧副渔的组成关系，更需要通过优化资源配置实现系统功能最大化。农业产业结构的形成受生产力水平、地理环境、市场需求、科技应用等多重条件影响。其演进呈现六大趋势：畜牧业比重持续增长；种植业中饲料作物与经济作物占比提升；农业区域专业化与产业集聚加速；粮食生产受政策刚性约束；林业保护力度显著增强。这些规律反映了农业从单一生产向多元高效发展的转型逻辑。改革开放前，我国农业以粮食生产为核心，结构单一；改革开放后，市场化驱动下畜牧业、经济作物及非农产业快速发展，形成多元化格局。当前结构调整需要遵循市场导向、因地制宜、效益优先原则，目标在于提升综合生产能力，统筹数量供给与质量安全，兼顾经济效益与生态可持续，最终实现农业资源高效配置与产业协调发展。农业产业结构合理化需要通过动态调整满足“资源利用高效化、生态环境友好化、社会需求适配化”三重标准，而我国的结构优化路径需要立足国情，平衡政策引导与市场机制，推动农业向现代化、集约化方向演进。

本章参考文献

[1] 李秉龙，薛兴利．农业经济学［M］．北京：中国农业大学出版社，2019.

[2] 陈娆．农业经济管理［M］．北京：高等教育出版社，2012.

[3] 张忠根，农业经济学 [M]，浙江：浙江大学出版社，2010.

[4] 熊德平. 农业产业结构调整的涵义、关键、问题与对策 [J]. 农业经济问题，2002 (06)：20-25.

[5] 刘凌霄. 农业产业结构调整的理论方法及应用研究 [D]. 北京交通大学，2016.

[6] 谢宝禄. 黑龙江省产业结构调整问题研究 [D]. 中国社会科学院研究生院，2017.

第十八章　现代农业与农业现代化

学习目标

1. 了解农业的发展阶段
2. 掌握现代农业、农业现代化的内涵与特征
3. 理解中国式农业现代化的内涵

第一节　农业的发展阶段

农业生产的发展历程在全球范围内展现了多样化的过程和特征。起源于几个农业中心［即中东地区（美索不达米亚和尼罗河流域）、中国、印度次大陆、美洲的墨西哥和安第斯山脉地区、非洲撒哈拉以南地区］的农业技术和种植方法通过引种和传播，沿着不同的路径迅速扩散到世界各地，并与当地的自然环境和社会经济条件相结合，逐步形成了丰富多样的农业生产模式和类型①。全球农业的历史可以总结为三个主要的发展阶段：原始农业、传统农业和现代农业。每个阶段都有其独特的农业特点和生产能力，而它们之间的组织结构、外部联系以及对全球经济的作用都存在明显的不同。此外，不同地区的农业生产特征由于历史、地理等因素的差异也展现出明显的差异②。全面审视世界农业的历史发展轨迹，并深入研究其变化路径，对于更好地理解当前全球农业的独特性和未来的发展方向具有至关重要的作用。

① 王思明等．世界农业文明史［M］．北京：中国农业出版社，2019.
② 方国荣．农业地理［M］．安徽：安徽农业出版社，2013.

（一）原始农业阶段

在人类历史的长河中，农业的诞生和壮大已经跨越了大概一万年的漫长时光。在旧石器时代晚期和新石器时代初期（约公元前8000年），人类逐步转向驯养动物和种植谷物，从而进入了原始农业阶段。这一过程展示了农业的起源并非局限于特定的时空条件，而是在西亚、北非、中国、印度和中美洲等地的古老文明中得以初步实现。尽管在原始农业的早期阶段，采集和渔猎依然占据重要地位，但随着劳动工具和生产技术的进步，种植业和畜牧业的比重逐渐增加，而采集和渔猎的比重则相应下降①。

伴随着全球人口数量的逐渐增加，原始农业也经历了一个缓慢但持久的发展阶段。根据初步估算，新石器时代的全球人口数量约为5000万人。鉴于不断增长的人口对食物的渴求和家畜饲养导致的饲料需求上升，农业正在向新的地域拓展，同时其生产方法也在某种程度上得到了升级。以西亚地区为例，在公元前6000至公元前5000年期间，简易的灌溉农业系统开始兴起。埃及的尼罗河流域在公元前5000年达到了灌溉农业的高峰，而在公元前2500年，印度开始广泛种植稻米和小麦。

原始的农业模式历经了长达六七千年的刀耕火种和锄耕阶段。其中一个显著的成就是成功地驯化了大量的野生动植物，这使得我们现在所熟悉的主要农作物和家畜至少在4000年前就已经完成了基本的驯化过程。

（二）传统农业阶段

传统农业阶段通常指距今几百年至几十年之前的农业生产阶段。在这个阶段，农业生产方式和技术得到了进一步的发展和改进，主要依靠人力、畜力和基本的机械设备。农民开始利用简单的灌溉系统、风车等技术手段，提高了农作物的生产效率和质量。该时期的农业生产模式基本上沿用了几个世纪，农业生产活动在农村社区内部得到组织和管理，形成了一定的农业季节和作物轮作的概念。

在传统农业阶段，农业生产主要是以自给自足为目标，农产品主要用于满足当地居民的食物和经济需求。农民根据地方性的气候条件和土地类型选择适宜的农作物和养殖方式，同时，农业生产的稳定性和可靠性增加，有效促进了社会经济的持续发展。

（三）现代农业阶段

现代农业是一种以工业技术设备为基础，以实验科学为导向，主要用于商品生

---

① 管春云．农业概论（第2版）［M］．北京：中国农业出版社，2007.

产的农业模式。在技术进步的不同阶段中，西方经历了近、现代两个显著的时期。近代农业的历史可以追溯到产业革命之后，并在20世纪初结束，这代表了从传统农业模式向更严格定义的现代农业模式的转型①。在这段时间里，除了持续采用手工、畜力农具和有机肥料，某些地方已经开始采纳四圃轮作的农业模式，并逐渐优化了土地的使用方法。

现代农业的起源可以追溯到20世纪初，那时动力机械和人工合成化肥得到了广泛的应用。到20世纪中期，许多工业化的国家已经成功地完成了这一技术的转变。在这个时期，现代农业的发展高度依赖于机械化、化学肥料、农用药剂以及灌溉方法，而大量的物资和能源则是由工业领域所提供的。随着劳动生产效率的不断提升，从事农业的人数每年都在减少，但每单位土地上的能源需求却在逐年上升。在某些国家中，农业所需的能源甚至超过了它们生产食物的能量含量，与此同时，环境污染的问题也变得越来越严重，这已经成为现代农业亟待解决的一大难题。这些技术进步和结构性的改变不仅对农业的生产模式产生了深远的影响，同时也在全球范围内重新塑造了经济和社会的发展格局。

在现代农业基础上，农业发展进入现代化发展阶段，即通过科技创新和管理方法的进一步改进，使农业生产更加现代化、智能化和可持续化。这个阶段的农业生产不仅关注增产增效，还注重资源的有效利用和环境的保护。例如，精准农业技术的应用，包括卫星遥感、智能传感器和数据分析，帮助农民精准施肥、精准灌溉，减少浪费并最大化产量。生物技术的进步也促进了作物的基因改良和抗病性提高，增强了作物对环境和疾病的适应能力。

同时，在现代化农业阶段，还出现了多样化的农业经营模式，如有机农业、农业生态旅游等，以满足消费者对食品安全和品质的需求。此外，气候变化和资源稀缺问题的日益突出也促使农业生产系统更加注重可持续发展，推动农业向着低碳、环保和生态友好的方向发展。

第二节 现代农业的特点

一、现代农业的概念

现代农业本质上是建立在现代科学技术及其应用、现代工业技术与设备、现代

---

① 陈英旭等. 环境科学与人类文明（第2版）[M]. 浙江：浙江大学出版社，2012.

管理技术、现代农产品加工技术、现代农产品流通技术和市场营销手段的基础上，通过整合生产、供应和销售，实现贸易、工业和农业的一体化，从而实现高效和高回报的新型农业。它的显著特点是广泛地采纳了现代科学和技术，从简单的自然适应逐步转向主动利用和改变自然的方式、农业生产从依赖传统的经验转向依赖科学的知识，这一转变是基于植物学、动物学、化学和物理学等多个学科的深入发展。同时，现代农业通过将工业部门产出的大量物质和能量输送到农业生产中，实现了大规模的生产和高产出，从而构建了工业化的农业模式。除此之外，现代农业也逐步走向了区域化和专业化的发展路径，从最初的自然经济模式逐步演变为高度发达的商品经济，实现了农产品的商品化和社会化。

二、现代农业的特点

现代农业具有以下几个显著特点：

第一，高效化。现代农业具备高效的综合生产能力，包括较高的土地生产率和劳动生产率，使农业成为一个具有高经济效益和高市场竞争力的产业，这也是衡量现代农业发展水平的一个重要标志。

第二，商品化。现代农业主要是面向市场而进行生产，通过市场的机制来配置资源，具有较高的商品率。这种商业化以完善的市场体系如农产品的现代流通体系为基础，如果没有发达的市场体系就不可能有真正意义上现代农业。

第三，科技化。现代农业实质上是用现代科技改造传统农业的一个过程，具体表现为广泛地采用先进的适用的农业科学技术、生物技术以及其他生产模式来改善农产品的品质，降低生产成本，适应市场对农产品需求。

第四，科学化。经营管理的科学化要求运用现代经营的思想、组织方法、工具、手段对农业生产经营进行有效管理，使之达到或者是接近世界先进的水平，创造出最佳的经济效益。

第五，知识化。传统农业向现代农业转变的实质是农业生产力系统的一个全面的革新和进步。普及农业科技知识、提高农业劳动者素质、加快职业农民的培训是建设现代农业的前提条件。

第六，可持续。现代农业的发展和农村经济社会发展要充分地结合起来，选用适应农业生态规律的农业技术使农业的产出与增长建立在资源与环境改善的基础上，使农业资源的利用形成良性的循环，实现人与自然的可持续发展。

第三节　农业现代化与中国式农业现代化

一、农业现代化的内涵、特征与主要内容

（一）农业现代化的内涵

自新中国成立以来，我国已明确地将“现代农业”定位为“四个现代化”计划中的一个重要组成部分。最初，农业的现代化进程主要聚焦于农业的机械化、规模化、水利化和化学化等多个方面，目标是优化农业生产环境和提升技术手段。随着我国改革开放政策的深入实施，尤其是在农村推行家庭联产承包责任制的背景下，农业现代化的定义逐渐延伸到了农业的组织结构和经营管理的各个方面。农业生产力水平的提升得益于科技与制度的双重改革。随着新时代的到来，农业现代化的定义得到了进一步的拓展，不仅仅局限于生产和经营活动，还涵盖了技术、经济、社会、文化以及生态等多个方面的综合体系。站在新的历史阶段，我国正积极加速农业的现代化步伐，为全面建造社会主义现代化国家奠定坚实的基石。它包括应用现代科学技术和生产手段装备农业，采用先进科学方法组织和管理农业，提升农业从业者的文化和技术水平，并逐步改造落后的传统农业，使之成为既具有高生产力水平又能维护和提升环境质量的可持续发展的现代农业①。对于农业现代化的内涵，可以从以下两个维度来进行深入的解析。

1. 农业现代化代表着传统农业向现代农业转型的过程。从这个角度来看，农业现代化具体包含两个方面：一方面，它意味着农业的基础从依赖经验和手工工具逐渐向依赖现代科学技术、生产资料和管理方法转变。所以，农业现代化的关键在于实施机械化、电子化、化学化、水资源管理、优质品种选择和土地优化等措施。其中，农业的机械化和良种培育至关重要，因为这些是农业现代化的实质性技术支撑。另一方面，农业现代化也意味着农业生产由自给自足向商品化转变，并迎来了商品农业的蓬勃发展。这个转变过程涉及农民观念的改变、商品化农业的初级建立、市场由混乱到有序的转变，以及商品化农业的繁荣发展等一系列步骤。总的来说，农业的现代化就是农业效益持续增长以及农业市场进步的进程②。

---

① 何盛明. 财经大辞典［M］. 北京：中国财政经济出版社，1990.

② 2016 年中央一号文件。

2. 农业的现代化同样也是一个逐步降低农业压力并增强其保护能力的过程。我国经济发展的初期阶段，农业承担了为国家的工业化进程创造初级财富的责任，然而，它的再生产潜力却相对较小，以至于无法进行进一步的增长。虽然现代化生产要素被引入农业生产中，但其进步速度却相对较慢。当社会完成工业化进程的转变时，农业政策开始由消极向积极转变，农业才拥有了独立成长的环境与能力。虽然农业部门的经济总值在整个社会部门中的占比越来越少，但是农业的重要性和价值在社会经济的发展过程中愈发凸显。因此，农业的现代化是未来农业发展的方向。

（二）农业现代化的特征

1. 农业机械化是农业现代化之基石。在农业的现代化进程中，农业机械化起着不可或缺的作用。其具体定义是：利用尖端的设备替代传统的人工劳作，在生产流程的每一个步骤中广泛采用机械化方法，旨在减少工作强度并提升工作效率。然而，在诸如山区和丘陵这样的地方，由于土地面积相对狭小及分散，限制了机械化技术的广泛应用。

2. 科学化的生产技术是推动农业现代化的关键动力。农业生产技术的科学化目的是在农业生产中广泛应用先进的科学技术，以提高产量、提升品质、降低成本、确保食品的安全性。农业的现代化进程是一个持续地将前沿农业生产技术融入生产中，并不断增强科技对于产量增长贡献的过程。随着新技术、新材料和新能源的出现，农业的现状将会发生巨大的变革，农业的经营模式也将从传统的粗放型向集约型进行转变。在改革传统农业和转型农业生产模式的过程中，科技起到了不可或缺的关键作用。

3. 农业的产业化是农业现代化进程中的核心环节。农业产业化是一种在自然和社会经济条件下，以农户为基础，依托龙头企业或合作经济组织，以经济效益为核心，通过提供集种植、养殖、加工、供销、农工商一体化等一系列服务，将农业生产的各个环节整合成一个完整的产业系统的过程。农业的产业化进程不仅推动了农业的专业化和规模化经营，还促进了先进技术和设备的广泛应用，从而加速了农业现代化的步伐。不同地区采取农业产业化模式时，需要评估其历史背景、运行机制及绩效评价，避免盲目引进外部模式导致失败。

4. 农业信息化为农业现代化提供重要技术支撑。利用先进的信息技术和体系，可以在农业的各个环节，如生产、流通、运营和管理中，获得高品质的数据支持，进而提升农业的总体生产和管理能力。农业信息化旨在广泛地在农业领域采纳现代信息技术手段，以提升生产效益、市场推广、消费行为以及农村的社会经济技术水平，从而推动农业的现代化进程。农业信息化推动了农业社会化服务，促进了农业可持续发展，是农村经济发展的必然趋势①。

5. 农业现代化的关键在于提升劳动者素质。对于农业的现代化，必须由具备较高的技能和素质的农户来驱动，因为它的发展并非只靠尖端设备与科学，更离不开先进管理方法的应用，而且这些过程均需要农户的参与。农业现代化的进程和农民素养的提高相辅相成。在农业现代化的过程中，提升农民的素养成为不可或缺的一环，因为只有高素质的农民才能满足农业现代化发展的需求。

6. 农业发展的可持续性是农业现代化的必经之路。农业现代化并非只是人类对大自然的改造或者控制，它表达的是一种人类与大自然和谐共生的理念。农业现代化一个显著的特征是人工生态系统的广泛应用，其目标是在确保食品安全的同时保持优良的生态环境，以实现资源的可持续利用。

（三）农业现代化的主要内容

农业现代化是一个全面深入的过程，其主要目标在于提高农业生产的效益、可持续性和竞争力。在这个漫长而复杂的现代化过程中，涉及多个方面的改革和创新②。

首先，生产条件的现代化是农业现代化的基础。灌溉设施的建设不仅关系到农田水分的合理利用，还直接影响到农产品的产量和质量。土地利用规划的现代化是为了更加科学合理地配置土地资源，最大化地提高土地的利用效率。农业机械化水平的提升是推动生产过程机械化的核心，能够降低人力成本，提高农业生产效率。耕地保护是为了保持土壤的肥力，预防水土流失，确保农田的长期可持续利用。

其次，生产技术现代化对于提高农产品的产量和质量至关重要。新型农作物种植技术包括对种子的选育改良、对栽培技术的创新，以适应不同地区的气候和土壤条件。高效施肥技术则侧重于通过科学的施肥方式，提高养分利用率，减少浪费。精准农业技术运用现代信息技术，通过大数据、人工智能等手段，对农田进行精细化管理，实现精准施肥、灌溉等，最大化地提高农产品产量。生物技术应用则包括基因改良、农药的合理使用等，以增强农作物的抗病虫害能力，提高产量和质量。

---

① 曹卫星．农业信息学［M］．北京：中国农业出版社，2005.

② 李云才，刘卫平，陈许华．中国农村现代化研究［M］．湖南人民出版社，2004.

最后，经营管理现代化是农业现代化的关键一环。农业企业化管理要求农业经营者具备更为专业的管理水平，将农业生产看作一个企业，进行科学规划和合理布局。市场化运作意味着将农产品推向市场，根据市场需求进行生产，提高农产品的竞争力。财务管理和人力资源管理的现代化涉及农业企业的财务决策、成本控制、人才培养等方面，对提高整体农业效益至关重要。

集约化是现代农业的一个显著特征，通过引入先进的管理技术和生产工具，实现单位面积产量的提高。这既包括农业机械化的发展，也包括对资源的合理利用，以及对生产过程的科学管理。利用集约化的生产方式，农业生产过程变得更为高效、精密，从而有效减少资源浪费，提高生产效益。

可持续化是农业现代化的一个基本原则。注重环境保护，合理利用资源，是为了确保农业生产在长期内能够持续发展。这不仅包括对土地、水资源的科学利用，还包括对生态环境的保护，以及农业生产对于生态系统影响的全面考虑。只有实现可持续化，才能够保障农业长期的高质量发展。

商品化是农业现代化的一个必然趋势。农产品生产向市场导向，意味着生产者需要更加关注市场需求，通过产品的差异化、品牌建设等手段提高产品附加值，满足消费者需求。加工包装和品牌推广是实现商品化的关键环节，通过加工使农产品更易于储存、运输和销售，通过品牌推广则提高产品的知名度和美誉度。

专业化是农业现代化的一个重要方向。农业生产的分工细化，意味着农民或农业企业将更专注于某个特定领域，通过专业的技术和经验积累，提高生产效率和产品品质。专业合作社、农业企业的兴起，使得资源得以更好地整合和利用，实现了规模效益。

社会化是农业现代化过程中的一个重要动力。以农民合作社为主体的多种合作组织形式，以及农业产业链上的各种社会力量的广泛参与，都推动着农业生产关系的演变。社会化不仅能够实现资源的共享和优化配置，还能够提高生产者的谈判能力，降低生产和交易成本，加快农业现代化的进程。

标准化是保障农产品质量和食品安全的一项关键措施。在农产品生产、加工、质量检验等方面制定和实施标准，能够规范生产过程，防范各类风险，确保农产品的质量安全。

二、中国式农业现代化

中国式农业现代化以社会主义集体所有制为基础，以农民为核心，与历史上的其他农业现代化方式存在明显的差异。它在时间和空间的背景、价值追求以及实施途径上都展现出独特的特点。在中国式农业现代化的发展过程中，制度的适应性变化、技术创新的广泛应用以及逐渐向市场化方向转型始终起到了决定性的影响。

（一）中国式农业现代化的目标

中国式农业现代化的发展目标是以实施乡村振兴战略为引领，立足于农民与农村共同富裕的理念。在构建一个高产、高品质、低消耗的农业生产体系，以及一个资源合理利用、环境友善、高效转换的农业生态系统的基础上，全方位地提高农业的供应保障、竞争力、科技创新和可持续发展能力，以实现农业的高品质、高收益、农村的适宜居住和工作、农民的富裕。历经60多年的持续推进，在国家一系列相关政策的引导下，中国式农业现代化取得了巨大的成就。其具体表现为现代化水平显著提升，粮食和主要农产品生产能力稳步提高，农业经济效益和竞争力显著增强，农民收入水平和福祉大幅提升，农业可持续发展能力不断增强。这不仅实现了“养活养好中国人”的目标，还为全球粮食安全、贫困治理和农业可持续发展作出了重要贡献①。

（二）中国式农业现代化的基本特征

中国式农业现代化，作为我国农业现代化发展的一种特有模式，在土地所有制、经营规模、资源利用、发展路径等方面具有独特性，与全球其他主要发达国家的农业现代化模式有着显著差异。

第一，中国式农业现代化是建立在农民集体所有的农村土地和权利分置的基础之上。国外主要发达国家在农业现代化方面是基于私有制来实现的，而中国则是在社会主义集体所有制的基础上推动农业的现代化。农村的土地归农民集体所有，而家庭的承包经营方式凸显了社会主义公有制在农村的核心地位，这也为中国式农业现代化发展提供了制度支撑。自改革开放以来，中国已经建立了一个以家庭承包经营为核心，统分结合的双层经营模式，这极大地激发了广大农民的生产热情。农村的土地归农民集体所有，而家庭承包经营确保了广大农民能够平等地获得基本的生产资料，满足了传统和现代农业发展的需求。

第二，面对超小规模的经营和超大规模的农产品需求，中国式农业现代化正面

---

① 朱盼盼．科学推进中国式农业现代化的高质量发展．中国社会科学网，2023. 05. 29.

临着一系列的挑战。中国既是农业大国又是人口大国，农业人口众多，而土地资源有限，人地关系比较紧张。这种情况使得小型家庭经营成为中国式农业现代化进程中长时间需要面对的一个实际问题。农业普查的相关数据显示，中国农业的主要经营实体是小型农户，而规模较大的经营户所占的比例相对较低。同时，中国需要满足 14 亿人口的粮食和农产品需求，这使得保障粮食安全成为农业现代化的首要任务。因此，为了实现中国式农业现代化，需要在保持超小规模经营的基础上，有效地满足超大规模农产品的需求，而这其中的发展路径和推进策略都具有其独特的性质。

第三，中国式农业现代化与新型工业化、城市化和信息技术发展是同步的。与其他国家按照工业化、城市化、农业现代化和信息化的发展顺序不同，中国的现代化进程是工业化、城市化、信息技术和农业现代化同步进行的。这样的并行发展模式要求妥善处理工农城乡之间的关系，以确保农业的现代化与其他现代化进程能够和谐发展。随着中国步入高质量发展时期，城乡之间的经济合作逐渐增强，新一代的信息技术为农业的现代化开辟了新的路径。因此，如果中国的农业现代化能与新型的工业化、城市化和信息技术紧密结合，那么这将为全球农业的现代化开创一个新的模式。

第四，中国式农业现代化进程揭示了地区资源的高度多样性和多种实施策略的结合。不同国家和地区的农业发展模式和劳动生产率受到资源要素禀赋差异这一关键因素的影响。虽然各个国家在区域资源配置上都有所不同，但在全球范围内，中国各地区在自然资源配置上的差异却相对较少。中国拥有辽阔的国土和复杂的地形地貌，这导致了不同地区在水土资源、气候资源和物种资源等方面存在显著的差异，使得农业生产具有鲜明的地域特色和多层次性。这意味着各个地区的农业现代化进程将展现出多种多样的模式，并将不可避免地经历一个区域专业化和分工的长期演变。与此同时，各个地区在经济和社会发展方面存在明显的差异，这也导致了农业发展在不同区域间的不均衡现象非常明显。东部沿海地带的工业和城市化进程已经达到了相当高的标准，这对农业的现代化产生了强大的推动作用，导致农业土地的产出、资源的使用效率和劳动生产效率都相对较高，同时农业的多功能性也得到了更广泛的拓展。尽管如此，中西部的一些地区在农业发展上仍然采用较为传统的方法，其农业现代化的程度还不够高。因此，推动中国式农业现代化在各个地区表现出明显的差异性，呈现出多样化的发展模式，这也意味着不同地区在实现现代化方面所需的时间和程度各有差异。

第五，中国式农业现代化以农民农村共同富裕为旨归。与西方那种以资本为核心、生产力发展完全受资本逻辑驱动的农业现代化方式不同，中国式农业现代化更注重以农民为中心，确保农民的权益不受损害，并努力避免贫富差距和小农经济崩溃。在某些国家的农业实践中，尽管资本化和商品化农业得到了发展，但这并没有为农户带来收入的增加。相反，这导致了土地和其他农业生产资源向农业资产阶级聚集，从而使农民逐渐被边缘化。相对而言，中国多年来始终将保护农民的权益视为首要任务，强调农民的核心地位，并始终将提高粮食收入和帮助农民致富作为农业现代化的关键目标之一。因此，把农民作为核心，并以实现农民和农村的共同富裕为目标的农业现代化，不仅体现了中国农业现代化的独特特点，也是实践发展的必然选择。

（三）中国式农业现代化的主要内容

中国式农业现代化是建立在绿色发展的基础上，依赖新技术作为支撑，以规模化作为其核心，以专业化的体系作为前提条件，并以提升劳动生产效率作为其基本目标；主要内容涵盖了农业生产手段的现代化、农业生产技术的科学化、农业经营模式的产业化、农业服务的社会化、农业产业布局的区域化、农业基础设施的现代化、农业生态环境的现代化、农业劳动力的现代化以及农民生活的现代化；农业的建设是基于现代科学知识的，利用现代的科技和工业手段来为农业提供支持，并采用现代经济科学方法进行农业管理。农业机械化构成了农业现代化的根基，生产技术的科学化是推动农业现代化的主要动力，农业产业化是现代化的核心内容，农业信息化是实现农业现代化的关键技术手段，提高劳动者的素质是实现农业现代化的决定性因素，而农业发展的可持续性则是农业现代化的必经之路①。

（四）中国式农业现代化的实现路径

为了推进具有中国特色的农业现代化，必须依据中国农村的实际情况和农业产业的独特性，确保粮食供应的安全性和关键农产品的稳定供应。首要任务是确保粮食的安全供应，进一步深化农业供给侧的结构性改革，并妥善平衡农民与土地、集中与分散经营、开放发展与产业安全等多方面的关系。为了实现这一目标，需要有效地融合市场与政府的角色，全方位地提高农业的劳动生产效率、资源的使用效率和全要素的生产效率，同时也要加强农业产业链和供应链的现代化进程。

---

① 朱盼盼．科学推进中国式农业现代化的高质量发展．中国社会科学网，2023.05.29.

第一，成熟化定型的制度建设：加强制度供给效能，重新塑造现代农业发展的激励与约束机制。无论是过去还是未来，制度供给对中国式农业现代化都具有基础性和全局性的作用。中国式农业现代化必然伴随相关制度的成熟化和定型化。目前，我国农业现代化面临着更为复杂的问题，需要更高水平的制度供给来应对。因此，应当从三个维度出发，加速构建一个更为完善、更为稳健和更为高效的农业政策和制度框架：首先，需要加速政府与市场之间关系的法律化进程，明确政府在粮食安全和农民权益保护等领域的职责界限，同时确保政府不对市场进行不恰当的干涉；其次，需要加强农业支持政策的实施效果，提升政策的准确性和协同性，从而推动产业的深度整合和发展；最后，需要深化政策手段和机制的完善，明确政策的执行、调整和退出流程，以增强政府在市场监管和风险预防方面的能力。

第二，推动要素的市场化配置：促进农村要素的市场化配置改革，确保城乡之间的要素流通畅通。市场化的要素配置改革是一种具有战略意义、全局性和基础性的变革，它对于提升农村的要素配置效率和推动农业现代化进程具有不可忽视的作用。鉴于各种要素在属性和市场化水平上的不同，推动要素配置市场化的策略应当有针对性地制定：首先，加快建立城乡统一的劳动力市场，进一步完善相关政策，提高农业转移人口市民化质量；其次，加快农村土地制度改革，探索有效的土地要素激活机制；再次，通过财政、金融等方式为农业发展提供更多资金支持；最后，加快发展技术要素市场，推动农业科技创新，弥补农业水土资源的不足。

第三，多元化的经营模式：推动多元化经营的共同进步，并加快小型农户与现代农业之间的有机连接。将家庭经营作为核心，同时结合集体经营、合作经营、企业经营和家庭经营的方式，这是中国农业走向现代化的明确方向。在最近的几年中，家庭经营逐渐稳固了其核心地位，而其他的经营方式也在不同的层面上取得了进步，但它们仍有其局限性，并且它们共同发展的潜能还未被完全挖掘。在未来，可以从两个维度进行拓展：首先，集中精力解决将现代元素融入小农户的难题，通过强化利益连接机制的构建，增强小农户的经营实力，并促进小规模农户与现代农业之间的有机结合；其次，积极寻找多种经营模式共同进步的方向。例如，在某些地区，农村集体混合所有制经济得到了积极的推广和发展。村集体经济组织利用集体资产资源参与农民专业合作社或经营稳定的工商企业，或者推动混合所有制经济项目的实施，从而实现了集体经营、合作经营和企业经营三者的共同进步，取得了显著的成效；最后，可以考虑创新多样化的共同发展模式，遵循试点先行和全面考虑的策略，在条件允许的地区进行试点工作，并在条件成熟后逐渐推广。

第四，三次产业融合化：强化农业的完整产业链建设，进一步扩大农业的增值和效益范围。以农业作为根基，推动农村的第一、第二和第三产业的融合发展，发掘农业的多功能性和乡村的多元价值，是提升农村生产能力的有效手段。从全球视角来看，三次产业的交叉融合发展已成为一种普遍的发展趋势。例如，东亚的小农经济体，如日本和韩国，通过产业融合建立了高质量的农业供应体系，而美国、荷兰等国家在产业融合中形成了农业引领型的发展优势农村产业的融合发展在本质上是一个自然的历史进程，但政府并不是袖手旁观。为了构建一个三次产业融合的生态环境，我们可以从以下几个方面入手：首先，集中关注关键的环节，如人力、土地、资金和技术等，建立一个系统化和常态化的政策支持体系，以解决土地使用、融资和人才培养等方面的挑战。例如，为了解决“用地难”的难题，我们应该加速执行一定比例的建设用地标准，支持农村产业的整合政策，并在某些地区推广“点状供地”的经验；其次，要重视降低农村产业整合的成本，加强基础设施的建设，如道路、电网、供水、供气、物流、环境保护、信息技术和应急响应等。同时，加强基础设施的共建、共享和互联互通，完善农村产业整合的公共服务体系，培养产业整合的社会服务组织，并增强规划、项目信息、融资、土地使用和建设运营等多方面的综合服务；最后，着重构建一个紧密的利益连接机制，遵循为农民提供增值收益和就业机会的原则，加强对这种紧密的利益连接方式的奖励和补偿措施，进一步完善农村的信用制度，并积极推动建立各种不同类型的利益连接机制。

第五，农业发展数字化：通过加强数字技术的赋能，推动农业的生产模式和组织结构进入数字化时代。数字技术无疑将对农业的转型和发展产生重大影响，事实上，它已经在农业要素的配置、生产组织结构、产业形态和产品流通等多个方面展示出革命性的影响。为了加速农业的数字化转型，一方面，我们需要依赖数字技术来推动农业实体性要素的改革。为了更好地利用数字技术，我们应该强化对农业对象、环境以及整个过程的可视化、数字化设计和信息化管理。我们需要加速数字化终端设备的普及和应用，提高农业经营者的综合素质。其目标是将农业的整个生命周期数字化和数据化，使手机、无人机和智能农业机械等成为“新型农具”，同时将数据转化为“新型农资”。这将有助于农业资源在空间和时间上的优化配置，提高农业产业链的运营效率，并推动农业增长模式从依赖自然资源转向更多地依赖信息资源和知识资源。另一方面，可以利用数字技术来建立新型的农业生产模式。在数字时代，生产力的提升需要与数字化生产关系相匹配。为了实现这一目标，可结合农村的三大产业的融合发展，从生产、交换、分配和消费等多个角度出发，借助数字技术来刷新农业的生产关系。这包括利用“反向定制”等策略来改变农业的生产组织模式，从而提高农业的组织化水平；推进以区块链为基础的资产确权交易和公共品牌的构建，进一步促进农业的规模化和品牌化进程；推动新型电子商务的发展，创新交易方式，增强市场的流通效益，从而提高农业产业的总体质量、盈利和市场竞争力。

本章小结

现代农业与农业现代化是农业发展的核心命题。人类农业历经原始农业、传统农业和现代农业三个阶段，其本质差异源于生产力水平的跃升。现代农业以高效化、商品化、科技化、科学化、知识化及可持续化为核心特征，体现集约化生产、市场化经营和生态化导向，标志着农业生产方式的根本性变革。农业现代化是传统农业向现代农业转型的动态过程，具有动态性、世界性、广泛性及地域性等特征。其核心内容包括农业生产手段（机械化、智能化）、生产技术（生物技术、信息技术）、劳动者素质提升、组织管理创新（规模化、专业化）以及农业标准化与信息化的深度融合。农业标准化是连接科技转化与产业增效的纽带，亦是推动可持续发展和农民增收的关键支撑。中国式农业现代化立足国情，以“人多地少、资源约束”为基础，强调政策引导与市场机制协同。其目标包括保障粮食安全、提升农业竞争力、促进农民共同富裕；基本特征体现为城乡融合发展、小农与现代农业有机衔接、绿色低碳转型。其主要内容涵盖土地制度创新、科技创新驱动、全产业链优化及农村三次产业融合。实现路径需要依托政策支持、科技兴农、新型经营主体培育及数字技术赋能，最终构建高效、包容、可持续的现代农业体系。现代农业与农业现代化是目标与过程的统一，中国式农业现代化需要兼顾国际经验与本土实际，通过制度创新与技术突破破解资源瓶颈，推动农业高质量发展，为全球农业转型提供中国方案。

本章参考文献

［1］王思明等．世界农业文明史［M］．北京：中国农业出版社，2019.
［2］方国荣．农业地理［M］．安徽：安徽农业出版社，2013.

[3] 管春云. 农业概论（第2版）[M]. 北京：中国农业出版社，2007.

[4] 陈英旭等. 环境科学与人类文明（第2版）[M]. 浙江：浙江大学出版社，2012.

[5] 何盛明. 财经大辞典 [M]. 北京：中国财政经济出版社，1990.

[6] 曹卫星. 农业信息学 [M]. 北京：中国农业出版社，2005.

[7] 李云才，刘卫平，陈许华. 中国农村现代化研究 [M]. 湖南人民出版社，2004.

第十九章　农业可持续发展

学习目标

1. 了解农业可持续发展的理论背景
2. 掌握农业可持续发展的内涵、措施与模式
3. 理解中国的农业可持续发展战略

第一节　农业可持续发展的理论背景

当今世界，环境问题频繁发生，全球性灾难也在增加。气候变暖、温室效应、旱灾、洪涝、酸雨、土壤侵蚀、沙尘暴等问题，使人们更加关注对人类所依赖生存环境的保护。在全球生态危机的背景下，绿色发展理念应运而生，指导着我们朝着人与环境共赢的方向发展①。中国作为世界上最大的发展中国家，在发展的早期阶段，经济水平显著提升，但同时也导致了严重的环境问题。20 世纪 80 年代，西方绿色运动传入中国，引起了中国学者的关注。到 20 世纪 90 年代，它被广泛接受和认可，中国人民也开始积极采取各种政策及措施来解决生态和环境问题。

1992 年 6 月，联合国环境与发展会议在巴西里约热内卢举行。会议签署了关于环境保护问题的协议，如《关于环境与发展的里约宣言》和《21 世纪议程》。中国政府也向联合国环境与发展会议提交了《中华人民共和国环境和发展报告》，系统

---

① 温铁军，唐正花，刘亚慧．从农业 1.0 到农业 4.0：生态农业与农业可持续［M］．北京：东方出版社，2021.

地回顾了中国环境与发展的进程和现状，阐述了中国对可持续发展的基本立场和态度。中国的可持续发展之路由此开启。

早在2012年11月，生态文明被写入中国共产党第十八次全国代表大会报告。生态文明作为发展的理想目标，指导着中国政府开展了大量的实际工作。习近平总书记在主持第十八届中央政治局第六次集体学习时指出："建设生态文明，关系人民福祉，关乎民族未来。"中国政府在发展过程中对生态环境保护的重视程度是其他国家前所未有的。2015年，习近平总书记在党的十八届五中全会上，将"绿色发展"作为"五大发展理念"之一在中国正式提出，而在这之前的"可持续发展"和"生态文明"两种思想可以说是"绿色发展"的萌芽，是与绿色发展并行不悖的概念，绿色发展开始被人们重视。随着经济发展过程中环境问题的突出，绿色发展的重要性也日益凸显。

从可持续发展到生态文明，再到绿色发展，中国的环境保护已经达到了一个新的发展阶段。绿色发展的概念是基于全球绿色发展的趋势，在中国日益严重的资源危机与环境恶化以及坚持走可持续发展道路的背景下提出的。转变经济发展方式、发展循环经济、推广绿色技术、妥善处理经济发展与生态环境保护之间的关系、发展绿色消费、改善人居生存环境等，都是绿色发展的重要内容，对中国实现全面发展具有重要的理论意义和现实意义。

2018年，中国在中央一号文件中进一步提出了关于实施乡村振兴战略的相关指导意见，强调在改善农业供给侧结构的过程中，应努力促进农业绿色发展，构建现代农业产业体系，以促进农村发展。实现农业可持续发展是我国农业发展的重要目标，乡村振兴战略的主要原则之一是坚持可持续发展。发达国家给我们的发展经验就是要实现绿色发展，不能走先污染后治理的老路。我们国家要推进乡村振兴，最主要的抓手就是要推进农业的可持续发展①。

农业可持续发展的现实背景源自对传统农业模式所带来的环境、经济和社会问题的认识，以及对未来农业发展的可持续性的担忧。而农业可持续发展的理论背景包括生态学观点、社会经济观点、农业生产力观点以及政策和国际共识。这些理论背景共同促使人们转变传统农业发展模式，追求农业、环境、经济、社会协调发展，实现农业可持续发展。

1. 生态学观点：农业可持续发展的理论基础之一是生态学观点。生态学认为，农业系统应该与自然环境相互作用，保持生态平衡，避免对生态系统的破

---

① 朱立志．我国农业可持续发展的内涵、挑战与战略思路［J］．理论探讨，2014（04）：73－76.

坏。农业可持续发展强调生态系统的保护和恢复，通过生态农业的实践，实现农业与环境的协调发展。

2. 社会经济观点：农业可持续发展的理论背景还包括社会经济观点。传统农业模式往往存在资源浪费、环境污染、农民收入低等问题，而可持续农业强调经济效益、社会公平和农民福祉的综合考虑。它提倡促进农民增收、提高农产品质量、推动农村发展，实现农业、经济、社会和环境的可持续发展。

3. 农业生产力观点：农业可持续发展的理论背景还涉及农业生产力观点。可持续农业认识到，传统农业模式在满足粮食需求的同时，对土地、水资源和生物多样性等产生了巨大压力。因此，农业可持续发展强调提高农业生产力的同时，保护和合理利用自然资源，避免资源的过度开发和破坏。

4. 政策和国际共识：在全球范围内，农业可持续发展得到了政策和国际共识的支持。例如，联合国可持续发展议程中的可持续农业目标，以及《巴黎协定》中对农业温室气体排放和适应气候变化的承诺，都体现了国际社会对农业可持续发展的重视。

第二节　农业可持续发展的内涵、措施和模式

一、农业可持续发展的内涵

可持续农业是20世纪80年代酝酿提出的农业发展新方向，目前国际社会普遍较为认可的含义是：可持续农业（sustainable agriculture）是一种不造成环境退化、技术上适当、经济上可行、社会上可接受的农业。概括地说，它是经济、社会、技术与环境协调发展的农业。

可持续农业的概念，最早是由世界银行于1981年提出的，并在20世纪80年代中期逐渐得到认可。针对世界人口不断增加、化学农药对环境造成的污染日益严重，综合机械化对资源的消耗加剧、水源水质下降、水土流失严重和生态退化等问题，可持续农业这种新型的农业生产模式被认为是一个重要的解决策略。可持续农业强调农业的可持续发展，具体定义为：在满足当代人需要，同时又不损害后代满足其需要的发展条件下，采用不会耗尽资源或危害环境的生产方式，实行技术和机制性改革，减少农业生产对环境的破坏，保持土地、水、生物、环境不退化，运用

技术适当，经济上可行及社会可接受的农业发展战略①。自2000年进入21世纪后，我国经济获进一步发展，人均可支配收入逐年增加。然而，城乡发展仍不均衡，居民收入、基础设施、产业竞争力、生态环境等方面均存在较大差距。城乡二元结构受到社会各界关注，这与农村发展不够充分、农产品附加值低、生态污染等存在关联。乡村振兴战略的实施强调绿色发展，注重城乡融合共同发展，指出农业农村的发展需要在可持续发展的理念下有序推进，以打破当前农业农村发展面临的困境，有效应对农村发展存在的矛盾冲突②。因此，我国农业可持续发展的内容主要包括以下几个方面。

1. 环境保护。农业可持续发展要求保护和改善农业生态环境，减少对土壤、水资源和空气的污染，降低化学农药和化肥的使用量，保护生物多样性，防止土地退化和生态系统的破坏。

2. 经济效益。农业可持续发展要求提高农业生产的经济效益，包括增加农产品附加值，提升农产品质量和品牌竞争力，提高农民收入水平，促进农村经济发展。

3. 社会公平。农业可持续发展要求实现农村社会的公平和包容，包括提供公正的市场机会，保护农民的权益，改善农村基础设施和公共服务，解决农村贫困问题，促进农村社会的稳定和发展。

4. 食品安全。农业可持续发展要求确保农产品的安全和质量，通过绿色生产、加强土地等资源管理、实施严格的质量控制、促进多样化种植，避免农药残留和食品污染，确保安全、健康的食品供给。

5. 气候变化适应。农业可持续发展要求农业适应气候变化的挑战，采用适应性农业措施，利用气候预测工具优化资源使用，提升生产效率，减轻农业对气候变化的负面影响，提高农业系统的弹性和适应性。

6. 农村发展。农业可持续发展要求促进农村的全面发展，包括改善农村基础设施和公共服务，提高农民的教育和技能水平，促进农村产业的多样化和农村经济的繁荣。

综上所述，农业可持续发展的内容包括环境保护、经济效益、社会公平、食品安全、气候变化适应和农村发展等多个方面。这些内容相互关联，共同构成了农业可持续发展的综合目标和要求。

---

① 王龙昌. 农业可持续发展理论与实践［M］. 北京：科学出版社，2015.

② 张宁，文慧子. 乡村振兴战略下农业可持续发展的问题与对策研究［J］. 农业经济，2023（11）：3-6.

二、农业可持续发展的措施

中国农业的发展现在面临着一系列的资源与环境问题，农业要发展，就必须实现农业绿色发展，妥善地处理好资源与生产之间的关系。通过提高资源利用效率、生态系统稳定性、产地环境清洁度和绿色供给能力，不断提升农业绿色发展水平。与此同时，农业绿色发展最终所取得的经济发展、社会进步、环境改善与人体健康等成果，也对乡村振兴战略目标的实现有着重要意义。因为农业绿色发展是乡村振兴战略的重要内容、应有之义，也是实现农业可持续发展的必由之路①。因此农业可持续发展的措施可以从多个方面来考虑，以下是一些常见的措施。

1. 构建生态农业模式。采用生态友好的农业实践如有机农业、精准农业、保护性耕作等，以减少农业生产对环境的污染和破坏、提高土壤质量和生物多样性，增强农业系统的抗逆性，提升生态服务功能。

2. 推广资源节约利用。采用高效的农业生产方式如节水灌溉、精细施肥、农膜覆盖等，最大限度地利用水、土地和肥料资源，减少农业生产要素的浪费和环境负荷。

3. 加强农业科技创新。投入更多资源用于农业科学研究和技术推广，开发并应用先进的农业技术，提高农业生产力和效益，减少对环境的压力。

4. 促进农民参与。加强农民的培训以提升他们对先进农业生产工具的使用技能，并提供技术指导和支持，鼓励农民参与可持续农业实践，推动农民的积极性和主动性。

5. 政策支持和激励措施。制定和实施有利于农业可持续发展的政策，包括农业补贴、金融支持、市场准入等，为农民提供经济和政策上的支持和激励。

6. 加强农业合作与合作社建设。鼓励农民组织成立农业合作社，共同经营管理农田和农业生产，实现资源整合和规模化经营，提高农业生产效率和经济效益。

7. 促进农业与农村发展的协调。加强农村基础设施建设，提供良好的农村公共服务，促进农村产业的多样化和农村经济的繁荣，改善农民的生活条件。

8. 完善农业环境监测和评估。建立和完善农业环境监测体系，及时了解农业活动对环境的影响，评估农业可持续发展的效果，为政策制定和决策提供科学依据。

---

① 张宁，文慧子．乡村振兴战略下农业可持续发展的问题与对策研究［J］．农业经济，2023（11）：3－6.

以上措施可以相互配合和综合应用，根据不同地区和农业特点的差异，制定符合实际情况的农业可持续发展措施，推动农业的可持续发展。

三、农业可持续发展的模式

农业可持续发展不仅是一种理论性的思想，更是全球范围内的实践行动。如果把农业可持续发展只是作为一种理念来看待，不付诸实践，束之高阁，是没有任何意义的。必须把农业可持续发展由理念转化为实践，在实践中推动农业可持续发展，才是农业可持续发展的要义所在。由此，农业可持续发展理念形成后，世界各国都从自身实际出发，从不同层面探索农业可持续发展的模式。需要指出的是，虽然有些模式，如自然农业、再生农业、生物农业、有机农业等出现在农业可持续发展理念以前，主要针对现代农业在生态环境方面的弊端并作为现代农业替代模式而出现的，但这些模式本身也推动了农业可持续发展理念的系统形成①。发达国家对农业可持续发展的实践探索中形成了以下几种有代表性的模式：

1. 生态农业模式。生态农业模式注重保护和改善生态环境，在农业生产中采用生态友好的农业技术和管理措施，如有机农业、生态农业、自然农法等。它强调生态系统的稳定性和多样性，通过减少化学农药和化肥的使用，保护土壤、水资源和生物多样性。

2. 农业循环经济模式。农业循环经济模式强调资源的循环利用和减少浪费，将农业生产和资源利用进行有机结合。它包括农业废弃物的处理和资源再利用，如农业有机废弃物的堆肥、农田灌溉用水的回收利用等。这种模式通过最大限度地利用资源，减少环境污染和资源浪费。

3. 农业合作社模式。农业合作社模式是一种组织形式，通过农民组织成立合作社，共同经营管理农田和农业生产，实现资源整合和规模化经营。合作社通过集体行动和资源整合，提高农业生产效率和经济效益，增加农民的收入。这种模式可以促进农民的合作和互助，提高农业社会的组织能力和抗风险能力。

4. 农业生态系统模式。农业生态系统模式是一种在农业生产实践中形成的综合考虑农业生产和生态环境的模式。其强调农业经济效益、社会效益和生态效益的协调发展，通过模拟和优化农业生态系统，实现农业生产与环境保护的平衡。这种模式注重农业生态系统的稳定性、多样性和适应性，通过合理的农业管理和生态修

① 冯海发．农业可持续发展：理论与实践［M］．长春：吉林出版集团股份有限公司，2015.

复措施，实现农业可持续发展。

5. 农业生态旅游模式。农业生态旅游模式结合了农业生产和旅游业，将农业农村作为旅游资源进行开发和利用。它通过农业观光、体验农业活动等方式，吸引游客参与农业生产和农村文化的体验，促进农村经济的发展，增加农民的收入，同时也提高了农民对农业的重视和保护。

这些模式不仅极大地提高了农业生产效率和资源利用效率，还有效保护了生态环境，实践中可根据地区特点和资源条件进行调整和创新，以适应不同地区和农业发展阶段的需求，推动和促进农业的可持续发展。

第三节 中国农业可持续发展战略

农业可持续发展是一个多目标决策问题，其目标往往同时包括生态、经济与社会三个方面。对于中国农业可持续发展的具体目标，目前国内学术界尚无系统性的相关论述。从现有文献来看，其中占主导地位的观点是将联合国粮食及农业组织所确定的三大战略目标作为中国农业可持续发展的目标。即中国的农业可持续发展道路要突出资源高效利用、环境有效治理和生态安全保护，要调整我国农业的发展思路和目标，从“保供增收”向生产、生活、生态“三生共赢”转变。我们应该借鉴历史和国际经验，积极有效应对农业生产当前面临的挑战，突破地少水缺的资源环境约束，充分利用已有的农业生产基础与条件，谋划重大举措，切实推进农业现代化与可持续性同步发展①。因此我国的农业可持续发展战略是以政府为主导而采取的一系列政策和措施以促进农业生产的可持续性。其主要包括以下几个方面的内容。

1. 提高农业生产效率。中国农业可持续发展战略致力于提高农业生产的效率，通过推广先进的农业技术和管理模式，提高农作物和畜禽养殖的产量和质量。其具体包括推广高效节水灌溉技术、精准施肥、农膜覆盖等措施，从而确保农业资源利用效率的改进。

2. 保护农业生态环境。中国农业可持续发展战略强调保护农业生态环境，减少农业生产行为对环境的污染和破坏。政府鼓励推广生态农业、有机农业和非化学农药的使用，加强土壤保护和水资源管理，促进农业生态系统的恢复和保护。

---

① 朱立志. 我国农业可持续发展的内涵、挑战与战略思路［J］. 理论探讨，2014（04）：73－76.

3. 提高农民收入和福利。中国农业可持续发展战略关注农民的收入和福利，通过提高农产品的附加值，推动农产品加工业的发展，促进农村产业的多元化。政府积极推动农民专业合作社和农业合作经济组织的建设，提供金融支持和政策激励，提高农民的组织能力和经营水平。

4. 加强农业科技创新。中国农业可持续发展战略注重农业科技创新，加大对农业科研和技术推广的投入。政府鼓励加强农业科研机构和企业的合作，推动农业科技成果的转化和应用，提高农业生产的科技含量和创新能力。

5. 促进农村发展和农民就业。中国农业可持续发展战略将农业发展与农村发展紧密结合，通过加强农村基础设施建设、提供医疗和教育等公共服务，促进农村经济发展多元化与农民就业稳定增长。政府鼓励农民外出务工和创业，提供培训和就业机会，促进农民的增收和就业机会。

6. 加强农业信息化建设。中国农业可持续发展战略致力于推动农业信息化建设，加强农业数据的收集和分析，提高农业管理和决策的科学性和精准性。政府鼓励大数据在农业生产各环节的应用，推动农业物联网技术的发展，提高农业生产的数字化水平。

总之，中国农业可持续发展战略旨在实现农业生产的高效、环保和可持续发展，提高农民的收入和福利，促进农村经济的繁荣和农民就业的稳定增长。政府通过政策支持、科技创新和农村发展的综合措施，全面有效地推动农业可持续发展的实现。

本章小结

农业可持续发展是应对现代农业困境，实现经济社会与生态协调共生的必然选择。农业可持续发展以生态学、社会经济、农业生产力及国际政策共识为理论基石，强调在环境保护、经济效益、社会公平、食品安全、气候变化适应和农村发展六大维度中寻求平衡。其本质是通过多要素协同优化，构建资源节约、环境友好、代际公平的农业生产体系，突破传统农业“高投入、高污染、低效益”的困局。农业可持续发展需要兼顾短期效益与长期韧性，通过政策引导、技术创新和主体协同构建多层级治理体系。中国实践表明，唯有将生态保护嵌入农业价值链、以科技赋能传统生产、以制度保障公平发展，才能实现农业的高质量转型与永续繁荣。

本章参考文献

［1］温铁军，唐正花，刘亚慧．从农业 1.0 到农业 4.0：生态农业与农业可持续［M］北京：东方出版社，2021.

［2］朱立志．我国农业可持续发展的内涵、挑战与战略思路［J］．理论探讨，2014（04）：73－76.

［3］王龙昌．农业可持续发展理论与实践［M］．北京：科学出版社，2015.

［4］张宁，文慧子．乡村振兴战略下农业可持续发展的问题与对策研究［J］．农业经济，2023（11）：3－6.

［5］冯海发．农业可持续发展：理论与实践［M］．长春：吉林出版集团股份有限公司，2016.